《史记》札记

《史记》札记

王宝成 / 著

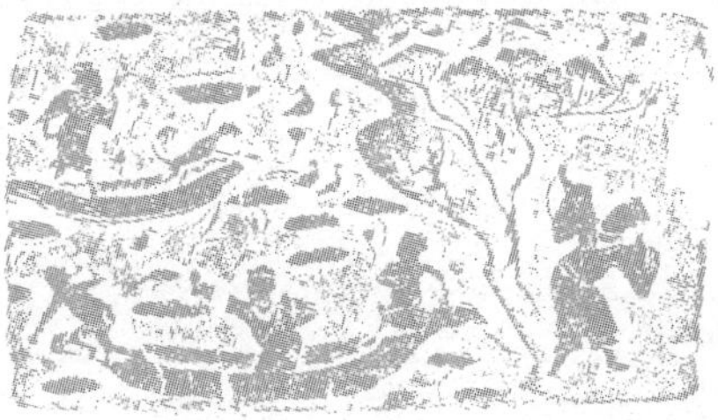

西北大学出版社

序／读史心得

身为西安市作家协会的主席，从实行签约作家制以来，我为签约作家写序，这是头一份。不是作家自己有要求，而是我在审稿的过程中，为宝成的《〈史记〉札记》所触动，忍不住自己申请来的一个差事。

不断地参加活动，还不断地受邀到处做报告，加之朋友之间的交谈及媒体的专访，我总会被人问及自己读书的体会。在这个问题上，我不想怎么充能耐，也不想表现自己博学，我会老实地告诉大家，我读书不多，甚至说很少。但我是读了《史记》的，不是读了一遍，而是从大学读研的时候起就不断地读，读了好几遍，到现在依然不停地读，放在枕边，一有时间就翻开来读，百读不厌，读一遍有一遍的收获，读一遍有一遍的心得。不过我要说的是，我没有宝成读得细腻，读得深刻，他读出了他自己的独立见解，还有独特的感受。

司马迁的《史记》，是太值得我们认真阅读了。

在司马迁和他的《史记》之前，中国已经有了刻在甲骨上的文字，也有了熔铸在青铜器上的文字，还有孔子整理、编辑的《诗经》等，但这一切都不能与《史记》相比。甲骨文和金文，还太欠缺文学意义上的韵律，《诗经》也只具有朴素的稻粟清香和鸟虫清鸣。我是这么来看的，正如古人所说，《诗经》可以兴、可以观、可以群、可以怨，特别的雅致，能够吟之于红牙白露，能够咏之于林荫月下，在时间里凝固成了经典，却也只是中国文学的一次起航。“她”是自觉的，但还缺少点儿自主意识；“她”是本真的，但还缺少点儿主体性质……有了《史记》，一切都发生了变化。中国的文学就有了一次树立，仿佛高山大河一样的树立，我们就只有举头仰观或是俯首深思，我们从此不会做出别样的姿态，苏东坡不能，曹雪芹不能，鲁迅不能，谁都不能。

当然了，我这么武断地说，不仅是因为司马迁和他的《史记》在历史学上的意义，还在于文学上的奉献。是司马迁开创性地挖掘出他以前的许多典型人物及典型事件，加之他独特的梳理方式和构想，就写出了一篇篇血肉鲜活的典型文本。正因为如此，中国的历史有了一种生命化的书写，也就是说，有了文学性的刻画及传播。

我能想象得出，《〈史记〉札记》的作者宝成，他是参透了《史记》所隐藏的这些密码的，而且深入地阅读了。他埋头其中，都收获了些什么呢？由四十三篇文章组成的《〈史记〉札记》，编辑起来，厚重得像是一块古老的城砖，放在我的面前，让我惊叹。他有了他的大收获，出版后，还会影响更多的人，让他们有所收获。

起首的《伊公与周公》一文，读来就非常吸引人。他一口气向读者推出伊尹、周公、管仲、晏婴、子产五位上古贤人，赞赏他们在卿相任上的操守。他们不仅为后世顶礼膜拜，而且更为后世所学习、追求。他们皆为国家重臣，他们是中国社会生生不息的正能量。

《同窗反目》是宝成《〈史记〉札记》里的另一篇文章。他拉出孙膑与庞涓、苏秦与张仪、李斯与韩非子三对同窗，扎堆儿比较，让人深感痛心，简直是眼睛流血，肝肠寸断了。用宝成的话说：“同窗好友，情感自是不同一般，本来应该意气相投，互帮互学，成就一番事业，但一经功名利禄的诱惑，同窗就可能成为最可怕的敌人。”这太可怕了，历史的经验就在眼前，我们能有什么办法呢？宝成给大家找来的方法是孔圣人在《论语·季氏》里说的一段话："益者三友，损者三友。友直，友谅，友多闻，益矣。友便辟，友善柔，友便佞，损矣。"翻译成白话文，就是说真朋友该是正直的、诚信的、见多识广的，反之则不是。

好了，我不说了，再说就是多余。宝成的《〈史记〉札记》一书，满篇真知灼见，满本真情实感，他为读者阅读《史记》打开了一道门。我相信从这道门走出去，你会看到更多、更丰富的景观。

吴克敬

2014年6月16日西安曲江于病中

目 录

伊尹与周公

在古人的心目中，尧、舜、禹是帝王的榜样，伊尹和周公是卿相的表率。

伊尹又名阿衡，是商朝的开国功臣，协助商汤战胜夏桀，取得了天下，被委之以国政，成了商王干臣。商汤卒，伊尹立太甲为帝。“帝太甲既立三年，不明，暴虐，不遵汤法，乱德，于是伊尹放之于桐宫。三年，伊尹摄行政当国，以朝诸侯。帝太甲居桐宫三年，悔过自责，反善，于是伊尹乃迎帝太甲而授之政。帝太甲修德，诸侯咸归殷，百姓以宁。”（《史记·殷本纪》）太甲为帝三年，昏聩残暴，违法乱德，所行不遵天子之道。伊尹不得已，将他放逐到离宫桐宫，让他反省。在此期间，伊尹代行国政，谓摄政。他料理天下大事，抚慰诸侯。太甲在桐宫面壁三年，有所悔悟，愿意改过自新。伊尹又把他迎请回来，还政于太甲。太甲重新执政后果然深孚众望，很快使国家恢复了往日的气象，受到诸侯和臣民的拥戴。伊尹在国家关键时刻，能够力挽狂澜，救国于危难之中，深受后人赞誉。以后人们就用阿衡之名比喻卿相之任。

周公旦是周武王的兄弟。武王继文王位为天子，任命姜太公为师，周公旦为辅，协助他治理国家，并分封周公旦于鲁。所以司马迁作鲁世家时，名之曰《鲁周公世家》。鲁公受封之后却没有就封，而是留下来辅佐国政。武王崩，成王立。因成王年幼，周公代为摄政，谁知这件事惹起了大麻烦。

首先召公就不满意。他也位列三公，封于燕，与周公并列，是周初有名的大臣。周王对他十分信赖，把王畿之地于陕县一分为二，陕县以西委任他负责管理；陕县以东，由周公负责管理。召公这个人很有威望，史书记载："召公之治西方，甚得兆民和。召公巡行乡邑，有棠树，决狱政事其下，自侯伯至庶人各得其所，无失职者。召公卒，而民人思召公之政，怀棠树不敢伐，歌咏之，作《甘棠》之诗。"（《史记·燕召公世家》）讲召公治理西方，甚得民心。他在地方巡察时，常在一棵棠树下理事。他对上下都很公允，诸侯臣民各得其所。卒后人们怀念他，连带这棵棠树都保存下来，并作《甘棠》诗歌颂他。其诗曰："蔽芾甘棠，勿翦勿伐，召伯所茇。蔽芾甘棠，勿翦勿败，召伯所憩。蔽芾甘棠，勿翦勿拜，召伯所说。"《诗经·召南·甘棠》召公可谓勤政爱民，故深得民心。他对周公摄政这件事很不满意，怀疑周公别有所图，作《君奭》发难。周公解释说他想效仿伊尹，代行君权，并不想谋夺王位。召公这才安心。

召公之外，真心想借周公摄政这件事做文章的，却是周公旦的两兄弟叔鲜、叔度。叔鲜封于管，叔度封于蔡。起初武王把殷都王畿之地一分为三，封纣王之子武庚禄父居其一，管蔡兄弟居其二。既是为了不绝殷祀，更重要的是防范和钳制殷民。这个计划看起来很好，但没想到管蔡兄弟和武庚禄父却勾结起来，以"清君侧"为名起兵作乱。周公旦率军讨伐，诛武庚，杀管叔而放蔡叔。

诛不同于杀，是数其罪而后杀，带有审判的意味。古代遣词用语务求准确、精当，诛、杀不同用，因为触法论罪有差别。如"崩、薨、卒、死"四字都表示一个意思，但在先古这四个字不乱用。天子死称"崩"，诸侯死称"薨"，卿大夫死称"卒"，而庶人死才称"死"。不同的字代表了不同的身份，这就是所谓的春秋笔法。宋人欧阳修作《新五代史》用的就是春秋笔法。五代时期是中国历史上最黑暗的时期之一，很难区分是非曲直。欧阳修却要学孔子，因乱世而立治法。所以，他不满于《旧五代史》，下功夫做一部新史，以“春秋”义法正史，还历史一个鲜明的态度。他用功最多的地方在于微言大义。五代是一个乱世，到处用兵打仗。哪一仗是正义的，哪一仗是非正义的，欧阳修用“征、讨、攻、伐”四个字来正义。天子提军自往为“征”；对方有罪派兵前往为“讨”；两军地位相等，实力相当为“攻”；中央政府军队攻打地方，或大国攻打小国叫“伐”。用字不同表示战争的性质不同。用兵获地，或称“克”，或称“取”。用“克”表示其地难得，用“取”表示易得。敌人投降，以身归称“降”，带着辖地来归称“附”。“反”与“叛”也不同，“反”是在国内制造祸端，而“叛”却是跑到敌国那里去了。又如“伏诛”“自杀”“死”代表的含义也不同。“伏诛”表示因罪伏法被杀；“自杀”表示自知有罪或陷于绝境而死；“死”表示其人为守节而死。欧阳修在作《新五代史》时，很讲究这些用字，依此来奖善惩恶，拨乱反正。

周公说服了召公，平定了叛乱，开始专心致志理国治政。他代理朝政很辛苦，称自己“一沐三捉发，一饭三吐哺，起以待士，犹恐失天下之贤人”（《史记·鲁周公世家》）。他勤奋致公，恪尽职守，以至于连沐浴、吃饭的时间都没有。与此同时，他还要负责教育和培养成王，防止他以后淫逸丧国。周公摄政七年，国以大治，曹操称“周公吐哺，天下归心”。七年后他还政于成王。成王执政后兴礼乐，改制度，一派生机，史称“成康之际，天下安宁，刑措四十余年不用”。

伊尹辅佐太甲，周公辅佐成王，都很成功，做出了丰功伟绩，是商、周两朝极有影响的人物。孔子十分仰慕周公，向往周公之礼，称周公为圣人。他曾感叹道：“甚矣吾衰也！久矣吾不复梦见周公也。”（《论语·述而》）历代身为卿相者，很多都把伊尹、周公视为楷模，学习和效法他们。

伊尹和周公之后，春秋时期诸侯间又出了两位名相——管仲和晏婴，两人都是齐相。

管仲这个人我们了解得很多，他最早事从齐公子纠，他的朋友鲍叔牙事从公子小白。齐国内乱，公子小白争得王位，是为齐桓公。鲍叔牙向齐桓公推荐了管仲，遂任其为齐相。管仲为相，鼎力协助桓公成就王霸之业，治国和外交都有大手笔。首先，他大力发展生产，繁荣经济。他说："仓廪实而知礼节，衣食足而知荣辱。"这个观点经汉初晁错重提，影响深远。孔子的观点也与之近似，他说治国理民第一是"富之"，其次才是"教之"。但管仲的富国之道与儒家不同，儒家重农，管仲重商。因为他曾经做过生意，有这方面的经验。加之齐国位置优越，交通便利，在"通货积财"这方面有天然优势。他在齐国设置"轻重九府"，即大府、玉府、内府、外府、泉府、天府、职内、职金、职币，管理钱财，沟通有无，贱买贵卖。经过一番经营，齐国富甲天下，东方各诸侯国无一可敌。在行政方面，他政策灵活，不拘泥于旧制。"俗之所欲，因而予之；俗之所否，因而去之"（《史记·管晏列传》）。他以人为本，根据实际情况和形势需要随时调整政策，使老百姓感觉环境宽松，易于遵循。齐国呈现出了一片生机勃勃的繁荣景象。

与此同时，齐国在对外关系上也大有作为。桓公五年（前 681 年），齐国伐鲁取胜，两国会盟于柯地（今河南省的内黄县西北部）。鲁将曹沫以匕首劫持桓公，威胁他归还鲁地。桓公答应后回去又想反悔，要杀掉曹沫雪耻。管仲不同意，他说："夫劫许之而倍信杀之，愈一小快耳，而弃信于诸侯，失天下之援，不可。"（《史记·齐太公世家》，下同）他分析利弊，认为既已公开答应鲁君而又反悔，只能满足一时之快，落下背信弃义的坏名声，坚持要桓公兑现承诺。这件事在诸侯中反响强烈，大家赞赏齐重信义，有大国风度，都主动归附齐国。桓公七年（前 679 年），齐国和各诸侯国在甄地（今山东汉阳东）会盟，奠定了齐的霸主地位。

齐国迎来了自姜太公开国以来最辉煌的时期，它先后与诸侯“兵车之会三，乘车之会六，九合诸侯，一匡天下”。兵车之会指的是讨伐征战之事。乘车之会指的是与诸侯会盟。一匡天下指齐国辅助周室确定了周襄王的太子地位。齐国以盟主的身份，救燕伐戎，救卫抗狄，讨伐蔡国、楚国，还替周襄王平定了戎、翟之乱，算是出尽了风头、抖尽了威风。齐国的外交策略贯穿了一条基本原则，那就是“知与之为取，政之宝也”（《史记·管晏列传》，下同）。也即老子“将欲取之，必固与之”的思想，是以恩信取悦于人，从而达到号令天下的目的。不要小看了它，新中国成立初期，我们与第三世界国家来往，执行的就是这条外交思想。

管仲治国有方，缘于他有一套比较成熟、务实管用的治国方略。后人把他的事迹、言行记录下来，勒为《管子》一书，从中可以窥见管仲的思想。在当时，管仲的思想算是比较先进的，而且长于变通。与此相一致，他对待自己也很开通，一点儿也不愿意受委屈。“管仲富拟于公室，有三归、反坫，齐人不以为侈。”“三归”大概是说他有三房姨太太。“反坫”指他与人饮宴非常讲究，规格比得上周王室。生活奢侈如此，齐人却不反感，因为管仲执政惠及齐人，大家觉得他理应享受这样的待遇。和周公的公忠体国相比，管仲对自己的生活不加检点，因此受到后人的诟病。孔子对管仲的态度比较矛盾，一方面他“小管仲”，有些看不起；另一方面，对管仲的功绩又十分赞赏。他说：“微管仲，吾其被发左衽矣。”（《论语·宪问》）“被发左衽”是落后民族的装束。齐国发挥霸国的作用，先后多次打败了夷狄的侵袭。孔子承认管仲在推进文明和社会发展方面的贡献。

管仲之后百余年，齐国又出现了一位名相晏婴。言及此，我们不得不说，齐鲁大地对华夏文明的贡献实在太大了，怎么高估它都不过分。它是中华文化的摇篮和发源地之一，产生了诸子百家，几千年来都影响着中国人的思想。同时，它又造就了一批伟人，垂范古今。管仲和晏婴就在其中。

晏婴历任齐灵公、齐庄公、齐景公三朝卿相，辅政长达60余年。齐国此时已经衰落，灵公、庄公、景公三个君主都不成器。灵公废长立幼，引起了内乱。庄公淫逸无行，被大夫崔杼杀掉。景公也没有什么志向，一味地“好治宫室，聚狗马，奢侈，厚赋重刑”（《史记·齐太公世家》，下同），连个守成之君也算不上。加之此时国君政权旁落，田氏、鲍氏、商氏、栾氏、庆氏五大家族互相攻击，争权夺利，国内一派混乱。晏婴受命于乱际，虽勉力维持，却也无法独撑齐国颓势。时运错讹，他和管仲的使命也不相同。齐桓公雄心勃勃，志在图霸，管仲可以尽其所能，放开手脚去干；晏婴时运不济，遇到这三个主，只能尽力匡正而已。

晏婴这个人最大的特点是持身端严，守身如玉。他对自己很苛刻，生活俭朴，“食不重肉，妾不衣帛”。对君主则谨守为臣之道，忠心耿耿。庄公跑到崔杼家里勾引人家老婆，被崔杼弑杀。晏婴闻听，来到崔杼家门外，表白自己心迹说，国君若为社稷国家而死，臣子们就跟着他死，若是为了自己私事而坠命，还有谁会为他效死呢？这是晏婴的君臣观，和孟子的观点十分接近，是比较先进的思想。在古代，君臣关系是一个敏感话题，也是一个热话题。孟子算是激进派，他认为君如果不君，臣子尽可以弃他而去。至于“君要臣死，臣不得不死”的混账话，多是后代那些腐儒们编排出来的。晏婴虽然认为庄公死得不值，但对自己要求很严，他把臣节看得比生命还重要。于是枕尸而哭，行祭君大礼，这一点连叛臣都很佩服。崔杼和庆封扶立景公，下令国人“不与崔、庆者死！”晏婴仰天长叹：“婴所不获，唯忠于君，利社稷者是从！”他没有被乱臣的淫威吓倒，虽没有做到靖乱扶君，却要做到忠君为国，不会听从崔、庆两人的政令。庆封为此打算杀掉晏婴，崔杼出面阻止了。“忠臣也，舍之。”说晏婴是个忠臣，杀掉他就会失掉民心，不如放了他为好。

守节思想是中国传统道德的重要一义，妇为夫守节，称节烈；臣为君守节，称忠烈。苏武守汉节，文天祥守宋节，威武不屈，有士大夫骨气。守节缘于忠，以忠为信念则可置生死于度外。唐颜真卿受德宗差遣，赴淮西藩镇。时节度使李希烈兵叛，颜真卿晓以大义，反被拘。李希烈挖坑要活埋他，颜真卿说：“死生分矣，何多为！”后被缢死。死前大骂逆贼，并不以生死为事。明方孝孺为建文帝师。明成祖篡位，命方孝孺为他登基草诏，方孝孺不肯。明成祖威胁他诛其九族，方孝孺说诛十族又能怎么样。明成祖就将方孝孺惨杀，并当着他的面诛杀了十族。守节就是守义，重守节则有骨气，这种骨气在民族危难时刻尤为难能可贵。甲午海战、抗日战争，中华民族有一大批忠义之士，也有一大批变节分子。如何激发人们的民族气节是永久性的问题。

除了在政治上有自己的原则和坚守以外，晏婴做人的品格也值得称道。在这方面他十分谦逊，虚己待人。晏婴有一个车夫，以为国相赶车为荣。他赶车时，洋洋得意，自认为了不起，扬鞭策马，旁若无人。他的妻子看到丈夫这副模样，觉得非常羞耻，要求和他离婚。理由是：“晏子长不满六尺，身相齐国，名显诸侯。今者妾观其出，志念深矣，常有以自下者。今子长八尺，乃为人仆御，然子之意自以为足，妾是以求去也。”（《史记·管晏列传》，下同）她说晏婴身高不满六尺，身为齐相，尚把自己看得很低，而丈夫身高八尺，仅是一个车夫，却志得意满，因此求去。车夫接受了夫人的意见，自此以后赶车态度变得谦卑逊顺。晏婴觉得奇怪，向他打探原委，车夫就把事情经过告诉了晏婴。晏婴认为他知过能改，可以做大事，就推荐他做了齐国大夫。

晏婴有一次赴晋国，途中遇到了一个叫越石父的人，当时越石父因犯事正服劳役。晏婴听说这个人贤能，为他感到惋惜，就把他赎出来做自己的幕僚。回家之后，晏婴忽视了一个细节，他没有和越石父招呼一声就直接进了内室，过了很长时间才出来。越石父一直在门外等着，一见面就向晏婴告别。晏婴不解，越石父说，您能从缧绁之中把我救出，我视您为知己，知己竟然对我无礼，使人无法忍受，您还不如让我重回牢狱。晏婴听他说得有理，马上恭恭敬敬以上宾之礼对待他。越石父所遵循的“礼”是一个重要的概念，天、地、君、亲、师，人人必须遵守，是五教的内容。只要不合礼，即使恩人也可以反目。这样我们就能理解为什么古代很多忠义之士在临死前都要正衣冠，向帝京方向行大礼，然后从容就死。

不管是仆从还是宾客，晏婴都能以礼相待，别人有优点，也能得到适当提拔，这就是君子之风。晏婴不愧为仁人君子。这一点司马迁很是仰慕，他说：“假令晏子而在，余虽为之执鞭，所忻慕焉。”这话原是孔子说的，反映了后人对晏婴的态度。

与晏婴同时代，还有一个贤相，郑人子产。子产是郑国公子，为相二十六年。他和吴国公子季札、晋国公子叔向、齐相晏婴都有交往，这四个人都以贤能著称，在诸侯中影响很大。他们也彼此仰慕，惺惺相惜。其时正值春秋末期，各诸侯国家族势力膨胀。齐有田氏，鲁有三桓，晋有韩、赵、魏三家，均志在篡夺，君权旁落。历史有惊人的相似之处。周天子东迁洛阳以后，地位大不如前，诸侯朝聘贡献之礼缺失，春秋成为诸侯的历史。发展到以后，诸侯国内部也发生了变化，家臣的权力膨胀，有的竟然可以把持朝政。国君一如周天子，既无力挽救又心有不甘。四贤对此忧心忡忡，都想有所作为以图匡复。四贤中季札相对比较超脱，他自躲避王位后，就以观礼乐为名周游列国，长期在外旅居。观礼乐可以知盛衰。季札在考察了齐、郑、晋三国的政治后，对晏婴、子产、叔向的处境十分担忧。他对晏婴说：“子速纳邑与政。无邑无政，乃免于难。齐国之政将有所归；未得所归，难未息也。”（《史记·吴太伯世家》，下同）他预测齐国将有内乱，君权要被褫夺，告诫晏婴把封地和国政都上交齐君，避免祸端惹身。他又对子产说：“郑之执政侈，难将至矣！政必及子。子为政，慎之以礼。不然，郑国将败。”他看到郑国君臣荒侈无度，预计会有大乱降临。乱后必任子产为相，叮嘱他执政后要用礼来治国。不如此，郑国将会败亡。最后他怜爱有加地对叔向说：“吾子勉之，君侈而多良，大夫皆富，政将在三家。吾子直，必思自免于难。”其指出晋国现在国君荒侈昏聩，卿大夫却都精明强干，富足而善邀买人心，君权将为三家所有。你为人正直，既要于国事勉劳，还要注意保护自己。

季札旁观者清，他通过与齐、郑、晋三国君臣交往、采风、听礼乐，发现了三国面临的祸患，它们共同的特点是臣强君弱。后来的事实也都证明了他的预测。对晏婴、子产、叔向三人，他十分赏识，视为同类，倍加关爱，体现了长者之风。

子产没有辜负季札的期望。他“为相一年，竖子不戏狎，斑白不提挈，僮子不犁畔。二年，市不豫贾。三年，门不夜关，道不拾遗。四年，田器不归。五年，士无尺籍，丧期不令而治。”（《史记·循吏列传》）他担任郑相一年，人民在他的教化下，浪荡子弟不再轻狎散漫、游手好闲，老年人不用辛苦操劳，少年儿童不必下田耕作。两年以后，市场物价稳定，不再大起大落。三年以后，人民夜不闭户，路不拾遗。四年以后，地里的农具不必每天带回家。五年以后，士人因为国家无征战，不必担心被征召服兵役；家有丧事，不用强制都会自觉遵守丧礼。子产仅用五年，就把郑国治理得有声有色，人们的道德水准不断提高，社会秩序井然，一幅升平气象，宛如孟子所说的“大同”社会。别小看这个“路不拾遗”，能做到这一点很不容易。历史上各朝在治世之初，只有个别州县短暂出现过这种现象，大多数时候属于维持阶段，很少见到。子产做到这一点很不容易，因为此时郑国正处于颓势。他用的办法一是改革，二是法度。郑人开始不接受，但子产毅然坚持，逐渐恢复了国力，百姓也体会到了善政的好处，因此对子产心存感激。孔子说：“子产有君子之道四焉。其行己也恭，其事上也敬，其养民也惠，其使民也义。”（《论语·公冶长》）子产死后，“丁壮号哭，老人儿啼，曰：‘子产去我死乎！民将安归？’”（《史记·循吏列传》）

伊尹、周公、管仲、晏婴、子产五人在卿相之任上做出了卓越的贡献，他们的事迹广为传诵，周公成了国相的代名词。在他们之后，许多名相都把伊周、管晏作为典范，顶礼膜拜。有许多人梦想如伊周一样具备王佐之才，成为干国重臣。也有如王莽、曹操之类的野心家向往伊周事业，以摄政为名，行篡权之实。白居易说：“周公恐惧流言日，王莽谦恭未篡时。向使当初身便死，一生真伪复谁知？”（《放言五首·其三》）言外之意耐人寻味。五相的事迹除《史记》外，在《左传》《战国策》《管子》《晏子春秋》等史籍中多有记载，既表明古人对先贤的敬仰和崇拜，也表达了对明相的渴盼和期待。宰相不只位极人臣，而且关乎国运盛衰成败，影响深远。

诗曰：

伊周辅弼勤名王，
吐哺致君遗风长。
钟鼎彝器[1]今犹在，
甘棠树前忆陶唐[2]。

①钟鼎彝器：钟鼎、彝器均是古代青铜器，后作为王权的象征。
②陶唐：指尧帝。尧初居于陶，后封于唐，为唐侯，故称陶唐。

恃德者昌

人言“恃德者昌，恃力者亡”，自古治国者都深谙此理。魏武侯带人视察边境，顺河而下，看到山川险固，有如铜墙铁壁，足以抵抗外来侵略，不禁得意地对人说：“美哉乎，山河之固！此魏国之宝也！”（《史记·孙子吴起列传》，下同）吴起听后不以为然。他是大将，深知山川险固不足为凭，就反驳魏武侯说：“在德不在险。昔三苗氏左洞庭，右彭蠡，德义不修，禹灭之。夏桀之居，左河、济，右泰、华，伊阙在其南，羊肠在其北，修政不仁，汤放之。殷纣之国，左孟门，右太行，常山在其北，大河经其南，修政不德，武王杀之。由此观之，在德不在险。若君不修德，舟中之人尽为敌国也。”吴起认为一个国家强固与否，不在于地势的险要，而在于国君能否重修德而行仁政。他举例说，从前三苗氏部落左邻洞庭湖、右临彭蠡湖，自恃险要不讲修德，结果被大禹灭掉。夏桀领地左有黄河、济水天险，右有泰山、华山为屏障，南有伊阙关，北有仅通羊肠小道的壶关，但他不修仁政，被商汤打败放逐。殷纣王左有孟门之关，右有太行之险，黄河隔断南北，也因为不行仁政，被武王杀掉。由此看来，国家强固与否，地形险要不是决定因素，而在于国君是否行德政。若国君不修德，这条船上的人都可能背叛，与山河之险又有什么关系呢？

吴起的观点是：在德不在险。地势险要只是外部条件，国君要求王位稳固，唯一能够依靠的就是行德政。吴起对魏武侯进行劝诫，有他的针对性，但形势险要未尝不是重要条件。战国时期，人们称长安是“百一之地”，指长安关隘众多，东有函谷关、南有武关、北有萧关、西有散关，盘踞在这些隘口上，一个人可以应对一百个人；称洛阳是“百二之地”，它周围有虎牢关、成皋关、汜水关等，两个人可以对付一百个人。这些天然的地理优势，使其成为古代都城的上选之地。

楚庄王时，楚国强盛，大举北伐，先后灭了庸国，打败了宋国，又掉头北上，直指成周洛阳。楚军以保卫周天子为名，打跑了洛阳附近的陆浑戎部落，却并不收兵，在周城郊外搞开了阅兵仪式，向周王示强。类似于这样的举动，秦国也搞过，表明周天子的地位已经一落千丈。闻讯之后，周定王派大夫王孙满慰劳楚军。楚庄王这时洋洋得意，就问起周鼎的大小轻重，想要把周鼎据为己有。王孙满回答：“在德不在鼎。”（《史记·楚世家》，下同）意为：你如果真想把天下据为己有，必须修德而行仁政，是否拥有周鼎并不重要。楚庄王或是没有听懂王孙满的意思，或是根本不在意这句话，轻蔑地说：“你不要觉得周鼎有什么了不起。楚国把士兵戈戟的锋刃聚拢起来，就足够熔铸出九鼎来。”王孙满看到楚庄王桀骜不驯的样子，既可气又可笑，觉得应该对他进行启蒙教育。“呜呼！君王其忘之乎？昔虞夏之盛，远方皆至，贡金九牧，铸鼎象物，百物而为之备，使民知神奸。桀有乱德，鼎迁于殷，载祀六百。殷纣暴虐，鼎迁于周。德之休明，虽小必重；其奸回昏乱，虽大必轻。昔成王定鼎于郏鄏，卜世三十，卜年七百，天所命也。周德虽衰，天命未改。鼎之轻重，未可问也。”他教训楚庄王说：“难道你忘了从前虞、夏兴盛时，远方人都来臣服，禹就用九州贡献的金属铸造了九鼎，并在鼎上雕刻了山川万物、神妖鬼怪。夏桀昏乱无德，鼎就为商所有，享国六百年。殷纣王为政暴虐，鼎才为周所有。鼎的轻重和德政相一致，君王有美德，鼎虽小必重；君王奸邪昏乱，鼎虽大却很轻。如今周朝虽然衰微，却还没有到改天命的时候，鼎之轻重，还不是你现在可以问的。”

这一番对话，暴露了楚庄王的狂妄与无知。鼎自古以来就是王者之器，代表了天命和王权。从王孙满的介绍中我们了解到，九鼎的历史十分久远。大禹治水，分天下为九州，所以铸九鼎以象畛域。江山代迁，鼎随之易主。自夏而商，自商而周，国亡而鼎存。周初，召公为成王营造洛邑，建成后，就把九鼎搬了过去。周人认为洛阳居天下之中，鼎可以起到镇天下的作用。自丰、镐播迁洛阳之后，进入春秋。诸侯坐大，五霸兴起，秦、楚诸国逐渐产生了不臣之心，窥觎周鼎，想要取而代之，这就发生了楚庄王问鼎的闹剧。秦国的野心并不比楚国小。秦昭王时，四面发兵兼并诸侯，齐国联合抗秦，把周王也争取了过去，这下让昭王抓住了把柄，马上派军攻打周都。周自赧王时就因内部矛盾分裂为东周、西周，早已弱不禁风。秦一击之下西周就出来归降，随之周鼎也为秦所有。

关于周鼎的下落，史焉不详。它最后一次露面，是被秦昭王占有。唐人张守节作《史记正义》讲：“秦昭王取九鼎，其一飞入泗水，余八入于秦中。”这大概也只是一种普遍流行的传说，传奇色彩很浓。一只鼎飞入泗水，将其说得很有灵性，暗指周鼎不愿入秦。周鼎本在洛阳，如何又辗转到千里之外的泗水，也让人费解。其余八只入秦后，却不明不白地消失了。秦始皇距秦昭王三十余年，却没有得到这八只鼎。秦始皇二十七年（前220年），其第一次东巡回来，路过彭城（今徐州所辖）的时候，“欲出周鼎泗水。使千人没水求之，弗得”（《史记·秦始皇本纪》）。为了找那只入水的周鼎，秦始皇派出千余人下泗水找寻，也没有找到。史书中并没有提及另外八只的下落。或者秦始皇可能知道它们已被人销毁，只能寻找传说中的仅存。周鼎就这样消失得无影无踪，它的消失和它的产生一样充满离奇。以宿命论的观点来看，周鼎的消失喻示着五帝三王时代的终结，历史进入了一个新的纪元。

毕竟周鼎对帝王的诱惑力太大，“普天之下，莫非王土；率土之滨，莫非王臣”（《诗经·小雅·北山》），这就是周鼎的象征意义。拥有周鼎就拥有王权，就是天命所归。汉武帝对周鼎也心向往之。元狩二年（前121年），汾阴（今运城市所辖）有个巫师，在为人立祠时，看见地面隆起，觉得奇怪，挖开之后发现了一只鼎。这只鼎体型很大，只有花纹雕刻却没有款识，无从知道它的来历。于是层层上报给汉武帝，汉武帝有些不太相信。阴阳五行家认为：周鼎出现必有吉祥，当下什么预兆也没有，怎么凭空出现了周鼎？有司官员解释道：“禹收九牧之金，铸九鼎，皆尝鬺烹上帝鬼神。遭圣则兴，迁于夏商。周德衰，宋之社亡，鼎乃沦伏而不见。《颂》云‘自堂徂基，自羊徂牛；鼐鼎及鼒，不虞不骜，胡考之休’。今鼎至甘泉，光润龙变，承休无疆。合兹中山，有黄白云降盖，若兽为符，路弓乘矢，集获坛下，报祠大飨。惟受命而帝者心知其意而合德焉。鼎宜见于祖祢，藏于帝廷，以合明应。”（《史记·孝武本纪》）这又是一笔糊涂账。据他说，周鼎自宋亡之后，就已隐伏不见，而宋亡还在秦灭周以前三十年，周鼎又如何会为秦所有？就是说，关于周鼎的下落，历史记载与传说彼此舛互，说法不一，难免有矛盾之处。这只鼎出于晋地，又是一件匪夷所思之事。纵使如此，周鼎的玄虚反而增强了它的吸引力。巫师与朝廷官员上下其手，合奏了一场关于周鼎的神曲。不管真有其事也好，出于奉迎也罢，这件事把汉武帝搞得也宁信其有，不信其无。这些人算是把汉武帝的脉号准了，他本身就信神信鬼，自命不凡。“光润龙变，承休无疆”之类的话听起来十分受用，似乎那只鼎也就是周鼎了。

吴起所谓“在德不在险”，王孙满所谓“在德不在鼎”，表达的都是一个意思：为君之道在于德。君王自己要修德，治理国家要行德政、行仁政，这才是唯一可以依靠和凭借的，任何外在的条件都不足为据。这是中国传统的治国思想，也是评价帝王的基本标准：行德政则为尧舜，行暴政则为桀纣。

因为有这样一个道德标准，帝王们对自己的形象于是都十分在意，生怕被人称为桀纣。刘邦为帝时，御史大夫周昌“尝燕时入奏事，高帝方拥戚姬，昌还走，高帝逐得，骑周昌项，问曰：‘我何如主也？’昌仰曰：‘陛下即桀纣之主也。’于是上笑之，然尤惮周昌。”（《史记·张丞相列传》）刘邦大白天搂着美女寻欢作乐，被周昌无意中发现。按常理，周昌躲开这事就完了。刘邦却不知出于什么心理，像一个顽主一样追出去，骑在周昌身上，还要故意发问自己是哪一类皇帝。周昌也耿直得可爱，索性说他是桀纣一类皇帝。刘邦闻言，如同得到了某种满足，这才作罢。刘邦是司马迁塑造得十分成功的人物，他的顽劣不羁是出了名的。

东方朔以滑稽得宠。有一次，汉武帝问他：“先生视朕何如主也？”（《汉书·东方朔传》，下同）东方朔回答道：“自唐虞之隆，成康之际，未足以谕。臣伏观陛下功德，陈五帝之上，在三王之右。”东方朔拍马屁也是一流，他吹捧汉武帝造就的盛世，连虞夏、成康时期都无法与之相比，汉武帝的功德，在五帝三王之上。这令汉武帝喜不自胜。东方朔亦是一个奇才。据《汉书》记载，他第一次给汉武帝上书时，就大言不惭地称自己“臣朔年二十二，长九尺三寸，目若悬珠，齿若编贝，勇若孟贲，捷若庆忌，廉若鲍叔，信若尾生。若此，可以为天子大臣矣。”孟贲是古代勇士，力大无穷；庆忌是射手，百发百中；鲍叔即鲍叔牙，他和管仲做生意，分文不多取；尾生是有名的信士，为守信而死。东方朔声言自己具有这些人的所有优点，汉武帝没有责怪，反而录用了他，让他待诏公车。东方朔不满足于无所事事，为了引起汉武帝的注意，他吓唬宫中侏儒说，你们什么用也没有，白白浪费粮食，天子准备把你们杀了。侏儒们吓得见了汉武帝哭泣哀告，汉武帝问东方朔为什么这样干。东方朔对答，侏儒身长三尺余，我九尺余，但是俸禄一样。如果天子觉得我有用，就请安排工作；如果无用，就请罢退，不要让我白吃长安米。汉武帝听后大笑，立刻安排他待诏金马门。又有一次，汉武帝赐肉给身边的官员，恰好值日官没在，大家就一直等着。东方朔等不及，自己下手用刀割了一块，带回家去了。值日官打报告给汉武帝，汉武帝诘问，东方朔自责道："朔来，朔来，受赐不待诏，何无礼也！拔剑割肉，一何壮也！割之不多，又何廉也！归遗细君，又何仁也！"细君是东方朔的夫人。汉武帝又笑了，说，让你自责，却表扬开自己了。格外赏赐他酒一石、肉百斤。这就是东方朔，行事不遵常理，善于戏谑，故常得汉武帝欢心。

汉桓帝是东汉末倒数第三个帝王。人们常把桓、灵并称，他们都是有名的昏君。他对自己有些拿不准，就问侍中爰延："朕何如主也？"对曰："陛下为汉中主。"帝曰："何以言之？"对曰："尚书令陈蕃任事则化，中常侍黄门豫政则乱，是以知陛下可与为善，可与为非。"帝曰："昔朱云廷折栏槛，今侍中面称朕违，敬闻阙矣。"（《后汉书·列传第三十八》）爰延的回答非常巧妙。他评价桓帝是一个不好不坏的帝王，既可为善，又可为非。任用陈蕃等正人即可为善，任用阉党则可为非，关键看桓帝用哪些人。此话透着讥讽，说桓帝没有主见，常常被人利用。汉桓帝时，阉党焰炽，倾陷陈蕃之流为党人。一日，掀起"党锢之祸"，所以爰延要这样说。桓帝听出了爰延的话外之音，深为他的忠直而感佩，表彰他是又一个朱云。朱云是汉成帝时人。一日，他上书求见汉成帝，称朝廷大臣尸位素餐，上不能匡主，下无益于民，希望天子赐他一把尚方宝剑，除掉佞臣，警示其余。汉成帝问他所指为谁，他回答是安昌侯张禹。张禹是汉成帝的师傅，位居三公，汉成帝很是敬重。因此听完朱云的话大怒，要把他处死。朱云被人拉下去的时候，抓住宫殿的槛栏不放，以致槛栏被拉坏了。临被拉走的时候还大喊："臣得下从龙逄、比干游于地下，足矣！未知圣朝何如耳？"（《汉书·朱云传》）汉成帝还称得上是一个比较开明的皇帝，他不仅没有杀朱云，而且在修理槛栏时告诉别人，修补好就行了，不要更换，"以旌直臣"。汉桓帝以朱云来比喻爰延，应该还能听得进话，可惜他并没有改弦更张，汉朝愈来愈走下坡路了。

令人啼笑皆非的是，汉桓帝如此不堪，竟还有人愿意和他相比，这就是汉灵帝。汉灵帝有些看不上汉桓帝，认为他不会理财。为了增加收入，汉灵帝大肆卖官，积钱无数。这也不奇怪，很多帝王都如此。汉代国家财输归司农掌管，宫廷收支属少府管，来源是池泽山林的赋税。遇到文、景等节俭的皇帝，也就够用；遇到汉灵帝这样的，就感到捉襟见肘。这样做了之后，汉灵帝有些得意，就问侍中杨奇："朕何如桓帝？"（《后汉书·杨震传》，下同）杨奇是东汉名臣杨震的曾孙，为人方正，他讽刺道："陛下之于桓帝，亦犹虞舜比德唐尧。"说汉桓帝和汉灵帝好比尧与舜一样，没有分别。这话实在有些露骨，骂得灵帝脸上挂不住，顿时不高兴起来，即道："卿强项，真杨震子孙，死后必复致大鸟矣。"强项指的是汉光武帝时的洛阳令董宣一次得罪了光武帝的姐姐湖阳公主，刘秀想做和事佬，让董宣给公主叩头认错，但董宣昂头不跪，连刘秀拿他也没有办法，董宣因此被称作强项令。汉灵帝诅咒杨奇，你刚直不阿，不愧是杨震的子孙，死后一定和你的祖先一样，能招来大鸟。（杨震含冤而死，下葬时，群鸟云集，哀鸣不已。）这话出自天子之口，实在有失宽厚！

晋武帝司马炎问司隶校尉刘毅："卿以朕方汉何帝也？"对曰："可方桓、灵。"帝曰："吾虽德不及古人，犹克己为政。又平吴会，混一天下。方之桓、灵，其已甚乎！"对曰："桓、灵卖官，钱入官库；陛下卖官，钱入私门。以此言之，殆不如也。"帝大笑曰："桓、灵之世，不闻此言。今有直臣，故不同也。"（《晋书·卷四十五·刘毅列传》）刘毅把晋武帝比作汉末桓、灵二帝，这有些冤枉晋武帝了，毕竟是在他手里收回了东吴，结束了长达半个世纪的三国割据的局面，实现了南北统一。纵如此，刘毅还觉得不够，认为仅就卖官一事而言，晋武帝还比不上桓、灵。卖官本来就非帝王所应做，桓、灵卖官的钱都入了国库，晋武帝朝上朝下卖官，钱都归为己有。晋武帝不愧为晋开国皇帝，容人之量还是有的，不但没有生气，反而给自己找台阶下，说，尽管你所说都是事实，但这种直言桓、灵时期既没有人敢说，他们也听不进去，从这一点来说，我还是胜过他们的。

唐文宗问学士周墀："'朕可方前代何主？'对曰：'陛下尧、舜之主也。'上曰'朕岂敢比尧、舜！所以问卿者，何如周赧、汉献耳！'墀惊曰：'彼亡国之主，岂可比圣德！'上曰：'赧、献受制于强诸侯，今朕受制于家奴，以此言之，朕殆不如！'因泣下沾襟，墀伏地流涕，自是不复视朝。"（《资治通鉴·卷二百四十六》）这一段记载读起来令人感伤。唐文宗自比为周末之赧王、汉末之献帝，他认为自己还不如那些亡国之主——赧王、献帝生不逢时，受制于强大的诸侯，这是没有办法的事。相形之下，自己受制于身边的宦官，处境如此，连末代皇帝都不能比。

唐文宗这一番话，可算是肺腑之言，道出了自己的心病。唐自安史之乱后，便埋下了藩镇割据的隐患。自唐睿宗至唐玄宗，为加强中央集权，分天下郡县为十道，后增至十五道。为防御边患，又在四裔设立十节度使。谁知各节度使及各道拥兵自重，与朝廷讨价还价，唐肃宗以至唐宪宗都在诸镇中搞平衡。唐穆宗以后，藩镇问题还没有解决，又出来个宦官问题。这些宦官统领禁军，明为保卫京畿，实际掌握朝政，朝廷大员升降迁除都由他们说了算，甚至连皇帝废立也由其做主。唐穆宗以后的八帝，其中七帝都为宦官所立，唐文宗就是其中一个。国家命运掌握在这些人手中，废立杀伐随心所欲。赵翼评论说："东汉及前明宦官之祸烈矣，然犹窃主权以肆虐天下，至唐则宦官之权反在人主之上，立君、弑君、废君，有同儿戏，实古来未有之变也。"（《廿二史札记》）宦殃如此，难怪唐文宗气沮。"文宗耻为弑君之宦竖所立，恶其专横而畏其害己也，旦夕思讨之，四顾而求托其腹心……"（《读通鉴论》）唐文宗一心想扭转局面，但屡经挫折，无法撼动宦官势力。经过甘露之变后，更变得心灰意冷，郁郁寡欢，三十二岁就死掉了。

异族统治者入主中原，接受华夏文明后，同时也学会了帝王思维。南燕主备德宴群臣于延贤堂，酒酣，谓群臣曰："朕可方自古何等主？"青州刺史鞠仲曰："陛下中兴圣主，少康、光武之俦。"备德顾左右赐仲帛千匹，仲以所赐多，辞之。备德曰："卿知调朕，朕不知调卿邪！卿所对非实，故朕亦以虚言赏卿耳。"（《资治通鉴·卷一百一十二》）备德即慕容备德，鲜卑人。魏晋时，慕容氏建立前燕，后被前秦氐人苻坚所灭。慕容备德逃到河南滑台（今河南省滑县），建了一个小朝廷，史称南燕。备德也想听听部下对自己的看法。青州刺史拍马屁有些过头，把他比作夏王少康、东汉光武帝，属于中兴之主。备德听他说得有些离谱，觉得是在故意调侃自己，就以其人之道还治其人之身，赏赐他子虚乌有的千匹帛。这一对君臣，君不像君，臣不像臣，合演了一出闹剧。

后赵明帝石勒是历史上唯一一个奴隶皇帝。他是羯人，起先投靠前赵刘渊，刘渊死后，他与前赵分裂，自立后赵，称霸北方。石勒是武夫出身，靠杀伐立家，靠噬杀统治，属于孔子所称“武胜文则野”那一类。十六国时期，北朝异族攘夺大率如此。石勒称帝后，在汉人官员的影响、教育下，略知前代逸事。史载：“赵主勒大飨群臣，谓徐光曰：‘朕可方自古何等主？’对曰：‘陛下神武谋略过于汉高，后世无可比者。’勒笑曰：‘人岂不自知！卿言太过。朕若遇汉高祖，当北面事之，与韩、彭比肩；若遇光武，当并驱中原，未知鹿死谁手。大丈夫行事，宜礌礌落落，如日月皎然，终不效曹孟德、司马仲达欺人孤儿、寡妇，狐媚以取天下也。’”(《资治通鉴·卷九十五》)幕僚徐光吹捧石勒的武功和谋略，夸他可以比得上汉高祖刘邦。这是酒话，本也当不得真。石勒尚有自知之明，他称自己和刘邦远不能比，若遇刘邦，也只能做他手下的韩信和彭越；若遇汉光武帝刘秀，应该和他不差上下，胜负难料。石勒异常自负和豪迈，他称大丈夫行事，应当日月分明，磊磊落落，不能学曹操、司马懿，从人家孤儿寡妇手里靠阴谋取天下。这一席话不同凡响，从一个武夫口里道出，更是夺人耳目。石勒对曹操、司马懿的评价，向来为史家所叹服。非此人不出此语！

“朕何如主也？”恐怕是千古帝王共同的心结。历史上有太多这样的主儿，行桀纣之道，却要落得尧舜的名声。不论明主或者昏君，都想做千古一帝，也都很在乎自己的形象和地位。从这一点来说，他们实实在在把自己当作一个人，有普通人的梦想和期盼，有普通人的惆怅与失意，有普通人的自私和欲望。他们太看重表面现象和外在的东西，忽视了本质问题。套用吴起的“在德不在险”，王孙满的“在德不在鼎”，这个问题应该是“在德不在名”。

诗曰：

泰山虽是君王封，
遗绪百年赖守成。
二世坟茔何所在？
至今项羽为鬼雄。

王道与霸道

儒、法两派，其用则一，其术则别。儒家主张尊君，同时主张爱民，要求君王行仁义之道，礼乐教化。法家也主张尊君，但在这方面走向了极端，用王霸之道，以刑名治天下。从效果上看，儒家见效慢而法家见效快，所以秦几代君王都乐用其术。

法家本源于黄老。这一派所从来远矣，可以远推到申、商之学。申即申不害，商即商鞅。他们都有学说，著《申子》《商子》，主张刑名法术。而且商鞅付之于实践，他主张秦政改革，为以后秦始皇统一天下打下了基础。他自身虽被秦惠王车裂，但所行制度大多都沿袭了下来。申、商之后出来了荀子，荀子本来也尊孔，是儒学一派，但他反对孟子，孟子主张人性本善，他主张人性本恶，认为人生来自私自利，争权夺势，仅靠礼乐教化行不通，必须要用刑法，故而其思想吸收了法家、阴阳家乃至黄老之学。为适应当时需要，荀子主张“法后王，一制度”。他门下有两个高足，即韩非和李斯。

说来也可叹，儒学一出世，就遭到排挤。首先，老子一门就极力反对儒学。“世之学老子者则绌儒学，儒学亦绌老子，道不同不相为谋。”（《史记·老子伯夷列传》）法家也看不起儒家，韩非以为“儒者以文乱法”。李斯更是反对诸子各家，指出他们对于皇帝政令“各以其私学议之，入则心非，出则巷议，非主以为名，异趣以为高，率群下以造谤。如此不禁，则主势降乎上，党与成乎下”（《史记·李斯列传》，下同）。李斯说这些人根据各自所学评论朝政，在朝廷里还只是内心里不满，出了朝廷就在街巷议论，每以批评国君来炫耀自己的学识，从而博取虚名；他们常常发表不同意见显示自己高明，并纠集起来诽谤朝廷。这样的情况如果不加以禁止，君王的威权就会衰落，反而造成结党营私的局面。李斯建议秦始皇"请诸有文学、《诗》、《书》、百家语者，蠲除去之。令到满三十日弗去，黥为城旦。所不去者，医药、卜筮、种树之书。"于是，李斯就把自己变成了中国文化的头等大罪人。文、景时期，尊用黄老，国家初定，人心思安，无为而治成为社会的主潮流。但因此时诸侯坐大，对朝廷构成威胁，所以又出来个晁错。晁错持刑名之术，主张对诸侯削地，为此变更法令三十余条，导致诸侯激变。诸王都是刘姓，汉景帝优柔寡断，心有不忍，竟听从袁盎意见，杀晁错以谢天下。晁错和他的前辈商鞅、韩非、李斯一样，俱殒身于王霸之学。所以有人说，凡行法家之学、王霸之术的，下场都不太好。王夫之说："任法，则人主安而天下困；任道，则天下逸而人主劳。"（《读通鉴论》）于此可见很多人对用法的态度。

汉初，洎叔孙通作汉礼仪，儒者稍稍用。至汉武帝招用方正贤良文学之士，公孙弘、赵绾、王臧之流置于朝廷。"武安侯田蚡为丞相，绌黄、老、刑名百家之言，延文学儒者数百人，而公孙弘以《春秋》白衣为天子三公，封以平津侯。天下之学士靡然乡风矣。"（《史记·儒林列传》）儒家反攻倒算，不遗余力。《汉书·董仲舒传》载："自武帝初立，魏其、武安侯为相而隆儒矣。及仲舒对册，推明孔氏，抑黜百家。立学校之官，州郡举茂材、孝廉，皆自仲舒发之。"又，《汉书·汉武帝纪》载："建元元年，冬十月，丞相绾奏：'所举贤良，或治申、商、韩非、苏秦、张仪之言，乱国政，请皆罢。'奏可。"自此，儒家义无反顾地走上了中国的政治、文化舞台，再无任何其他思想可与之抗衡。

诗曰：

治国之术审高低，
王霸可羞水火迷。
晴明盛世非为远，
持心宽厚是可期。

成大功者不谋于众

开天辟地，凡成大功者不谋于众，举大事者不和于俗。非常之人方有非常之谋，方建非常之功。司马相如说："盖世必有非常之人，然后有非常之事；有非常之事，然后有非常之功。"（汉书·司马相如传）一般碌碌之人，随波逐流，拾人牙慧，终其一生，抱关击柝，守产保业而已，欲其有所建树，无异于缘木求鱼。然而欲成大功，这些庸人却是最大的障碍。成大功必然要改革，改革必重新分配利益，也必触及各方，尤其是既得利益方。他们出于一己之私，视改革为洪水猛兽，竭尽所能阻挠干扰。所以改革者的最大困难，不在于彼，而在于此。意志和毅力最能检验人，成大功者也须有非常的信心和决心，不为流俗所扰，不畏艰难险阻，力排众议，逆流而上，方能成就一番事业。

商鞅变法

商鞅年轻时好刑名之学，有志于天下，抱负远大。起先他效命于魏国，在魏相公叔痤手下做一个家臣。公叔痤有一次病重，魏惠王去看他。谈及后事，公叔痤说，我手下有个商鞅，年纪不大，本事不小，希望君王"举国而听之"（《史记·商君列传》，下同）。魏惠王不以为然。公叔痤接着说，如果君王不愿用商鞅，就请把他杀掉，千万不要让他为人所用。魏惠王假意答应后离开了，他对左右从人说，公叔痤病得有点傻了，竟然劝我用商鞅这个小子，简直有些昏头。公叔痤为人尚称厚道，魏惠王离开后，他就把商鞅叫来，将前面所说坦白地告诉他，劝他从速逃亡。商鞅却镇定自若地说："彼王不能用君之言任臣，又安能用君之言杀臣乎？"仅凭这番见识，商鞅就高出公叔痤许多。

看来魏国是不能待了。听说秦孝公到处求贤，商鞅就托秦孝公的宠臣，一个叫景监的向秦王引荐自己。秦孝公就召见了商鞅。商鞅滔滔不绝地向秦孝公陈述他的治国之道，秦孝公听着听着却睡着了，第一次见面就这么无果而终。随后，秦孝公埋怨景监，说，你推荐的人胡言乱语，这人怎么能用呢？景监也就责怪起商鞅。商鞅解释自己所说乃帝王之道，只是秦孝公不懂罢了。五天后，秦孝公又一次召见商鞅，商鞅仍然还是那套——抛售自己的治国之道，但还是没有打动秦孝公。之后秦孝公又埋怨，景监又责怪。商鞅说，这次我陈献的是王道，既然这些秦孝公都不喜欢，我明白他需要什么了，请让我再见一次秦孝公。第三次觐见，商鞅就不再说大道理了，他结合秦国的现状，献出强国富民的计策。这一次，秦孝公听得津津有味，连着听了几天都不厌倦。也不怪秦孝公，春秋之际，周朝衰落，王道不行，诸侯侵夺，寻求自强而称霸一方乃是每个君王的首要选择。

秦孝公开始任用商鞅理政。商鞅提出要变法，秦孝公有些犹豫，怕影响太大，遭人议论。商鞅首先做秦孝公的思想工作："疑行无名，疑事无功，且夫有高人之行者，固见非于世；有独知之虑者，必见敖于民。愚者暗于成事，知者见于未萌。民不可与虑始而可与乐成。论至德者不和于俗，成大功者不谋与众。是以圣人苟可以强国，不法其故；苟可以利民，不循其礼。"他说，做事狐疑就不会名正言顺，也不会成功。高于常人易被世俗反对，庸人诋毁。聪明人能预见事情的走向，在行事之初，他不会和其他人商讨可行与否，只会在成功后共享快乐。有崇高志向的人不必与世俗合流，能建立丰功伟绩的人不必强求他人同意。只要可以使国家强盛，就不必效法旧制。只要对人民有利，就不必遵循祖礼。这无疑是一篇变法宣言，字里行间散发出哲学般的光芒。商鞅认为，要成就大事就不能从众随流，应当比普通人站得高、看得远，只要能够强国富民，就不必墨守成规，而应敢于打破条条框框，纵使有人议论、反对，也算不了什么。做完了秦孝公的思想工作，商鞅还要说服朝中其他人。当时秦国内部意见很不统一。守旧派认为，高明的人根据实际情况治理国家，不用变法就能把国家治理得很好，老百姓能够接受，上下相安无事，岂不更好？对此商鞅反驳道：“常人安于故俗，学者溺于所闻。以此两者居官守法可也，非所与论于法之外也。三代不同礼而王，五伯不同法而霸。智者作法，愚者制焉；贤者更礼，不肖者拘焉。”意思是：俗人安于现实，学者眼光短浅。这些人不晓得，往古时期，夏、商、周三代遵循的制度也各有不同；即使近代，春秋五霸强国之道也各有千秋。只是这些人拘于成法，以为古已有之，思想禁锢，不愿轻易改变而已。另一派人认为，治国之道不能轻易改变，况且谁也看不到变法是好是坏。商鞅说：“治世不一道，便国不法古。故汤、武不循古而王，夏、殷不易礼而亡。反古者不可非，而循礼者不足多。”治国没有固定程式，古代传统未必都好，纵使商汤、周武王也是因为变革前代而成圣治。夏、殷两代灭亡，正在于他们不顺应时代变革所致。现在变法，正是遵古，但也不能食古不化，因循守旧。

排除一切思想干扰后，商鞅大刀阔斧地施行变法。变法内容大致有四条：一是设县。在全国范围内设四十一县，效仿国家三公，设置县令（长）、县丞、县尉，这是以后郡县制的雏形。这一制度最为伟大，它推翻了周人所建立的分封制，也就是郭沫若说的封建制，此后秦始皇统一全国，重新分天下为三十六郡。这一制度后来被汉人沿用，成为基本固定的行政架构，至今仍被沿用。唐把郡变成了州，州之上有道，宋至明清把道变为路府、行省，国家以下由二级管理体系增加为三级乃至四级。二是编户齐民。编五家为一伍，十家为一什。一人犯罪，其他人不告发的，与罪犯同罪。这是后来的连坐制度，为历代沿用。三是废除井田，奖励耕战。把人民从井田中解放出来，使其享有土地所有权。规定家里有两个成年男子且不分家的，加倍征收税赋；粟帛生产多者，免除徭役；经商及怠惰致穷者，没入官府为奴。四是建立军功爵制度。凡有军功者，按等级给予爵位及官职。这样就打破了贵族特权，使一般士民也得以升官晋爵。五是统一度量衡。强制全国使用同一标准的尺寸、升斗、斤两。之后李斯在此基础上，进一步统一——车同轨、书同文，华夏文化由此有了一个基本遵循。这就是商鞅变法的基本内容，其中心思想是富国强兵，巩固中央集权。这个思想从根本上推翻了周王朝的体制，使中国历史逐步由奴隶制度过渡为封建制。商鞅变法的历史意义，无论怎么高估都不过分。但是它有一个弊端，君主集权一旦达到顶峰，就会出现为所欲为的暴君。而商鞅就是这个始作俑者，继之而起的是范雎、李斯、韩非之流，这些人除了帮秦国打败列强，还拼命地把秦始皇推向神坛。经过秦国二十余代君王的不懈努力，终于培养出秦始皇这个独夫。秦始皇把秦国发展到了顶峰，也使秦国走到了绝地，盛极而衰，瞬间灭亡。商鞅及法家思想也走到了穷途末路。

胡服骑射

赵国历来被称为四战之国。这个国家从成立之初，就一直处于战争状态。这一方面是因为赵国是个小国，另一方面它周围列强环伺，北边有燕国，东边有胡人，西边有林胡、楼烦等蛮夷，南边有韩、魏、齐诸国。这些国家对赵国虎视眈眈，使赵国危机四伏。因常年征战，赵国培养出了比任何诸侯国都多的名将，诸如廉颇、赵奢、乐毅、李牧等，驰名于当时。待到赵武灵王为政时，他总结与列国尤其是诸胡的作战经验，认为胡服利于骑射，而赵人衣冠不适宜作战，决定在全国推行胡服。计议已定，他先向大臣肥义和盘托出，征求肥义的意见："夫有高世之功者，负遗俗之累；有独智之虑者，任骜民之怨。今吾将胡服骑射以教百姓，而世必议寡人，奈何？"（《史记·赵世家》，下同）赵武灵王推测，一般而言，凡有深谋远虑、建不世之功的主张都会遭到世俗的反对，所以他担心推行胡服会遭到人们议论，进而影响国家稳定。肥义非常赞成赵武灵王的这项改制，他安慰赵武灵王："臣闻疑事无功，疑行无名。王既定负遗俗之虑，殆无顾天下之议矣。"他进一步鼓励赵武灵王："夫论至德者不和于俗，成大功者不谋于众。昔者舜舞有苗，禹袒裸国，非以养欲而乐志也，务以论德而约功也。愚者暗成事，智者睹未形，则王何疑焉？"追求崇高理想的人不会调和世俗意见，成就大功者不会与庸人相商。从前虞舜为有苗氏而舞蹈，大禹光着膀子进入蛮国，并不是为了贪图愉悦享受，而是为了教化蛮夷实现大同。愚人对已成之事懵懂无知，聪明人却在萌芽状态就能看清发展走势，君王还有什么值得疑虑的呢？肥义持论与商鞅完全一致。易服这件事与商鞅变法不可同日而语，赵武灵王和肥义却把它上升到这样的高度来认识，看来移风易俗不像想象的那么简单。

不出赵武灵王所料，推行胡服果然遭遇各方面的抵制，赵武灵王的叔叔公子成第一个站出来反对。他说："臣闻中国者，盖聪明徇智之所居也，万物财用之所聚也，贤圣之所教也，仁义之所施也，《诗》《书》礼乐之所用也，异敏技能之所试也，远方之所观赴也，蛮夷之所义行也。今王舍此而袭远方之服，变古之教，易古之道，逆人之心，而怫学者，离中国，故臣愿王图之也。”意思是：中国是聪明智慧之地，万物财货聚集，圣贤在这里行教化、施仁义，《诗》、《书》、礼、乐所以为用。聪明而身怀绝技的人可以大展身手，远人被吸引，蛮夷争相效仿。现在大王舍弃这些而袭用中原以外的服制，改变传统教化和思想，既不得人心，又和有学问的人背道而驰，远离中国文明，希望慎重考虑。

意见如此尖锐，赵武灵王不得不亲自上门，做公子成的思想工作。赵武灵王说：“夫服者，所以便用也；礼者，所以便事也。圣人观乡而顺宜，因事而制礼，所以利其民而厚其国也。夫翦被发文身，错臂左衽，瓯越之民也。黑齿雕题，鞮冠秫绌，大吴之国也。故礼服莫同，其便一也。乡异而用变，事异而礼易。是以圣人果可以利其国，不一其用；果可以便其事，不同其礼。”意思是说，衣服是为了使用方便，礼法是为了行事方便。古圣人因地制宜，因事制礼，就是为了利民重国。披发文身，袒露右臂而衣襟左掩，这是瓯越之地的习俗。染黑牙齿，描画头额，戴皮帽而缝制粗略，这是吴地的风俗。服制虽然不同，都是为了方便。因此，处境不同使用它时自然两样，时势不同礼法也应相应改变。这就是圣人做事的准则。只要对国家有利，对社会便利，则不会固执己见，一成不变。这是赵武灵王做的一篇胡服论的论点：着衣要方便于人，礼制要方便人做事，圣明之人要能因地制宜，衣服也好，礼制也好，都可随时随地顺应变化。“今叔之所言者俗也，吾所言者所以制俗也。”公子成虽然指出那么多理由，但实际上也只是盲从于俗人俗言，不利于国家中兴。推行胡服才是打破传统、实现长治久安的方法啊。

赵武灵王滔滔不绝，从古至今罗列众多证据，终于说服了贵族阶层。但朝中仍有一批大臣坚持己见：“谏止王毋胡服，如故法便。”赵武灵王不耐其烦地对他们说：“先王不同俗，何古之法？

帝王不相袭，何礼之循？虙戏、神农教而不诛，黄帝、尧、舜诛而不怒。及至三王，随时制法，因事制礼。法度制令各顺其宜，衣服器械各便其用。故礼也不必一道，而便国不必古。……且圣人利身谓之服，便事谓之礼。夫进退之节，衣服之制者，所以齐常民也，非所以论贤者也。”先王们的习俗都不一样，你效法哪一个呢？帝王们都不因袭前代，你遵循哪种礼呢？伏羲、神农重教化而不重刑杀，黄帝、尧、舜用刑杀而不迁怒他人。到了夏、商、周三代，根据时势需要制法，依照实际制礼，因地制宜确定法令，衣服、器械都是为了方便使用。由此说来，治世不必一种方式，便利国家不必效法古人。……圣人认为但凡方便使用的服制都是正确的，对行事有利的都合乎礼法。人们出入进退的礼节、衣服的形制，都是为了有所遵循，说不到贤能与否。截至目前，赵王把他的“礼服论”讲了三遍，可见改革之难。最后他斩钉截铁地说：“循法之功，不足以高世；法古之学，不足以制今。”即一切都遵循传统陋习，如何能做出高世之行？凡事都学习古人，如何能治理当今？讲明道理后，赵武灵王不遗余力地在全国推行胡服新制。

改革以后的赵军勇不可挡，势如破竹，一举打败了林胡、楼烦及胡、代诸地，又攻破中山，北侵燕地，一时声名大振，诸侯为之却步。

“论至德者不和于俗，成大功者不谋于众”（《史记·商君列传》，下同）。这句话振聋发聩。改革者秉持这种理念，才能超越时代，发人之所不察，事人之所不能，才能重造山河，开天辟地。商鞅、赵武灵王深明秦、赵之弊，锐意改革，功被后世。然改革者经历的挫折、磨难也非同一般，所谓百炼成钢者也。“商君相秦十年，宗室、贵戚多怨望者。”秦孝公死后，商鞅失去了坚强后盾，那些曾经因改革而伤及利益的贵族勋臣大肆反攻。太子即位，立刻下令逮捕商鞅，车裂以殉，族灭全家，为改革画下了沉重的句号。商鞅改革，秦受其利而独鞅受其祸，可叹矣夫！

诗曰：

天降奇才有斯人，
非常功烈惊鬼神。
流俗却步非易事，
夸父撼山赖恒心。

君子儒与小人儒

汉武帝称得上是西汉具有里程碑意义的帝王，他在文治武功方面都有超前绝后的作为，其功绩远非前此文景之治及后此宣元中兴所可比拟。在武功方面，他一改汉高祖以来对匈奴的和亲政策，三次组织大规模出兵征讨，基本解决了困扰已久的边境问题。收复河套地区，夺取河西走廊，征服西域，封狼居胥山，将北部疆域从秦长城沿线推至漠北。对内，他施行“推恩令”，把千里之广的刘姓诸王的封地分割给子弟，并以郡县领之，这样彻底解决了文、景帝时贾谊、晁错看到的削封难题，杜绝了诸王内乱的隐患。在文治方面，他锐意革新，抑黄老而用儒生，接受了董仲舒的建议，设立五经博士，选拔才俊，使一大批士阶层进入朝廷，“待诏金马门”成为知识分子向往的仕进之路。班固极力称赞汉武帝时人才济济的盛况，他屈指而数，“儒雅则公孙弘、董仲舒、兒宽，笃行则石建、石庆，质直则汲黯、卜式，推贤则韩安国、郑当时，定令则赵禹、张汤，文章则司马迁、相如，滑稽则东方朔、枚皋，应对则严助、朱买臣，历数则唐都、洛下闳，协律则李延年，运筹则桑弘羊，奉使则张骞、苏武，将率则卫青、霍去病，受遗则霍光、金日磾，其余不可胜纪。”（《汉书·公孙弘卜式儿宽传》）班固由衷感叹“汉之得人，于兹为盛”。

人言《汉书》汉武帝以前均抄自《史记》，唯《武帝纪》不同。司马迁写汉武帝，文治武功稍稍及之，而于方士求仙、巡守河山二事大费笔墨，与《秦始皇纪》笔法相似，多有讥刺，颇失史家公中之旨。太史公曰："余从巡祭天地诸神名山川而封禅焉。入寿宫侍祠神语，究观方士祠官之言于是退而论次自古以来用事于鬼神者，具见其表里。后有君子得以览焉。至若俎豆珪币之祥，献酬之礼，则有司存焉。"（《史记·孝武本纪》）于汉武帝功业不置一词，仅言及封禅、祭祀事，可见其态度。《汉书》颇多更张，除封禅事外，多书其邀遮匈奴之功，而于方士之事略一二见，赞论尤多褒奖："汉承百王之弊，高祖拨乱反正，文、景务在养民，至于稽古礼文之事，犹多阙焉。孝武初立，卓然罢黜百家，表章《六经》。遂畴咨海内，举其俊茂，与之立功。兴太学，修郊祀，改正朔，定历数，协音律，作诗乐，建封禅，礼百神，绍周后，号令文章，焕焉可述。后嗣得遵洪业，而有三代之风。如武帝之雄才大略，不改文、景之恭俭以济斯民，虽《诗》、《书》所称，何有加焉！"（《汉书·武帝纪》）还汉武帝以本来，正《史记》之失，其功不在小。

汉武帝用人是值得称道的一大盛事。他多次下诏延揽天下道德、贤良之人，襄助朝政，以不举孝、不奉诏为不敬论，以不察廉为不胜任，一时间，朝廷人才济济。公孙弘就是在这种情况下拜相的，他是西汉白衣为相的第一人。在此之前，封侯拜相都是贵族的特权，要么是世袭王侯，要么是功臣，位为公卿才有做丞相的资格。如张良被封为留侯，萧何被封为酂侯，曹参被封为平阳侯，周勃被封为绛侯，王陵被封为安国侯，陈平被封为户牖侯。自公孙弘始，平民走上了卿相之位。

因为是布衣为相，朝廷中有一些人不免看轻公孙弘，这在以前也是少有的事。申屠嘉做相，差点杀了汉文帝的弄臣邓通。到了汉景帝时，他因与内史晁错不和，竟后悔没有早点儿杀了晁错。其时丞相甚至拥有专杀之权，卿大夫畏丞相威权，孰敢轻视？公孙弘为相，敢于公开挑战他的，首先是汲黯。

汲黯这个人正直无私，颇具才干。河南失火，千余家被烧。汉武帝派他去了解情况，回来之后他禀报道：失火之事影响不大，稍加抚慰、安置就可以了，不足忧。我另外发现河南连年水旱交加，庄稼没有收获，老百姓食不果腹，甚至有父子相食的情况。来不及请示朝廷，我擅自做主开仓放粮，赈济灾民，请皇上治罪。汉武帝对他便宜行事十分赞赏，不但没有处分，而且提拔汲黯为中大夫。不久，因为汲黯爱提意见，汉武帝有些烦他，就外放他做了东海太守。由于汲黯学的是黄老之言，于是也用黄老的办法治政。“治官理民，好清静，择丞、史而任之。其治，责大指而已，不苛小。黯多病，卧闺阁内不出。岁余，东海大治。”（《史记·汲郑列传》，下同）他无论治官还是理民，都好清静无为，不愿多管闲事，只选择合适的官吏，让他们放手去干。他主政的原则，只要求在大的问题上不要犯错，对小事从不苛求。汲黯体弱多病，常常卧病在床，即使这样，一年以后，东海郡也被治理得井井有条。因为他主张清静无为，信任下级官员，抓大放小，不会因为别人有过错而揪住不放，下级官员反而因为受信任而专心理事，各项工作都做得井井有条。因为治理地方有功，汉武帝又一次提拔他为主爵都尉，做了朝廷大员，虽然食禄都是二千石，但地位更加显赫。

应该说，汉武帝对汲黯的能力还是充分肯定的。但汲黯有两个致命的缺点：一是性格倔强，孤傲质直，喜欢一意孤行，不计其余。“合己者善待之，不合己者不能忍见，士亦以此不附焉。”和自己谈得来、对脾气的是一个态度，对看不惯的人一概排斥，所以身边的朋友就很少，无形中就把自己孤立起来了。二是脾气太大，不能容人之过，别人稍有过错，就得理不饶人，而且不讲究方法、不分场合、不管对象，一句话就能噎死人。让人疑惑不解的是，他在地方做官和在朝为吏截然是两个人：在地方，他能够巧妙运用黄老之学，轻轻松松就能治理好地方事宜。而在朝廷，他似乎完全不会用了，待人尖酸苛刻，丝毫不懂得保护自己。他批评汉武帝：“陛下内多欲而外施仁义，奈何欲效唐虞之治乎？”指责汉武帝表里不一，好大喜功——穷兵黩武，南征北伐，令百姓不堪用命，但还想树立仁义明君的形象，时时标榜自己谦虚爱人。这话汉武帝虽接受不了，但也只是抱怨了一句：“甚矣，汲黯之戆也。”汉武帝了解汲黯之为人，对他还算客气。

汉武帝连年用兵匈奴。是时匈奴内部发生了内讧，势力较弱的浑邪王这一支受到单于的攻击，决定降汉。汉武帝很高兴，为了庆祝这件事，遂决定发车二万乘，浩浩荡荡迎接匈奴来降。二万乘车需要很多马匹，汉武帝命令长安县令征集。由于常年战争，马匹匮乏，长安县令想了很多办法都没有置备妥当。汉武帝就很生气，要杀掉长安县令。汉制，万人以上的称为令，万人以下的称为长。汲黯坚决反对这一决定，他进谏说：“长安令无罪，独斩黯，民乃肯出马。且匈奴畔其主而降汉，汉徐以县次传之，何至令天下骚动，罢弊中国而以事夷狄之人乎？”他不但不同意杀长安令，而且威胁汉武帝，纵使把他杀了，老百姓也不会献马。甚至根本就反对大张旗鼓迎降，认为由驿站接待就够了，不必动员全国，耗费财力。汉武帝听了此话，原先的勃勃兴致顿时烟消云散，一时无法表态，不置可否。不久浑邪王到了长安，长安一些商人看到匈奴人带了很多皮毛、土特产，就与之做起了交易。依法律这是不允许的，汉武帝命令把这些商人抓起来，准备杀掉。汲黯听说后，便面见汉武帝，谏言：“夫匈奴攻当路塞，绝和亲，中国兴兵诛之，死伤者不可胜计，而费以巨万百数。臣愚以为陛下得胡人，皆以为奴婢以赐从军死事者家；所卤获，因予之，以谢天下之苦，塞百姓之心。”“陛下纵不能得匈奴之资以谢天下，又以微文杀无知者五百余人，是所谓‘庇其叶而伤其枝’者也，臣窃为陛下不取也。”意思是说：匈奴地处塞外，拒绝与汉和亲，中原兴兵讨伐，死伤不计其数，军费支出数不胜数。我认为陛下俘虏的胡人，都应当把他们当奴婢赐给牺牲的战士，所掳获的财物也全部送给这些人，来答谢天下人的劳碌，安抚天下人的不满。陛下既不拿匈奴的财物酬谢百姓。又把小事变成大事，杀掉五百余名无知的百姓。这就如人所说，为了保护树叶而伤其枝干。我私下认为陛下这么做不值得。汉武帝又一次黯然，好久才说：“吾久不闻汲黯之言，今又复妄发矣。”他认为汲黯旧病复发，又在胡说八道。

对皇帝尚且如此，对其他官员汲黯更是口无遮拦，不加掩饰。他最不平的是丞相公孙弘和廷尉张汤。“黯常毁儒，面触弘等徒怀诈饰智以阿人主取容，而刀笔吏专深文巧诋，陷人于罪，使不得反其真，以胜为功。”汲黯时常诋毁儒者，当面指斥公孙弘等心怀诡诈，以小聪明取媚主上；而那些弄文舞墨的法官，擅长罗织罪名，陷人于罪，使人看不到真正的事实，从而遂其所愿，巧立功绩。他学的黄老之术，本身就与儒家观点不同，便更看不惯公孙弘这些人为了取媚于人，狡诈奸猾。他把张汤叫刀笔吏，认为他是朝廷走狗，善于编织罗网，牵连无辜。这两种人大行其道，人人都会效仿，官员就不讲为官之道了。他曾多次当面质问张汤：“公为正卿，上不能褒先帝之功业，下不能抑天下之邪心，安国富民，使囹圄空虚，二者无一焉。非苦就行，放析就功，何乃取高皇帝约束纷更之为？公以此无种矣。”你既官拜正卿，就应当正确运用权力，辅助朝廷施行仁政，不该巧立名目，滥于捕获，大肆刑罚。你这样倒行逆施，只怕会绝后。这话说得够刻薄了，但汲黯却仍不解气，他甚至大叫大嚷：“天下谓刀笔吏不可以为公卿，果然。必汤也，令天下重足而立，侧目而视矣！”汲黯把张汤视为鹰犬爪牙，贬低得一无是处。

也无怪汲黯痛恨廷尉张汤，汉自文帝、景帝之后，重用酷吏，出现了郅都、杜周、王温舒等一批刻深、狠毒的官员，这些人大多做过廷尉。廷尉相当于现在的最高法官，判案决狱是本职工作，但他们往往投帝王所好，不满足于朝廷交办的案件，常多方刺探检举，以揭发官员阴事为能。一旦定案，又牵连众多，不免出现很多冤狱，涉及无辜。周勃及儿子周亚夫就是这样被投入大牢的。张汤更为“杰出”，他竟然发明了腹诽之罪。《汉书·食货志》记载：大司农颜异因为铸钱问题和汉武帝发生了冲突，惹得汉武帝很不高兴，张汤就借机把颜异下狱。“异与客语，客语初令下有不便者，异不应，微反唇。汤奏当异九卿见令不便，不入言而腹非，论死。自是后有腹非之法比，而公卿大夫多谄谀取容。”（《史记·食货志》）世人皆知莫须有之罪可憎，却不知腹诽之罪要比它久远得多，只不过影响不如它大罢了。在汉朝众多廷尉中，张汤是有名的爪牙之吏，他善于看汉武帝眼色行事，又在朝臣中阴阳两面，蛊惑了一批官员。汲黯却把他看得很清。汉武帝任信酷吏，自己也深受其害，他的儿子戾太子被江充卷入巫蛊案中，逼得无路可走，无奈杀江充反叛，后竟被剿杀。司马迁为酷吏专立一传，记录了十个之多。他引用老子“法令滋彰，盗贼多有”的话评价道：“法令者治之具，而非制治清浊之源也。”（《史记·酷吏列传》）

与汲黯的质直敢言相反，公孙弘善于伪装，善于取巧，善于看人眼色行事，尤其善于取得汉武帝的欢心。“每朝会议，开陈其端，令人主自择，不肯面折庭争。”（《史记·平津侯主父列传》，下同）公孙弘很懂得讨巧，朝廷议事，他总是把事情的原委说清，对于如何处置，则不抱态度，让皇帝自己选择，即使有不同意见，也绝不当面顶撞。他和汲黯的矛盾自然而然就产生了。“尝与主爵都尉汲黯请间，汲黯先发之，弘推其后，天子常说，所言皆听，以此日益亲贵。尝与公卿约议，至上前，皆背其约以顺上旨。”公孙弘很聪明，他和汲黯及其他众臣在汉武帝面前议事，都是别人先说意见，他后说。看到皇帝不悦，马上就改变主意，宁愿推翻事先约定，也要顺承上意。这样，大家都不怿，唯独汲黯敢于揭穿：“汲黯庭诘弘曰：‘齐人多诈而无情实，始与臣等建此议，今皆背之，不忠’。”汲黯正直得有些可爱，他竟然傻到当庭指责公孙弘不忠。公孙弘却老辣得多，面对皇帝的质询，不但没有愧恧，反而振振有词地说：“夫知臣者以臣为忠，不知臣者以臣为不忠。”这话回答得天衣无缝，只有汉武帝能听懂。对别人忠不忠无所谓，只要对君主忠心就行了。汉武帝更加喜欢公孙弘这个人了。

汲黯不喜欢公孙弘还有一个原因，他看不惯公孙弘的虚伪。公孙弘贵为丞相，为了博得节俭的令名，竟然常年身着布做的衣被，而且食不重肉。汲黯一眼就看穿了他意欲何为，就告发他说：“弘位在三公，俸禄甚多，然为布被，此诈也。”揭露公孙弘为人奸诈。汉武帝问公孙弘，这是怎么回事？公孙弘解释了一长段话：“有之。夫九卿与臣善者无过黯，然今日庭诘弘，诚中弘之病。……且臣闻管仲相齐，有三归，侈拟于君，桓公以霸，亦上僭于君。晏婴相景公，食不重肉，妾不衣丝，齐国亦治，此下比于民。今臣弘位为御史大夫，而为布被，自九卿以下至于小吏，无差，诚如汲黯言。且无汲黯忠，陛下安得闻此言？”归结一下，这段话说了三层意思：第一层，他坦然承认有这事，说他在满朝大臣中与汲黯关系最好，只有汲黯最了解他，也最了解他的缺点，自己确实也有沽名钓誉的嫌疑。先把汲黯的嘴堵住了。第二层，他向汉武帝解释为什么要这样做。他举了齐国的两个名相，一个是管仲，一个是晏婴。他说管仲相齐，娶了三个姨太太，富豪奢侈，几乎和齐王相比拟，但这并不影响他治理齐国，齐桓公在他的辅佐下成为春秋五霸之一。而晏婴为相却很俭朴，食不重肉，妾不衣丝。在他的影响带动下，齐国也得到了大治。管仲和晏婴是两个风格相迥的卿相，都没有因为个人奢侈与否而影响治国。公孙弘言外之意是：我倾向做晏婴那样的国相，也是为天下着想，并没有个人私利存在。第三层，公孙弘接着奉承汲黯。说，尽管我出发点很好，但仍有虚伪之嫌，多亏有汲黯，要不然陛下怎么能听得到这样的忠言呢？这一番辩解简直太精彩了！公孙弘之奸猾狡诈，于此可见一斑。他既把罪名轻松推翻，又抬举了汲黯，汲黯还能说什么呢？汲黯他怎么能想到公孙弘竟然觍着脸说和自己关系最好呢？公孙弘对付汲黯，简直像玩儿一样，汲黯与之相斗，其结果必然是屡战屡败。

真实的公孙弘是怎样的一个人呢？“弘为人意忌，外宽内深。诸尝与弘有郤者，虽佯与善，阴报其祸。”他待人远不像他表演得那样宽宏大量，他外表和善，内心忌刻，长于算计别人。他和董仲舒一样，以治《春秋》得名。但董仲舒阐发了《春秋》大义，提倡通经致用，把阴阳五行引入五经，以阴阳五行推灾异之变，为经学开了一条新路。汉景帝和汉武帝都很欣赏他，封他为博士，汉武帝几乎全盘接受了他的观念。两个人在治《春秋》上的差距引起了公孙弘的嫉妒，他找机会把董仲舒赶出了朝廷。主父偃是齐下诸生，治《易》《春秋》，他给汉武帝上过几封奏折，深得汉武帝赏识，一年之内竟四次擢升。这个人心地不善，喜欢告发别人，燕王、齐王都先后被他逼死，朝廷内外都很怕他，纷纷用金钱巴结他，讨他喜欢。主父偃红极一时，就有些得意忘形，不注意检点。后来东窗事发，汉武帝本不愿杀主父偃，但公孙弘不肯罢休。只要主父偃存在，对他的相位始终是个威胁。他对汉武帝说：“陛下不诛主父偃，无以谢天下。”这样，主父偃就不得不死。公孙弘借汉武帝之手，消灭了自己的劲敌。

孔子曾经告诫弟子子夏：“女为君子儒，无为小人儒。”（《论语·雍也》）要求子夏做君子儒，别做小人儒。这句话用在公孙弘身上，应该是恰当的。不止汲黯，很多人对公孙弘都相当了解。当初，公孙弘被汉武帝征辟，出仕朝廷时，老儒辕固生叮嘱自己的学生道："公孙子，务正学以言，无曲学以阿世!"（《史记·儒林列传》）他不幸而言中，老先生可谓知人。

汉武帝虽然不喜欢汲黯这个刺儿头，但对他的忠正还是赞赏有加。他曾经和人聊起汲黯，问："汲黯何如人哉？"别人说："使黯任职居官，无以逾人。然至其辅少主，守城深坚，召之不来，挥之不去，虽自谓贲、育亦不能夺之矣。"（《史记·汲郑列传》，下同）即认为汲黯做官，并没有过人的地方，然而如果让他辅佐太子，他就会忠心耿耿，谁也无法动摇他的意志，即使像古代孟贲、夏育这样的武士也不能对他有所影响。这个评价，基本还算公正，是朝廷内外的普遍看法。汉武帝非常赞同这个看法，道："然。古有社稷之臣，至如黯，近之矣。"把汲黯和古代的国家栋梁之才相提并论，汉武帝还算客观，有识人的眼力。

做一个君子很不容易，它意味着要经受考验、磨炼和付出，必须面对逆境、挫折和冷落。孔子说："君子固穷，小人穷斯滥矣。"（《论语·卫灵公》）自有君子，命运偃蹇、穷困潦倒就与之相伴。君子难做，小人更不好做。君子在精神深处面对的只有一个原则，那就是道义；而小人既要面对君子，还要面对自己。甘于做小人，实在不是一件容易的事。

在正与邪的较量中，正人君子往往以失败告终。究其原因，君子虽然品德高尚、赤胆忠心、光明磊落，但问题也出在这些方面。因为不愿同流合污，从而造成曲高和寡的局面；因为赤胆忠心，公忠体国，则排斥异端，纤介之过不容于人，从而陷入水清无鱼的尴尬境地；因为光明磊落，不愿与黑暗妥协，身在明处，往往被暗箭所伤。而小人则邪术多端，善于蛊惑人心，善于拉拢利诱。与君子相争，小人稍用权谋就会使其攻守不备，丢盔弃甲。这样说可能有人不服，但现实就是这样残酷。

诗曰：

大道之行天下公[①]，
谦谦君子慎尔躬。
修身未慊克己多，
社稷尤须允执中。

① “大道”句：大道之行，天下为公。(《礼记》)

方士的“迷幻术”

秦之败亡，人皆言败于严法苛刑、横征暴敛，尤以焚书坑儒最为人诋毁。秦始皇看起来与诸子为仇，其实不然。汉武帝也罢黜百家，独尊儒术，整齐人心，国家得以大治。实际上秦始皇之统一六国，先从纵横家之说，至有张仪“一怒而诸侯惧，安居而天下熄”（《孟子·滕文公》）的局面，之后从韩非、李斯之策，行法家术。

李斯时为丞相，以为“今诸生不师今而学古，以非当世，惑乱黔首，相与非法教。人闻令下，则各以其学议之，入则心非，出则巷议，夸主以为名，异取以为高，率群下以造谤。如此弗禁，则主势降乎上，党与成乎下”（《史记·秦始皇本纪》）。李斯所说，未始不是实情。当时，天下粗定，为防止叛乱，六国诸侯及其后裔被迁到咸阳，随之，持各派学说的诸儒也会集这里，向秦王兜售自己的治国理念，不免有些思想混乱。即如实行封建制还是郡县制这个问题，七十个博士就意见不一。这有点儿像孟子描绘的“圣王不作，诸侯放恣，处士横议，杨朱、墨翟之言盈天下”（《孟子·滕文公》）这样一种情形。或许出于公心，或许怕受到冷落，李斯才这样建议，也符合他车同轨、书同文的一贯主张。秦始皇从李斯议，“天下有敢藏《诗》、《书》、百家语者，悉诣守、尉杂烧之。有敢偶语《诗》、《书》者弃市”。（《史记·秦始皇本纪》）这是焚书的来历，至于坑儒那就是另外一回事了。虽摒弃“百家语”，法家学说当然例外。

除此，新兴的阴阳五行说后来居上，盛行一时。这一派的代表人物是邹衍，他把《尚书》《洪范》篇所讲的“五行”（金、木、水、火、土）、“五事”（貌、言、视、听、思）与《周易》《管子》的阴阳说杂糅起来，发明了阴阳五行说，专向君主们兜售他们的术数，竟然大行其道。“自齐威、宣之时，驺子之徒论著终始五德之运，及秦帝而齐人奏之，故始皇采用之。而宋毋忌、正伯侨、充尚、羡门高最后皆燕人，为方仙道，形解销化，依于鬼神之事。驺衍以阴阳主运显于诸侯，而燕齐海上之方士传其术不能通，然则怪迂阿谀苟合之徒自此兴，不可胜数也。”（《史记·封禅书》）在齐威王、宣王的时代，邹衍这批人，著作五德终始一类书，说明帝王朝代的交替是与五行的生克相呼应的。五德相生相克，终而复始，运转不息。及秦统一，齐人又把这种学说搬出来，秦始皇接受并采用。像宋毋忌、正伯侨、充尚、羡门高这些燕国人，他们喜欢讲求神仙术，说人可以解脱躯壳，依托鬼神，羽化登仙。邹衍一派因能讲阴阳五行，在诸侯间颇有声势，至于燕国、齐国沿海一带懂方伎之士，到处传习方术，多属怪诞不经。然而那些怪妄不堪，靠迎合取媚当道的人，却数不胜数。初，秦始皇并天下，邹衍就宣扬他的“终始五德之运”，“以为周得火德，秦代周，从所不胜，为水德。始改年，朝贺皆自十月朔；衣服、旌旄、节旗皆尚黑，数以六为纪。”（《史记·秦始皇本纪》，下同）邹衍认为周得到火德从而统治天下，秦代周而兴，由相克相生推算下来，秦应该是水德。因之修改了历法，以十月为一年之始，衣服、旌旄、节旗都以黑色为贵，数都以六为终。这就是以后历代沿袭的“改服色，定正朔”制度。

秦以前推行的是夏、商、周的三统历，也叫“三正”，分别叫建子、建丑、建寅，是最初的中国历法。后人在此基础上发展完备，根据日、月运行的周期，把四时（季）、十二月、二十四候

（节气）及闰年、闰月都确定了下来。汉武帝组织编撰的《太初历》及唐时李淳风的历法。是比较好的历法。正朔确定之后，服色自然好办，根据五行，东方木，色青；西方金，色白；北方水，色黑；南方火，色赤。经过仔细地推算，这一套复杂的程序就算完备了。它们和封禅、郊祀等一起构成了古代奇特的政治文化，是朝代更替必须履行的仪式，也是充满神秘色彩的一堂礼法课。

因为建正有功，这一流人竞相献术，一变而为江湖术士。因为秦始皇怕死，希望长生不老，这些人就前赴后继，为其入海赴蓬莱、方丈、瀛洲三神山，求仙问道，寻不死药，更有发童男女数千人入海祈仙的荒唐事。

不仅如此，这些人还别出心裁，建议秦始皇隐身匿形，悬绝人臣。卢生怂恿说："方中，人主时为微行以辟恶鬼，恶鬼辟，真人至。人主所居而人臣知之，则害于神。……愿上所居宫毋令人知，然后不死之药殆可得也。"意思是：方术合乎君王的时候，君王必须隐蔽行踪，以避开恶鬼，恶鬼避开了，真人才会出现。君王待的地方如果被臣子知道，就会妨碍神灵。……希望君王不要让人知道自己住在什么地方，只有这样，不死仙药才能得到。秦始皇自称为"朕"，即天下第一人，当然不能把自己混同于一般老百姓，与臣子朝夕厮混，同时他也怕有人暗害，就欣然接受。他在咸阳内宫建复道，而且甬道相连。"行所幸，有言其处者，罪死。"看，他谨慎到什么程度！有一次，秦始皇看到丞相出行，车骑前呼后拥，就有些不高兴。宫里有人及时通报丞相。此后，丞相出行就削减扈从，以防被人告发逾制。这事被秦始皇知道后，他把可能透露消息的宫人全部杀掉，从此以后朝廷中再没有人知道秦始皇的行踪了。这个卢生也没有得到好下场，他求仙药不得，怕被问罪，就和同党私下非议皇帝，又怕被追究，悄悄跑掉了。这下秦始皇大怒，下令审问查办，谁知儒生们互相牵引举发，遂使

“阶级斗争扩大化”，四百六十余人被坑杀，造成了历史上第一件株连大案。

卢生之流也算不得正派，朝堂上他们主张秦始皇自我贵重，隔绝朝臣，并自愿为皇帝寻求仙人、仙药，背地里却诽谤“始皇为人，天性刚戾自用，起诸侯，并天下，意得欲从，以为自古莫及己。”非议秦始皇为人天生专横暴戾，自以为是，从做秦王开始到兼并天下，凡事一意孤行，不达目的不罢休，认为从古至今没有人胜过自己。还骂秦始皇“专任狱吏”“以刑杀为威”“不闻过而日骄”等。至于求仙一事，“天下之事无小大皆决于上，上至以衡石量书，日夜有呈，不中呈不得休息。贪于权势如此，未可为求仙药。”意思是：天下事无论大小都由皇帝决定，奏书处理不完，多到用秤来量。每天日夜加班，都要把当天的文书处理完，否则不休息。对权位迷恋到如此地步，没有必要替他寻找仙药。实际上，秦始皇这些弊政都显而易见，不可谓不客观。然从卢生等人的口中说出，让人不得不怀疑他们的品行。这些人自视甚高，以天下自许，稍不如意，就百般指摘，横发议论，最后落得身死人手，可悲可叹。

后来秦始皇北地巡狩，死在路上。李斯、赵高秘不发丧，一方面恐天下有变，另一方面也和秦始皇隐匿行踪的规矩有关。这才使赵高改诏、二世胡亥篡位阴谋得行。

秦二世胡亥继位，赵高又拾起方术的诡说。他为了满足自己的私欲，巩固他一人之下万人之上的地位，在剪除卿相大臣及秦诸公子后，欺骗胡亥：“天子所以贵者，但以闻声，群臣莫得见其面，故号曰‘朕’。且陛下富于春秋，未必尽通诸事，今坐朝廷，谴举有不当者，则见短于大臣，非所以示神明于天下也。且陛下深拱禁中，与臣及侍中习法者待事，事来有以揆之。如此则大臣不敢奏疑事，天下称圣主矣。”（《史记·李斯列传》，下同）天子之所以尊贵，仅仅由于群臣只能闻其声而不见其人，所以才称为“朕”。陛下现在年纪尚轻，未必什么事都懂，坐在朝廷，否决和奖用朝臣们的意见时，一不妥当，就会被瞧不起，无法让天下人看到你是最神圣、睿智的皇帝。陛下不妨深居内宫，只让我和宫中明习法令的大臣陪着。公事呈奏上来，我们会权衡考虑并妥善办好的。如此一来，大臣们就不敢上奏那些惑乱视听的奏章，天下人都会称颂您是圣主了。这一套说辞非常荒谬，但胡亥却以为赵高全是替自己打算，便欣然接受。“乃不坐朝廷见大臣，居禁中。赵高常侍中用事，事皆决于赵高。”胡亥深居宫禁之内，任凭赵高为所欲为。赵高对胡亥这个宝贝，耳提面命，指鹿为马，无所不用其极。胡亥置天下于不顾，规规矩矩在内宫寻欢作乐，一直到身死国亡。

“以大义服天下者，以诚而已矣，未闻其以术也；奉义为术而义始贼。”（《读通鉴论》）可叹秦始皇、秦二世父子均被方术诡异之说蛊惑，秦国十五年就匆匆亡国。孔子不言怪力乱神，然古往今来，方士邪说误人家国者自不在少。前事不忘后事之师，其中教训，可不惕欤！

诗曰：

仙人食枣如巨瓜[①]，
不死灵芝未开花。
借问蓬莱何所有？
凤凰不飞帝王家。

---

①“仙人”句：李少君言于武帝：“臣尝游海上，见安期生，食巨枣，大如瓜。安期生仙者，通蓬莱中，合则见人，不合则隐。”（《史记·武帝本纪》）

萧规曹随

法家、儒家、黄老之学义不同，所用也不同。法家被称为帝王之术，然则儒家、黄老之学哪一家又非如此呢？大凡乱世须用重典。巩固中央集权，严明法令制度，非法家不可，应运而生的就是商鞅、韩非、李斯之流。此时，他们所起作用乃诸子各家所不能。至于战乱之后，偃旗息鼓，百姓饱受战争困苦，希望社会升平，既不喜欢专制禁锢，也不愿意为人卖命，唯愿无拘无束地生活。黄老之学就恰逢其时。一俟政权稳固，为了长治久安，建立君主政体，维护“君君臣臣父父子子”的社会秩序就是当务之急。而这正是儒家之长，陆贾、叔孙通、董仲舒一类才有用武之机。

汉朝经学最为发达。自汉武帝设五经博士以来，经学得到极大传承。当时，《易》有三家，《诗》有三家，《礼》有二家，《书》有古文、今文之分，《春秋》有公羊、穀梁之学（东汉中期《左氏传》方兴），各家俱有家传，也即所谓家法，众说纷纭，莫衷一是，渐渐产生了章句之学。以后，为厘定经义，汉宣帝于石渠阁论经，汉章帝于石虎观论经，成为学问家的两大盛事。二帝试图统一经义，然谈何容易，诸儒各持己见，以排斥异端为能事，一时出现百家争鸣的局面。表面上，这些人学有专攻，难分伯仲。实际上，却大致分为两类：一类是复古派，也可以叫作传统派，如董仲舒、刘向、刘歆、孔光等。他们坐而论道，谨守门户。董仲舒继承了阴阳五行说，被刘歆、孔光接手，兜售其尧、舜更代的神话，终于把刘家江山拱手送给了王莽新朝。史载，王莽为安汉公时，吏民以莽不受新野田而上书者前后共计487572人。王莽摄政后，刘歆与博士诸儒78人为之呼吁、呐喊，可见其蛊惑人心之深。这些数字令人惊心。知识分子群体陷入一种集体无意识，共同推动了一次历史政变，这是仅有绝无的。第二类是经济派，也可称之为现实派，如叔孙通、公孙弘等。他们反对故步自封的腐儒，主张经世致用，为现实服务。虽以多用权谋被讥为“俗儒”“小人儒”，然而他们的办法却务实管用，不至于像复古派那样误国误人。

可以说，儒家与汉家的命运相始终。

在汉初文帝、景帝时，尊崇黄老是时势所趋。萧规曹随的故事就是在这种大背景下发生的。

汉高祖刘邦一生都在战斗。楚汉纷争消灭项羽之后，他取得了天下，但天下并没有因此而安定，相反，内忧外患丛生：北有匈奴侵边，南有百越动荡，内有陈豨、韩王信变乱，彭越、英布、韩信等异性王雄踞虎视，蠢蠢欲动。处理完这些事后，刘邦的生命也就伴随着他的使命终结了。之后，又有诸吕为乱，天下不安。刘邦打下的江山几乎分崩离析。在这种背景下，文、景二帝被推上舞台。这两人也深孚众望。他们顺应潮流，实行仁政，宽缓刑罚，轻徭薄赋，与民休息，天下得以大治。仅去除肉刑、十五税一乃至三十税一这两项，就已经很了不起。与之相适应，朝廷崇尚黄老之学，加之有汉景帝的母亲窦太后的支持，无为而治就成了主流。

“窦太后好黄帝、老子言，帝及太子诸窦不得不读《黄帝》《老子》，尊其术。”（《史记·外戚世家》）窦太后如此推尊黄老之术，也有其客观原因。一方面，追溯到汉初，秦因为政令繁苛天下以叛，汉代秦则反其道而行之，尽废秦律。刘邦入咸阳，约法三章——“杀人者死，伤人及盗抵罪”（《史记·高祖本纪》）。法律简明可以遵循，秦民举手加额，称庆不已。自此，汉几代天子都谨遵旧制，轻徭薄赋，爱惜民力，国家得以恢复。汉文帝自代地入关中，连几匹像样的马都找不到。“自天子不能具钧驷，而将相或乘牛车……”（《史记·平准书》，下同）而到了汉景帝末年，太仓的积蓄已经堆积如山，穿钱的绳索都腐烂了。“京师之钱累巨万，贯朽而不可校。太仓之粟陈陈相因，充溢露积于外，至腐败不可食。”另一方面，文帝、景帝时经过吕后之乱、吴楚之乱，政局震荡，急须休养生息，这也是皇室推尊黄老之术的现实需要。

既然朝廷主导，做臣子的自然鼎力推行，曹参和陈平这两个名相扮演了重要角色。

曹参是刘邦的老乡，起先他是一个武将，为刘邦攻城略地，立下赫赫战功，被封为平阳侯，做了齐国丞相。他不像周勃一辈子都是武夫。他的能力不止乎打仗，还善于学习。也就是说，他是一个有智慧的人。做了齐相后，他就访求诸儒，探讨治国的道理。但诸儒都有一套孔孟之道，让他无从遵循。后来听说胶西有个叫盖公的人，善治黄老学说，他就让人请来。“即见盖公，盖公为言治道贵清净而民自定，推此类具言之。参于是避正堂，舍盖公焉。其治要用黄、老术。故相齐九年，齐国安集，大称贤相。”（《史记·曹相国世家》，下同）所以说，曹参是个聪明人，对于黄老之学一学就会，一用就通。治理齐国的实践使他具备了国相的才能。孝惠帝二年（前 193 年），相国萧何死了。听到消息，曹参立即意识到机会来了，他催促手下的人为他打理行装，说：“吾将入相。”不久，孝惠帝果然派人召见了他。虽做了相国，曹参却没有任何突出表现。“举事无所变更，一遵萧何约束。”他沿袭萧何所定制度，照章办事；所用的人也都是屈于文辞的忠厚长者，凡言文刻深、追求名利的一概斥退不用。这就是成语萧规曹随的由来。待这些事安顿完之后，曹参就整天无所事事，日夜喝酒。卿大夫们向他请示工作。来了之后，一句话还没说，曹参先递上酒杯，让人家陪他喝酒。酒席间，刚想引入正题，曹参又是灌酒，结果喝得酩酊大醉，什么事也办不成。一国总理不理朝政，整天沉溺于醉酒，这事怎么也说不过去。朝臣们渐渐就有些意见。孝惠帝慢慢儿也知道这个情况了。因为曹参是老臣，又是刘邦、萧何既定的国相，孝惠帝怕伤了曹参的面子，就把曹参的儿子叫来，叫他私下打听他父亲为什么这样干。“高帝新弃群臣，帝富于春秋，君为相，日饮，无所请事，何以忧天下乎？”儿子就如实把这话拿来问父亲。孰料曹参听完，就把儿子按倒，打了一顿板子。这事也被孝惠帝知道了，他就埋怨曹参不该打儿子，说是自己让这么干的。曹参这才说明缘由。他问孝惠帝：“陛下自察圣武孰与高帝？”孝惠帝回答无法相比。又问：“陛下观臣能孰与萧何贤？”孝惠帝说好像不如。曹参道破他的治国理念：“陛下言之是也。且高帝与萧何定天下，法令既明，今陛下垂拱，参等守职，遵而勿失，不亦可乎？”曹参说，陛下的看法很对！高祖和萧何在天下大定之后，把一切法令都制定得相当完备。现在陛下垂拱安坐，我谨守相职，一切都按既定方针办，不是很好吗？这就是曹参无所事事，以酒为伴的原因。曹参有一句潜台词没有说，那就是：在他眼里，以吕后的强悍，以孝惠帝的软弱，其能做一个守成继体的君主就不错了。孝惠帝恍然大悟，他高兴地对曹参说，好了，你接着喝酒去吧。曹参以这种办法治国，效果竟然十分好。老百姓歌颂他说：“萧何为法，顜若画一，曹参代之，守而勿失。载其清净，民以宁一。”

陈平的一生富有传奇色彩，他的经历分为两个阶段。汉以前，他协助刘邦出谋划策，诡计多端，大略用的是阴阳家的办法。曹参死后，他做了丞相，一概遵循黄老之学，清静无为，深受吕后、汉文帝信赖。

陈平生来是个美男子，肥白如冠玉。但年轻时却和刘邦一样，是个浪荡子，寄食于兄嫂家，名声也不好。有人贬低陈平，说他盗嫂。但陈平抱负远大，不计细行。在乡里时，陈平做的里宰，年底分肉食时公平合理，父老乡亲都很满意，他却说："嗟乎，使平得宰天下，亦如是肉矣！"（《史记·陈丞相世家》）说自己一旦宰割天下，也和分肉一样。他如此自负，这就不是一般人的口气。投奔刘邦后，他深受倚重。尽管有人说陈平无行，但刘邦总能力排众议，一力委任。陈平确实也为刘邦办了几件别人办不了的大事。第一件，他向刘邦要了四万斤金，用这些钱财收买了项羽的部下，大行反间计，使项羽军中人心紊乱。第二件，楚汉对峙时，项羽纵军围困荥阳，刘邦里无粮草、外无援军。生死关头，陈平组织了两千名女子，从城东门杀出。项羽的军队只顾对付这些女人，刘邦和陈平却从西门逃出。刘邦被陈平救了。第三件，有人上书刘邦，告韩信反叛，这正中刘邦下怀。以韩信的领兵能力，足以使刘邦卧不安枕，他时刻都想除掉韩信，苦于没有机会。刘邦立刻召集众将商议，集体的意见是派军队平叛。刘邦咨询陈平，陈平说，以高祖和众将领兵作战的本事，谁也比不过韩信，派兵镇压只能促反，如果陛下以巡游为名，韩信必不防备，这样的话，一个力士就可以抓住韩信，何必大动干戈。陈平轻使巧计就使韩信陷入缧绁。这三件事做下来，刘邦对陈平刮目相看。三件事用的都是奇谋，不是陈平，谁也做不来。

之后，陈平先后两次出任丞相，而且都是和人搭班。第一次是和王陵。王陵是右丞相，位在前，陈平是左丞相，位在后。（秦汉之际以右为上）王陵这个人忠厚耿直，不会变通，做丞相做得很累。孝惠帝死后，吕后打算垂帘听政，出于巩固政权的目的，欲分封吕姓兄弟为王。她先征求王陵的意见。王陵直接回复不可以，说高祖在时与天下约，非刘氏不能封侯，否则，天下共击之。吕后又问陈平的意见，陈平说可以。王陵就很生气，责怪陈平言不由衷。陈平说："于今面折廷争，臣不如君，夫全社稷，定刘氏之后，君亦不如臣。"（《史记·吕后本纪》）他认为，和吕后斗胜，光靠蛮干不行。别看你今天指责我，但以后匡扶社稷，保全刘姓天下，你却不如我。在委曲求全、虚以应付、从长计议方面，王陵显得憨直了一些，他也自觉不能再干下去，就请辞了。这样，陈平做了右丞相。做了右丞相的陈平，也像曹参一样，日夜以饮酒渔色为事，不理朝政。有人向吕后举报说："陈平为相非治事，日饮醇酒，戏妇女。"（《史记·陈丞相世家》，下同）陈平听说之后，比原来做得更甚，一点儿不在乎别人的议论。实际上，他要的就是这种效果——溺于酒色表明自己胸无大志，好让人放心。果然，"吕太后闻之，私独喜。"陈平以酒色为名，把自己保护了起来。

陈平不只和王陵处不来，和周勃也处不来。陈平总能在危局中把握主动，顺势而为，这是其他人所不及的。吕后死后，陈平联合太尉周勃等人诛灭诸吕，立汉文帝为君。因为周勃安刘功大，汉文帝拜他做了右丞相，陈平仍然是左丞相。不久，两个人的高下就分出来了。一次，汉文帝咨询右丞相周勃，问，全国一年判决案件有多少？周勃回答不知道。又问，全国一年钱粮收支情况如何？周勃也说不清楚。他这时候已经被问得汗流浃背。汉文帝接下来又问陈平。陈平回答说，这些事应该问司官，判决的事问廷尉，钱粮的事问治粟内史，把他们叫来就清楚了。汉文帝就说，如果都问司官，要丞相干什么？陈平胸有成竹，说："宰相者，上佐天子理阴阳，顺四时，下育万物之宜，外镇抚四夷诸侯，内亲附百姓，使卿大夫各得任其职焉。"意思是：宰相的职责，对上辅佐天子，燮理阴阳、四时，对下妥善化育万物，对外镇服、安抚外夷和诸侯，对内行善政归附百姓，使公卿百官都能胜任职责。能做到这些，已经很不错了，又何必知晓决狱、钱粮这些具体事情？他侃侃以对，文帝不得不称善。退朝后，周勃埋怨陈平，为什么早不教会他，而让他在天子面前出丑。陈平笑曰：“君居其位，不知其任邪？且陛下即问长安中盗贼数，君欲强对邪？”这一下，周勃自愧不如，只好辞去官职，陈平得以专为丞相。

司马迁说：“道家无为，又曰无不为，其实易行，其辞难知。其术以虚无为本，以因循为用。无成势，无常形，故能究万物之情。不为物先，不为物后，故能为万物主。”他认为，道家主张无为，又称无所不为，他们的理论不好执行，理解起来也不容易。他们的学术以虚无为本，以因循为手段，没有一成不变的程式，所以能推究万物本来的情状。在处理人与万物的关系上，人既不在物先，也不在物后，恰恰在万物之中，故能牵制万物。司马迁对道家十分推崇。曹参、陈平深得黄老之学况味，有通识、通才而善于变通，看似清静无为，但腹中机宜，远非一般俗人所能理解。他们能够在复杂多变的情势下，审时度势，随机应变，收藏内敛，不露声色而控制全局。这里边有真本事、大智慧！

诗曰：

身遭乱世几何安，
任国方知国事难。
理剧[①]尚须从容对，
后人今始愧前贤。

---

①理剧：治乱。

传位的故事

对封建帝王而言，传国继位是一件莫大的事，因为谁都想世袭罔替，不愿异姓为王。秦始皇统一六国后，计划得十分美妙："自今已来，除谥法，朕为始皇帝，后世以计数，二世、三世至于万世，传之无穷。"（《史记·秦始皇本纪》）万世无穷是他的理想，不幸而二世亡是他没有想到的。秦亡对后世影响非常大。贾谊的《过秦论》就试图探讨这个问题。表面上，秦亡是因为秦法暴戾苛刻，再加上废长立幼——次子胡亥篡位，长子扶苏被赐死，引起朝政紊乱。这一点贾谊说得很明白。但实际上，秦亡的原因不仅在于此，它在秦始皇时就已埋下了祸根。嬴政统治下的秦国，犹如一个暴发户，东征西讨，靠纵横术取得天下。天下人却不服气。尤其对齐、楚这样的大国，秦国靠欺骗巧取豪夺，诸国人心不平。立国后，秦始皇又没有一个远大的治国理想，仍然依赖法家思想，专横霸道，不思以王化之道稳定人心，加剧了原有的矛盾。所以，一旦有一个合适的机会，陈涉之流就"斩木为兵，揭竿为旗，天下云集响应，赢粮而景（影）从，山东豪杰遂并起而亡秦族矣。"（《过秦论》）

秦朝教训涉及一个重要方面，就是政权交接，王位继承问题。先秦有三种现成的模式：一种是传位以贤，一种是传位以子，还有一种是传位于兄弟。前一种如尧之禅位于舜，舜之禅位于禹，但尧、舜、禹的事迹仅是一种传说，是历史虚无还是神话已不得而知。后两种如夏、商、周三代，要么传位于兄弟，要么传位于子嗣。这里面又有几个问题，什么情况下传位以弟，什么情况下传位于子，传子者是传位于嫡长子，抑或传位于子之贤者，这都没有明确规定。《吴太伯世家》记载了这样几件事：周王的祖先古公亶父被称为周太王，长子太伯，次子仲雍，小儿子季历。三个儿子中，季历贤良，再加上季历的儿子昌少年岐嶷，太王就打算立季历，好传位给昌。太伯与仲雍弟兄俩知道父亲的打算后，就逃到了南方荆蛮之地，文身断发，示不可用，表现了高风亮节。太伯兄弟俩逃位以示不争，却受到了南人的拥戴，被立为吴太伯，成为吴人的先祖。孔子对太伯极欣赏，他说："泰（太）伯，其可谓至德也已矣。三以天下让，民无得而称焉。""危邦不入，乱邦不居。天下有道则见，无道则隐。"（《论语·泰伯》）

太伯之后十九世，到了寿梦这一代。寿梦有四个儿子，即诸樊、余祭、余昧、季札。诸子中以季札最贤。寿梦打算立他为主。季札却以让位为贤，没有同意。寿梦不得已立诸樊当国。诸樊既立，又要禅让于季札。季札坚执不可，弃其室而耕，这才作罢。诸樊意犹未慊，临死前遗命兄弟以次授位，一直传到季札为止。又没有成功。轮到季札的时候，他第三次逃位，谁知这下却给吴国带来了麻烦。余昧是四兄弟中的最后一个王，季札不接受，吴人只好立余昧的儿子僚为王。公子僚为王引发了一系列的连锁反应。诸樊的儿子公子光首先不满意，他认为："吾父兄弟四人，当传至季子，季子即不受国，光父先立。即不传季子，光当立"（《史记·吴太伯世家》）。兄弟间因为传位产生了裂痕，逐渐代之以仇恨。后来公子光为夺王位，养死士专诸刺死王僚，自立为王。这就是春秋有名的吴王阖庐。这一事件也标志着吴太伯以来让位以贤的历史结束了，由此杀伐代替了礼让。

吴世家历史表明：尧、舜、禹禅让制已经终结，兄终弟及、子承父业成为必然。实际上，夏、殷、商时有兄终弟及者，至周则绝无一例。周武王而周文王，父子相传成为定制。同宗叔伯兄弟，要么在王庭位列三公九卿，要么封诸侯，裂土以朝天子。

传位以子而不是传位以贤，标志着国家观念的变化。以天下为家和以国为家是两种不同的家国理念。前者是臆想的大同社会，后者看似退步，却实实在在地搭建起国家这个平台。传位以子必须要面对嫡与庶、长与幼的问题。按照儒家礼法，应当传位嫡长子，庶出及幼子都不应当考虑。但这里边又有一个问题：明明长子是一个阿斗，君王该怎么办？传统的回答是：即使皇子不成器，也不应当轻易换掉，不是还有王公及辅弼股肱大臣吗？于此可见谨遵成规的迂腐。刘备明知阿斗不成器，晋武帝明知惠帝騃痴，而不得不让两人继承大宝，固然有私心作怪的成分，但臣子们的思想固执也是一个重要原因。总之，这些问题困扰了中国几千年。从周朝至明朝，君臣都谨遵传位于长子的遗训，直到清朝才有了进步，传位以贤。诸皇子人人都可能是储贰，人人也都不是，引得大家争先恐后地表现，投父皇所好，唯恐落他人之后，也就出现了互相排挤、倾轧、党争的乱象。

古人以为，皇位是国家根本，任何时候国本都不能动摇。却也奇怪，国家常常在政权交接时就会发生地震般的混乱，无怪前人把帝王死叫“山陵崩”。继承问题必然引起社会动荡，而一手造成问题的不是别人，正是帝王自己。周幽王喜欢褒姒，为了讨美人喜欢，把褒姒立为皇后，并且废长立幼——废掉原来的太子，立褒姒所生子为太子。由此引起了诸侯的不满，他们勾结犬戎杀幽王于骊山下。自此，周朝有东周、西周之分。

和周朝一样，因为传位问题引发危机的诸侯国比比皆是，使人对继承规则的稳固性产生严重质疑。

齐桓公是齐国历史上的一位名主，他得位也很不容易——曾避难外国，经过一番流血火拼，挫败兄弟才做了齐君。在管仲、鲍叔牙、隰朋等的辅佐下，齐国繁荣昌盛，“九合诸侯，一匡天下”(《史记·管仲列传》)。但这个齐桓公进入老年后，逐渐变得昏聩。管仲死后，他信用易牙、开方、竖刁三个佞臣，导致国家杂乱无章。齐桓公垂暮之际，该安排后事了。他有三个夫人，六个如夫人。夫人都没有子息，倒是如夫人为他生了十多个儿子。为了争夺王位，如夫人们和外臣勾结，都想让自己的儿子继位，搞得齐桓公没有了主意。他最早曾和管仲商量，确定了储君，但这时却经不住各种影响和利诱，先后立了五个儿子为太子，无形中培植了五种势力。待他病入膏肓，五个儿子各树党争斗，明抢暗夺，视他人为仇雠。齐桓公死在床上六十七日无人理睬，以致身体腐化，尸虫出户。直到宋国出兵，才算平息了内乱。以齐桓公治国之明，立储却不慎落得如此下场，后人说他有始无终毫不过分。

齐桓公的后代齐景公，执政五十八年，在晏婴的辅佐下，尽管面临诸大夫强权的环境，但国政仍然能得以维持。齐景公衰年，诸大夫纷纷请求定立太子。齐景公的嫡夫人生了一个儿子，不幸早死。太子只能在姬妾生的儿子中挑拣。齐景公喜欢其中一个妾，想扶立她的儿子荼。但这个妾出身不好，娘家没有什么背景，加之作风也有问题，诸大夫都不同意。齐景公知道大家反对，趁别人还没有提出来，便欺哄大夫们说：“为乐耳，国何患无君乎？”(《史记·齐太公世家》) 意思是：尽管寻欢作乐好了，我不管你们的事，你们也不要管我的事。他示意大家免开尊口。临死前，齐景公才把立储的事定下来，并且把太子荼委托给两个强势的大夫国惠子、高昭子。这两个大夫谨遵遗命，在齐景公死后，把齐景公的其他儿子全部驱逐出境，立荼为国君。按理说新君继位，国家该安定下来了，但事情远没有结束，诸大夫的斗争这才拉开序幕。齐国另一个大夫田乞，不满足国惠子、高昭子专权，又勾结其他大夫纠集家兵攻打这两个人，致使一个出逃，一个被杀，连新君也被赶跑了。田乞又召回另一个公子阳生，用口袋装着偷运回齐国，重新立了一个国君。齐国此时和周王朝一样，君权移于家臣、大夫，这些人各怀鬼胎，谁能做国君由他们说了算。

因为立储不当而引起内乱者，其历时之久、波及之广莫过于晋国。晋献公原有八个儿子，其中以申生、重耳和夷吾为贤。申生做太子是早就定了的。如果照既定方针走下去，晋国大可以远离祸患。但这个晋献公却不安分，自从他讨伐骊戎，得了美女骊姬以后，一切都发生了变化。晋献公对骊姬百般嬖爱，做什么都依着这个女人，逐渐疏远了自己的儿子们。骊姬生了个儿子叫奚齐。为讨她的喜欢，晋献公就有了废太子易储的念头。他对骊姬说："吾欲废太子，以奚齐代之。"(《史记·晋世家》，下同）骊姬富有心机，佯装反对道："太子之立，诸侯皆已知之，而数将兵，百姓附之，奈何以贱妾之故废嫡立庶？君必行之，妾自杀也。"她表面上推辞，暗地里却运用手段谮毁太子。她设计了一个圈套，欺骗太子申生说，君上梦见了你已死的母亲齐姜，你要表达孝心，就该从速去坟上致祭，回来时把祭祀的胙肉献给父亲。申生就遵照执行，并献上祭祀的胙肉。不巧晋献公出猎，申生没有见到父亲就离开了。骊姬乘机做了手脚，她在申生献的祭肉里下了毒药。等晋献公回来，厨房就把申生所献端了上来。晋献公刚要吃，骊姬佯装阻止，说肉从外来，应当看看是否安全。她把肉扔到地上，地面随即坟起，让犬吃，犬死，让内宦尝，内宦死。晋献公惊愕。骊姬假惺惺哭诉道："太子所以然者，不过以妾及奚齐之故。妾愿子母辟之他国，若早自杀，毋徒使母子为太子所鱼肉也。"晋献公听完大怒，马上杀了太子师傅，并问罪于太子，申生不得已自杀。

申生在骊姬的阴谋下死去了，但骊姬并没有作罢，奚齐做太子，尚有重耳和夷吾是威胁。骊姬又诬告说申生献毒胙一事，二公子是同伙。重耳和夷吾听说后，便慌不择路地逃跑了。晋献公本还有些将信将疑，见二人逃跑，马上信以为真，遂出兵攻伐，晋国之乱自此始。

晋献公死后，奚齐继立为君，不足半年就被大臣杀掉，晋人又迎立夷吾为君。重耳流亡于诸侯之间，他先后逃窜到狄、卫、齐、曹、宋、郑、楚、秦诸国，历经磨难。整个春秋时期，除了季札、孔子，大概就算重耳游历最广。直到夷吾死掉，他才回国做了君王。重耳四十三岁出亡，在外凡十九年，直到六十二岁回国，晋国才算稳定下来。这十九年是晋国内乱的十九年。晋乱的影响随着重耳的足迹波及诸侯各国，也着实给各国了一次深刻的教训。

从大体上说，废立之事最能校验诸侯国政局和人心向背。政权交接顺利，则国家稳固，否则就会引起内乱，伤及元气。这种情况，不仅于齐、晋，其他各国盖有之，只是不如上述影响剧烈而已。奇怪的是，这些事大都发生在所谓明君身上。一般平庸之主还能够沿袭旧制，平稳交接承袭，偏是那些有作为的君主往往会做出匪夷所思的事情，秦始皇、汉高祖、唐太宗、明成祖、康熙帝无不如此。一方面，接这些人的班，继体之君选择称难；另一方面，既为雄主，刚愎自用，藐视左右，随心所欲，可能也是他们共同的性格缺陷。秦长子扶苏看不惯始皇滥杀，谓："天下初定，远方黔首未集，诸生皆诵法孔子，今上皆重法绳之，臣恐天下不安。唯上察之。"（《史记·秦始皇本纪》）抱怨父亲用法严酷，致使人人自危。他希望能够宽缓刑罚，收揽人心。谁知秦始皇根本听不进去，一怒之下，把扶苏派到边境监军。始皇死，扶苏竟不在身边。汉高祖刘邦晚年宠幸戚姬，喜欢戚姬所生赵王如意，由着性子要废长立幼，替代吕后所生孝惠做太子。虽被张良及商山四皓劝住，但为以后吕后专权埋下了祸根。戚姬、赵王如意受尽折磨，死于非命，恐怕非汉高祖所能意料。吕后主政，给刘邦后人烙下了深刻的印记。汉武帝废戾太子（这一段史事司马迁语焉不详。《汉书》记录了事件的整个过程，使人方明就里。凡涉及汉武帝的问题，司马迁总是小心翼翼，唯恐触怒“今上”，惹出事端），欲立钩弋夫人所生子，又担心自己死后子少母壮，女主监国，重演吕氏故事，硬下心寻机把钩弋夫人处死。《史记·外戚世家》载：“后数日，帝谴责钩弋夫人，夫人脱簪珥叩头，帝曰：‘引持去，送掖庭狱！’夫人还顾，帝曰：‘趣行，女不得活！’夫人死云阳宫。时暴风扬尘，百姓感伤。”汉武帝寻机把夫人打入掖庭狱，夫人被押走前犹恋恋不舍，一步三回头。汉武帝却硬下心肠喝道：快走，无论如何你活不了！读此不由人百感交集。汉武帝虽计虑深远，然帝乡险恶、宫闱莫测也足以让人三叹。

鲁武公带着两个儿子去朝见周宣王，一个是长子括，一个是少子戏。周宣王接触后，一下就喜欢上戏，就劝说鲁武公立戏为鲁太子。卿大夫樊仲山父劝谏道：“废长立少，不顺；不顺，必犯王命；犯王命，必诛之：故出令不可不顺也。令之不行，政之不立；行而不顺，民将弃上。夫下事上，少事长，所以为顺。今天子建诸侯，立其少，是教民逆也。若鲁从之，诸侯效之，王命将有所壅；若弗从而诛之，是自诛王命也。诛之亦失，不诛亦失，王其图之。”（《史记·鲁周公世家》）意思是：废长而立幼，是违背长幼秩序的行为。不顺秩序，则会干犯王命。如果强行这样做，所立少主也将会被诛杀。故而天子出令不能不遵循自然秩序。命令不能行，则王政无法确立，人民将背弃君主。居下位者侍奉上位，年少者奉命长者，就是顺秩序而行。现在天子分封诸侯，不立长而立幼，等于教百姓悖逆。如果鲁君这样做了，诸侯效法，人们就不会顺利执行王命；若鲁君不从而杀了少子，等于自诛王命。这样的结果使鲁君杀也不对，不杀也不对，陷于无所适从的地步。此一大段话，道出周廷废立原则，套用现在的时髦话，它体现了古代帝王文化。

诗曰：

王权不啻杀人刀，
杨柳婀娜妒火烧。
废立之间身首异，
始知尧舜是国谣。

不鸣则已，一鸣惊人

"不鸣则已，一鸣惊人"是一句成语，语出《史记·楚世家》。如今，具有初中以上文化程度的人大约都知道此语。楚庄王即位三年，"不出号令，日夜为乐，令国中曰'有敢谏者死无赦'"(《史记·楚世家》，下同)。当时，楚庄王左抱郑国美女，右抱越国美女，听着音乐，喝着美酒，尽情享受，乐不可支，一副亡国之君的做派。因为有明令在先，大臣伍举不能直谏，只好隐谏道："有鸟在于阜，三年不蜚(飞)不鸣，是何鸟也？"这个楚庄王并非愚笨，马上听明白了伍举言外之意，回答道："三年不蜚(飞)，蜚(飞)将冲天；三年不鸣，鸣将惊人。"之后，照旧作乐。大夫苏从又去劝说。楚王问他，你难道不怕死吗？苏从回答："杀身以明君，臣之愿也。"意即甘愿死谏。楚王这才停止了此前荒淫骄奢的生活，全身心投入国政。"所诛者数百人，所进者数百人，任伍举、苏从以政，国人大悦。"这下，大家才明白，此前楚庄王的表现是一种伪装，目的在于观察发现，以等待时机。

十分巧合的是，《史记·滑稽列传》记载了一件与上述相似的事。齐威王"好为淫乐长夜之饮，沉湎不治，委政卿大夫。百官荒乱，诸侯并侵，国且危亡，在于旦暮，左右莫敢谏。"(《史记·滑稽列传》，下同)其骄奢淫逸，活脱脱又一个楚庄王。这时有一个叫淳于髡的滑稽多辩之人，游说齐威王道："国中有大鸟，止王之庭，三年不飞又不鸣，王知此鸟何也？"齐威王道："此鸟不飞则已，一飞冲天；不鸣则已，一鸣惊人。"他随即振作起来，整理国政，兴兵讨伐。诸侯震惊，马上把原先侵占的齐地主动归还。看来，齐威王这只鸟与楚庄王那只鸟一样，都有着鲲鹏的志向，都在择机而发，一旦时机到来，就表现出非凡的才能。

诗曰：

不鸣则已一鸣惊，
有志尚须敛机锋。
且善养吾浩然气①，
孰知要建不世功！

①孟子曰："吾善养吾浩然之气。"

何其相似乃尔

经常有这样的现象：开国之君创业艰难，但国家灭亡起来却很容易。建立一个王朝需要众多努力，而毁掉它，办法却大致一律。夏的亡国之君夏桀、商的亡国之君商纣王，也不外乎于此。这两个人的亡国之道大致有三。一是暴虐残酷。夏桀无道，“暴戾顽狠，残害百姓，天下颤怨而患之”。商纣王更甚，“重刑辟，有炮烙之法”。(《史记·殷本纪》，下同）这样做的结果是民有不堪，天下叛离。人们说道：“是日何时丧？予与汝皆亡！”二是骄奢淫逸。夏桀为享乐，建倾宫瑶台，悬肉山脯林，开酒池以行船。商纣王把这套玩意儿也学会了。“厚赋税以实鹿台之钱，而盈巨桥之粟。益收狗马奇物，充仞宫室。”“以酒为池，悬肉为林，使男女裸相逐其间，为长夜之饮。”他为了增加朝歌城里的钱财，不惜苛捐杂税；为了充实巨桥仓库的粮食，横征暴敛。而且多方搜求狗马、珍玩，奇珍异宝堆满了宫室。他的后宫生活奢侈糜烂，日夜纵情于酒肉，男女裸身追逐嬉戏，荒淫无耻。这两个昏君各自都拥有一个美女，夏桀宠幸的女人叫妹喜，商纣王心爱的女人叫妲己。亡国之君的背后都有一个女人，无怪乎古人认为红颜是祸水。三是殄灭正直。天下昏乱，忠臣乃现。亡国之君的身边总有那么几个忠良，但他们的能耐在于不允许这些暴君存在。所以夏桀就杀了龙逄，商纣王杀的更多——醢九侯、脯鄂侯、剖比干。凡衷心王事的人他们杀得一个也不剩，但是对于真正的叛逆者却网开一面。夏桀囚商汤于夏台，商纣王囚西伯于羑里，不久就都被释放，给他们提供了推翻自己的机会。从狱中得释的商汤、西伯，回去后就兴兵誓师，讨伐夏桀、商纣王。一战告捷，从而江山易主，开辟了新王朝。

夏桀与商纣王不同的是，夏桀临死前还有些后悔，他“悔不遂杀汤于夏台，使至此”。虽然悔的不是地方。然而商汤连这点微不足道的悔意也没有。当大臣告诉他：天弃我，民丧我。纣王回答：“我生不有命在天乎？”颟顸到如此地步，无怪大臣说：“纣不可谏矣”。

夏桀、商纣王做的这些事，何其相似乃尔!但他们的故事远未结束，以后历代亡国之君仍然在重演这些悲剧。诚如杜牧所说：“秦人不暇自哀，而后人哀之；后人哀之而不鉴之，遂使后人而复哀后人也。”（《阿房宫赋》）王羲之说得更简洁：“后之视今，亦犹今之视昔。”

很多人对夏桀、商纣王之类亡国之君的认识有一个误区：以为他们都是些昏庸无能之辈，其实不然。“桀有力，能申铁钩索。”夏桀孔武有力，能伸直铁打的钩索。上古时期，这种能耐非同寻常。商纣王更比夏桀强。“帝纣资辨捷疾，闻见甚敏，材力过人，手格野兽。知足以距谏，言足以饰非。矜人臣以能，高天下以声，以为皆出己之下。”（《史记·殷本纪》）商纣王不仅是一个勇士，而且头脑发达，聪明异常，人所不及，兼之能言善辩，几乎就是一个全才。他对自己十分自信，认为天下人皆不如己。这个缺点，项羽和秦始皇身上有，隋炀帝身上也有。隋炀帝自以为治国无人可与之相比，而且作诗他也是第一。当时有个叫薛道恒的，诗做得很好。他有名句“空梁落雁泥”，时人推为第一。隋炀帝因此怀恨在心，找个机会把他杀掉，而且恨恨地说，做你的“空梁落雁泥”去吧！这些人因为本事大，所以目空一切；因为本事大，所以一切都要自己说了算；因为本事大，所以听不得一点儿不同意见。最终因为本事大，陷入自己的误区，认为所做一切都正当有理。这样的人，我们身边不就有吗？

看来，暴虐贪酷也好，骄奢淫逸也好，殄灭正直也好，都是事物的表象，真正起作用的还是主观。秦始皇办公勤劳辛苦，他每天处理的公文要用秤量，非八十斤不可（秦制一斤相当于今半市斤），但也免不了亡国。因为他只相信自己，不信任别人。项羽每战必身先士卒，勇猛无人可敌，却也免不了失败。因为他只会使用自己，不会使用部下。人谓：自己是自己的敌人。确然！

诗曰：

专横跋扈踵殷商，
酒伴淫娃恨夜长。
今日不知昨日过，
夏桀之后秦始皇。

命运偏爱谁?

命运这个东西，常常使人无法理解，所以就显得玄虚，无法把握。古人很惧怕这个命运。朱熹、王阳明喜欢格物，每日格一物，但“格”到命运这一块儿，就显得无所适从。命运之于人，消极成分多于积极成分。事有不利，业有不遂，功有不成，动辄就会推诿于命。司马迁于是经常感叹：命也夫！命也夫！

因为难以预知，所以能识破命运的人就显得高深莫测。《史记》里记载了很多这样的人。这些人自古就有，被称为巫史，职业是占卜、算卦，别龟、蓍之象以示吉凶，到后来一变而为辨日角、玩术数——靠卖弄玄虚博人青睐，成为江湖方士。《史记》的神秘色彩，部分由此而来。

汉高祖刘邦，在做沛县泗水亭长时，就碰见了一个这样的异人。有一天，吕雉和两个孩子在田里耙地时，有一个老丈经过，他仔细看了看吕雉，说：“夫人天下贵人。”(《史记·高祖本纪》，下同）又相了她儿子刘盈，说：“夫人所以贵者，乃此男也。”刘邦回家，听她说了此事，追上老丈要求相命。老丈说：“向者夫人婴儿皆似君，君相贵不可言。”后来刘邦果然做了皇帝。大概他做皇帝的命运是早就注定了的。

不只帝王受命运的左右，一般人也难逃它的掌控。绛侯周勃的儿子周亚夫，是文帝、景帝时著名的将军，后来封为条侯。在他未被重用时，有一个叫许贞的女相者，为他相面之后说：“君后三岁而侯。侯八岁为将相，持国秉，贵重矣，于人臣无两。其后九岁而君饿死。”（《史记·绛侯周勃世家》）此人把周亚夫的一生说了个遍：预测他三年后将被封侯，封侯之后八年位至将相，把持国政，尊贵的程度，没有第二个人可比，之后的运势就不太好，再过九年将被饿死。周亚夫很不以为然：既然能贵为将相，何尝能饿死？后来的事实果如女相者所言。周亚夫居功自傲，被汉景帝抓进大狱，五日不食，饿死了。

汉武帝的大将军卫青，出身卑微。他的父亲是平阳侯府的差吏，与平阳侯府姓卫的小妾私通，生下了卫青。平阳侯尚称宽容，把卫青作为家人养了下来。卫青放羊的时候，有一个做铁匠活的高人对他说：“贵人也，官至封侯。”（《史记·卫将军骠骑列传》，下同）卫青照样不相信。“人奴之生，得毋笞骂即足矣，安得封侯事乎？”做官封侯这样的事，他是连想都不敢想，但也被言中了。

人之命运多舛，有时贵为皇帝也不能改变。汉文帝喜欢一个叫邓通的宠臣。有一次，汉文帝做梦上天，上不去，被一个人推了一把才上得天去。醒来后，发现伺候他的邓通就是梦中的助推之人，遂宠幸不已。又担心邓通遭受任何委屈，就请了个方士为邓通相面。相得很不好：“当贫饿死”。（《史记·佞幸列传》，下同）汉文帝说：“能富通者在我也，何谓贫乎？”于是把蜀地的一座铜山赐给邓通，同意他私自铸钱。此后，其所铸“邓氏钱”遍天下，邓通富可敌国。但这个办法并没有改变邓通的命运。汉文帝死后，景帝立。他很厌恶这个邓通，没收他的全部财产，邓通最后穷困而死。

因为有这么多的人受命运摆布，所以古人教育人要安身立命，少生妄念。因为命运无常，我们在谈起它的时候只好噤口不言。

诗曰：

命运无常付转轮，
数奇何必怨鬼神[①]。
蚁槐国里东床梦[②]，
不解人生有浮沉。

---

①“数奇”句：大将军青亦阴受上诫，以为李广老，数奇，毋令当单于，恐不得所欲。(《史记·李将军列传》)

②“蚁槐国”句：东平淳于棼于古槐下，梦入异国，做南柯太守，聘为驸马，倾尽荣华富贵。酒醒，乃南柯一梦。向之南柯国，蚂蚁国也。(《唐宋传奇·南柯太守传》)

兄弟阋于墙

大凡人世间，家庭矛盾最难解决，所以，兄弟阋于墙的事屡见不鲜。一般老百姓还好说，大多因为钱财利益、争多占少、翁姑矛盾等家长里短而起，至多闹得四邻不安。至如帝王之家兄弟相争，后果就很严重。他们争的是权力，动辄就闹得血流成河。也有好的，比如许由、务光、伯夷、叔齐，丝毫不眷恋王位，舍利而取义，被誉为古贤。还有一个季札，兄弟四人面对王位，互相推让。轮到季札的时候，他竟然跑掉，隐居起来，不但不留恋，而且避之犹恐不及，后人也很仰慕他的高义。

季札以贤让而得令名，没有想到他的后代却因为争夺王权而内讧。吴王僚是季札的一个侄子，做了吴王。他的堂兄弟公子光却心怀不满，以为吴王该轮到自己来做。公子光的心思被伍子胥猜到了，就养了一个死士叫专诸，刺杀了王僚。公子光得以做王，是为吴王阖庐，后成为春秋五霸之一。

郑庄公的母亲因为生其时难产，受了很多罪，就不太喜欢庄公，而溺爱其兄弟叔段。母子两人阴谋推翻郑庄公，就里应外合，发兵袭击郑都，但没有成功，母子、兄弟从此反目成仇。这个故事，《左传》记录得比较翔实，即《郑伯克段于鄢》。郑伯挫败弟弟的篡夺阴谋后，怨恨母亲参与，发誓与母亲不共戴天。大家都觉得这不是回事儿，在大臣的劝说下，郑庄公原谅了母亲，母子穿隧而见，算是给故事缀了一个圆满的结局。

也是春秋五霸之一的齐桓公，同样经历了兄弟相残的过程。齐桓公的父亲齐襄公荒淫暴虐，滥杀无辜，连他的儿子都唯恐命有不保，先后出逃。后来，齐襄公被臣子弑杀，王位空虚，几个儿子就都纷纷回来抢夺。齐桓公名叫小白，他有一个兄弟叫纠。两兄弟在回国的路上，就迫不及待要置对方于死地。公子纠的人在半道伏击公子小白，待车骑到来，箭矢齐发。其中一支箭射中了公子小白的带钩，他就装死躺倒。公子纠不知是计，以为消灭了对手，便慢慢悠悠地返齐。而公子小白在纠离开不久便爬起来，驱车飞驰，早早就回到了齐国，自立为王。他回国做的第一件事就是派兵把守城池，拒绝公子纠回国。公子纠不得已，和护送他的鲁军撤了回去。做了王的齐桓公并不就此作罢，他写信给鲁王："子纠兄弟，弗忍诛，请鲁自杀之。召忽、管仲仇也，请得而甘心醢之。不然，将围鲁。"（《史记·齐太公世家》）话说得冠冕堂皇：公子纠是我的兄弟，我不忍杀他，请鲁国杀掉，如果不杀，我就伐鲁。此时兄弟关系无异于仇雠。

晋文公是春秋五霸中的著名人物，他的经历充满了传奇色彩。他的父亲晋献公生了一堆儿子，突出的有太子申生，公子夷吾、重耳及小公子奚齐。晋献公喜欢奚齐的母亲骊姬，打算立奚齐为太子。一如旧例，朝臣们纷纷反对。晋献公一时下不了决心，加之太子表现又很好，这事迟迟没有定。骊姬等不及，就开始运用手段。她先是在太子孝敬父亲的肉里下毒，逼得太子自杀。之后又谎称公子夷吾和重耳也参与了下毒事件。两位公子听说后，吓得东逃西窜。接下来，公子重耳就开始了漫长的逃亡生涯。他先后到狄、卫、齐、曹、宋、郑、楚、秦等国家避难，最后在秦国落脚，时间长达十九年。在各国的不同遭遇，给公子重耳日后主政打下了良好的基础。这期间，他的父亲晋献公死了，奚齐也被杀了。公子夷吾回国继立为晋君，却也做得不好，人心离散，终郁郁寡欢而死。秦穆公趁机送重耳回国，立为国君。此时重耳已六十二岁，终于梦想成真。晋国迎来了一位明君。

春秋五霸中的三个有作为的君主，都经历了残酷的宫廷斗争。他们能成为名君，恐怕也和这种经历密不可分。优胜劣汰是自然规律。大浪淘沙剩下的只有金子，只是代价太昂贵了一些。

诗曰：

煮豆燃萁庶几伤，
操戈同室只为王。
丹墀碧血猩红染，
宫柳门前话未央。

玩物丧志

玩物而丧志，是一个因果关系，反映了事物的必然。纨绔子弟玩物，丧的是自己的志，至多导致家族败落；而一个君王玩物，影响就不是一般，轻者身败名裂，重者甚至国破家亡。卫国有一个国君懿公，爱玩鹤。单单好鹤还不是什么大不了的事，他还沾染了“淫乐奢侈”的毛病。世间事就是这么奇怪，好的东西学一样都很难，而坏的东西一学就会，而且一通百通。卫懿公好鹤已经到了须臾不可离的地步。办公的时候他让鹤陪伴左右，出外竟然也把鹤带上。他给鹤准备了一辆敞篷车，他坐在前面车上，鹤车就在后面跟着。卫国的人看见了，都很反感，觉得人不如鹤。后来，翟国讨伐卫国，卫懿公发兵抵抗，却没有人愿意为他出生入死。大臣们束手旁观，讽刺道：“君好鹤，鹤可令击翟。”（《史记·卫康叔世家》）意思是：你既然那么爱鹤，就让鹤替你作战吧。卫懿公成了孤家寡人，翟人不费吹灰之力，就攻破了卫城，把这个荒唐的君主杀掉了。

和卫懿公不同，楚庄王爱马。大概君王都有爱心，所爱之物也都稀奇古怪。楚庄王喜爱一匹马，不是为了征战，而是如宠物一样养着玩。他给这匹马穿着华丽的衣服，吃着枣肉，住着广厦，还准备了一张舒适的床，享受着和贵族一样的待遇。马应该经常奔跑，他却把它当作后宫佳丽般养着。时间一长，这匹马患了肥胖症，闷闷不乐地死掉了。楚庄王因此很伤心。为了表达痛惜之情，他命令群臣们都来吊唁，还打算参照大夫的规格，用棺椁埋葬。这下官员们不答应了，纷纷反对。楚庄王就下了一道令："有敢以马谏者，罪至死。"（《史记·滑稽列传》，下同）即谁要公开反对，就杀掉谁。大臣们只好闭口不言。这时候有一个叫优孟的人来了，此人滑稽善辩。他一进宫殿，就仰天大哭。楚庄王很奇怪，就问他为什么这样伤心。优孟说："马者王之所爱也，以楚国堂堂之大，何求不得，而以大夫礼葬之，薄，请以人君礼葬之。"他认为楚王既然如此喜欢这匹马，就应该以君王的规格下葬，现在以大夫礼节下葬，规格太低。楚王有些不解，优孟就说，以君王的规格下葬这匹马，就应该以雕玉为棺，梓木为椁，发动全国士兵给它挖墓。下葬的时候，还应更加隆重，通知齐、赵、韩、魏各国为马送葬。葬毕，还要让它享受和楚国历代君主一样的祭祀。这样做了以后，"诸侯闻之，皆知大王贱人而贵马也"。听完这番话，楚庄王才恍然大悟，觉得自己做得实在有些过分，慌忙问优孟下一步应该怎么办。优孟这才言归正传，说再可爱的马也不过是马，应当照对待六畜的办法料理它：把它下到锅里，燃火煮熟，加上调料、粮食，"葬之于人腹肠"。让国人把它当作美肴吃掉，这才是它应该有的下场。楚庄王欣然接受，赶紧吩咐下边封锁消息，不要让天下人知道而嗤笑。

优孟不愧是一个善谏者，楚庄王也并非昏庸至不可救药，如此才免了一场闹剧的发生。

诗曰：

怜惜狗马欠君情，
锦绣玉食共伴生。
斧钺不明厚生意，
直驱爱鹤受刀兵。

败君的“三请”

昏君的下场，一般都不太好。当在位时，威风八面，颐指气使，忠臣不用，谏言不听，怎么称心怎么干，怎么痛快怎么干。一旦沦为阶下囚，惶惶如丧家之犬，摇尾乞怜，欲得苟活而不能。当此之时，如梦方醒，悔不当初，捶胸顿足，痛心疾首，简直不该生在帝王家。

齐庄公不君，好色竟然好到了大臣崔杼家里。崔杼一怒，家丁蜂拥而上。齐庄公自知不免，然犹负侥幸，“公登台而请解，不许；请盟，不许；请自杀于庙，不许。”（《史记·齐太公世家》）齐庄王请求和解，请求盟誓，请求自杀于祖庙，以期赢得时间和机会，但都没有得到同意。“三请三不许”，齐庄公不免一死。

吴王夫差不听伍子胥忠告，好大喜功，自以为是。后北伐失败，国力耗损。越王勾践乘虚而入，击败吴国，围困吴王于姑苏之山。吴王差人“肉袒膝行而前，请成越王”。（《史记·越王勾践世家》，下同）为了求生，他向越王说道，我当初得胜，也把你围在越都会稽，但我并没有杀你，让你活了下来，以致有了今日。现在能不能像我当年对你那样，“欲如会稽之赦孤臣之罪乎？”听了这话，越王勾践心有不忍，想要放吴王一马。谋臣范蠡却不同意，“会稽之事，天以越赐吴，吴不取。今天以吴赐越，越其可逆天乎？且夫君王蚤朝晏罢，非为吴邪？谋之二十二年，一旦而弃之，可乎？且夫天与弗取，反受其咎。”他说，过去，上天把灭越的机会给了吴国，吴国没有珍惜，现在越王历经二十二年的努力，为之宵衣旰食，好不容易争取到了今天这样的机会，岂能白白丧失？他坚决不同意放过吴王，免得贻虎为患。吴王请和不成，又不甘忍受越人羞辱，遂愤而自杀。

面对死亡，最可耻者莫过于秦二世胡亥。李斯死后，秦大乱。继陈胜、吴广之后，项梁、刘邦等各地豪杰并起，秦江山危在旦夕。胡亥这时也知道了一些真相，就责怪赵高隐情不报，击盗不力。赵高心里不安，顿起杀心，就派人入宫杀胡亥。胡亥命令左右抵抗，却没有一个人敢斗。他慌忙逃进内室，身边就只剩一个宦者了。这时的胡亥，头脑清醒了一些，问道："公何不蚤告我？乃至于此！"（《史记·秦始皇本纪》，下同）宦者曰："臣不敢言，故得全。使臣蚤言，皆已诛，安得至今！"生死关头，胡亥才知道受蒙蔽之深，但为时已晚。刀斧面前，胡亥胆小如鼠，完全丧失了人君的气节，他乞求入侵者"吾愿得一郡为王"。被回绝后，又退而求其次："愿为万户侯"，仍然不允。胡亥知道大事不妙，求生的本能占了上风："愿与妻子为黔首"，即为保全性命，宁愿做一个平头百姓，乃至刑徒，胡亥的心理防线一道一道接连崩溃，但一遍遍乞求并未奏效。"三请"不成，胡亥只好自杀。他的生命伴随着颜面失尽的尊严，一道终结了。

齐庄公、吴王夫差、秦二世之类，作为败君，咎由自取。他们要么荒淫无耻，要么刚愎自用，要么昏庸无能。结局由自己造成，怪不得别人。可叹的是，他们在生死关头的表现却让人有些不齿：待到斧钺加身，受求生本能驱使，以至于请而再请，简直尊严丧尽。和楚霸王项羽比，高下立见。项羽其人，生得磊落，死得壮烈，所谓成也英雄，败也英雄。司马迁把项羽列入本纪，以此来看，当矣！

诗曰：

身赴泉台万事空，
江山不吊吊苍生。
一抔荒冢丛榛伴，
半通残碑写骂名。

宫闱之乱

宫闱之事恐怕是史家最不愿提及的，然很多历史适由萧墙之内造成，故不得不书。春秋是周由盛而衰的关键，宫闱乱象最多，《史记》所载也不少。约略分类，有君臣乱，父子乱，诸侯因女而构衅者，有嬖溺而乱政者。观此可以知乱政之端，姑录之如下：

君臣乱

齐庄公通大臣崔杼妻，乱于崔室，自取死地。“初，棠公妻好，棠公死，崔杼取之。庄公通之，数如崔氏，以崔杼之冠赐人。侍者曰：‘不可。’崔杼怒，因其伐晋，欲与晋合谋袭齐而不得间。……崔杼称病不视事。乙亥，公问崔杼病，遂从崔杼妻。崔杼妻入室，与崔杼自闭户不出，公拥柱而歌。宦者贾举遮公从官而入，闭门，崔杼之徒持兵从中起。公登台而请解，不许；请盟，不许；请自杀于庙，不许。皆曰：‘君之臣杼疾病，不能听命。近于公宫。陪臣争趣有淫者，不知二命。’公逾墙，射中公股，公反坠，遂弑之。”（《史记·齐太公世家》）故事梗概是这样的：棠邑大夫的妻子漂亮，齐国公卿都很羡慕。棠公死后，大夫崔杼就把她娶回家。齐庄公垂涎于她的貌美，多次到崔杼家和她私通。偷了别人的女人本来是一件难以启齿的事，齐庄公却唯恐别人不知道，甚至把崔杼的帽子拿走送人。崔杼知道后，既羞又恼，打算借着齐国讨伐晋国的机会，和晋国合谋偷袭齐国。但是没有成功。之后，崔杼就称病不理朝政。乙亥这一天（古代用干支计时，推算这一天是齐庄公六年五月十七日，即公元前548年），齐庄公到崔杼家里探视，借机找崔杼的妻子。这一次，崔杼的妻子一反常态，与丈夫躲进内室，关闭房门不出来。由此推测，此前她大概也是被逼无奈，或者出于妇人之仁，不愿使丈夫太难堪。齐庄公没有得逞，就像一个无赖青年一样，抱着柱子唱起歌来挑逗。宦官贾举把国君的随从拦在门外，关闭大门。贾举因为别的事也对齐庄公不满。这一举动直接把齐庄公置于死地。崔杼的家丁看到这种情况，拿起武器一拥而上，要替主人教训齐庄公。齐庄公爬上庭台请求和解，家丁不同意；请求盟誓不再骚扰崔杼，人家也不同意；最后一狠心，说希望把他放回去在祖庙自杀，人家也不答应。家丁说，崔杼病重，不能听命于君，也就算不得齐臣，你们已没有君臣之份。主人命令我们驱赶好色之徒，除此以外，任何命令我们都不会听的。齐庄公为了逃命我们想要越墙逃窜，被家丁们用箭射中了大腿，从墙头掉落，终被杀死。

《史记·陈杞世家》书陈灵公与大夫孔宁、仪行父交乱夏姬，君臣之间以此嬉戏，触怒了夏姬的儿子，以致被杀。“十四年，灵公与其大夫孔宁、仪行父皆通于夏姬，衷其衣以戏于朝。泄冶谏曰：‘君臣淫乱，民何效焉？’灵公以告二子，二子请杀泄冶，公弗禁，遂杀泄冶。十五年，灵公与二子饮于夏氏。公戏二子曰：‘徵舒似汝。’二子曰：‘亦似公。’徵舒怒。灵公罢酒出，徵舒伏弩厩门射杀灵公。孔宁、仪行父皆奔楚，灵公太子午奔晋。徵舒自立为陈侯。”（《史记·陈杞世家》）说的是陈灵公十四年（前600年），灵公与大夫孔宁、仪行父都与夏姬私通。几个人在朝廷不议国事，却拿出从夏姬那里得来的女人东西相互炫耀。陈灵公最为得意，他偷来了夏姬的内衣，并且穿在自己身上。大夫泄冶看不下去，劝谏灵公：君臣都贪婪好色，百姓以谁做榜样呢？陈灵公把泄冶的话告诉其他二人，二人请求杀掉泄冶，陈灵公没有表态，泄冶就被杀了。三人和夏姬的乱伦关系持续了很长时间。第二年，陈灵公与二位大夫在夏姬家喝酒，开玩笑说，徵舒长得像你们（徵舒是夏姬的儿子）。二位大夫反驳道，徵舒也像国君。君臣的对话让徵舒听到了，不由得怒火中烧，待陈灵公酒罢，就在马厩设伏射死了陈灵公。孔宁、仪行父逃到楚国，太子午出奔到晋国，徵舒就自立为陈侯。

也有君臣兄弟乱者。鲁庄公有三弟，长曰庆父，次曰叔牙，次曰季友。鲁庄公娶齐女哀姜为夫人，无子，只有两个庶子，一曰开，二曰斑。鲁庄公与诸弟为继嗣事反目。“先时庆父与哀姜私通，欲立哀姜娣子开。及庄公卒而季友立斑，十月己未，庆父使圉人荦杀鲁公子斑于党氏。季友奔陈。庆父竟立庄公子开，是为湣公。”（《史记·鲁周公世家》，下同）鲁庄公在位时庆父已与哀姜私通，知道庄公将不久于人世，两人密谋继立哀姜妹妹所生的公子开。但他们的计划还没有付诸实施，弟弟季友就先行把公子斑立为国君。之后，庆父派他的养马人把公子斑杀掉，另立公子开，他就是历史上的鲁湣公。事情到此尚未结束。“湣公二年，庆父与哀姜通益甚。哀姜与庆父谋杀湣公而立庆父”。哀姜实在太钟情于庆父，希望情夫做国君，两个人就可以名正言顺。为此，她不惜杀害亲妹妹的儿子。鲁湣公被杀害后，哀姜立庆父为君。“庆父不死，鲁难未已”指的就是这件事。

父子乱

卫宣公为太子娶妻，妇好而自夺之。“初，宣公爱夫人夷姜，夷姜生子伋，以为太子，而令右公子傅之。右公子为太子取齐女，未入室，而宣公见所欲为太子妇者好，说而自取之，更为太子取他女。”（《史记·卫康叔世家》）卫宣公起初宠爱夫人夷姜，夷姜生了个儿子叫伋，长大后被立为太子，让右公子辅佐和教育他。右公子替太子物色亲事，经过提亲把齐国国君之女迎娶了过来。当小两口快要成婚时，卫宣公发现儿媳貌美，竟然将她强娶过来，占为己有，另给太子改娶。

楚平王为太子娶秦女，秦女好而自娶之。“平王二年，使费无忌如秦为太子建取妇。妇好，来，未至，无忌先归，说平王曰：‘秦女好，可自娶，为太子更求。’平王听之，卒自娶秦女，生熊珍。更为太子娶。”（《史记·楚世家》）楚平王二年（前527年），他派大夫费无忌到秦国去给太子建娶妻。秦女姣美，随着费无忌来到楚国。快到国都时，无忌先行一步，告诉楚平王说，秦女长相非凡，国君不妨自娶，另外为太子找一个。平王听从他的话，自己娶了秦女，生了熊珍，另外给太子娶妻。

鲁惠公夺子妇。“惠公嫡夫人无子，公贱妾声子生子息。息长，为娶于宋。宋女至而好，惠公夺而自妻之。”（《史记·鲁周公世家》）鲁惠公原配夫人没生儿子，他的一个没有背景的妾却生下了息。息长大后，鲁惠公为他娶了宋女。宋女到了鲁国之后，鲁惠公发现宋女国色天香，径直据为己有。

蔡景侯私通太子妇，为太子杀。“景侯为太子般娶妇于楚，而景侯通焉。太子弑景侯而自立，是为灵侯。”（《史记·管蔡世家》）蔡景侯还不如卫宣公、楚平王、鲁惠公，那几个是夺子妇，他竟和儿媳通奸，难怪儿子要杀他。

宫闱中，父娶子妇、子淫父妾为最不堪者。胡人古有父死子娶的传统。后也废弃，知耻而改。武曌初为唐太宗宫女，唐高宗见而悦之，父死即迎以为后；杨太真为唐玄宗子李亨妃，有谄媚者荐之，玄宗召见后喜不自胜，纳之后宫。是父子相乱古有开代，后有继承者也。

诸侯因女而构衅

齐、鲁两国为兄弟国，自古通好。然齐襄公与鲁桓公夫人有染，竟因此而生衅。“（桓）公将有行，遂与夫人如齐。申繻谏止，公不听，遂如齐。齐襄公通桓公夫人。（桓）公怒夫人，夫人以告齐侯。夏四月丙子，齐襄公飨公，公醉，使公子彭生抱鲁桓公，因命彭生摺其胁，公死于车。”（《史记·鲁周公世家》）鲁桓公要出国远行，打算带着夫人到齐国去。大夫申繻极力劝阻。鲁桓公不听，启程来到齐国。这个鲁夫人是齐襄公的妹妹，在他还没有做国君时，兄妹二人就厮混在一起。知道这件丑闻的人不少，所以大夫申繻才出面劝阻。果然，鲁桓公一来到齐国，齐襄公就趁机与妹妹勾搭成奸。鲁桓公知道后，斥责夫人行为不端。夫人回过头又向哥哥诉苦，齐君下决心为妹妹出气。就在四月丙子这一天，齐襄公设宴款待桓公，把桓公灌醉之后，吩咐公子彭生搀扶鲁桓公，遂趁机打断他的肋骨，将他杀死在车上。

齐、蔡因女争战。“齐桓公与蔡女戏船中，夫人荡舟，桓公止之，不止，公怒，归蔡女而不绝也。蔡侯怒，嫁其弟。齐桓公怒，伐蔡。”（《史记·管蔡世家》）齐桓公娶了蔡侯的妹妹。一天，他和夫人在船中嬉戏玩乐。夫人玩得高兴，忍不住把船摇荡得晃晃悠悠。齐桓公站立不稳，让她停下来，夫人玩得起兴，不听劝阻。齐桓公一气之下，把蔡女赶回蔡国，不过并没有断绝夫妻关系。蔡侯为妹妹无端被打发回来生气，又把妹妹嫁给别人（“嫁其弟”意为嫁他的女弟）。这下齐桓公大为生气，出兵讨伐蔡国。

陈、蔡两国因蔡女乱。“厉公取蔡女，蔡女与蔡人乱，厉公数如蔡淫。七年，厉公所杀桓公太子免之三弟，长曰跃，中曰林，少曰杵臼，共令蔡人诱厉公以好女，与蔡人共杀厉公而立跃，是为利公。”(《史记·陈杞世家》)陈厉公娶蔡女。蔡女和国人胡混，陈厉公也多次到蔡国淫乱，引起蔡人的不满。厉公七年（前700年），因他而被杀的太子免的三个弟弟——老大跃、老二林、老三杵臼，即他的三个侄儿，为了替太子报仇，让蔡人以美女引诱陈厉公，并与蔡人合谋杀死了厉公。

嬖溺而乱政

君王嬖宠而乱政亡国者，其源亦早。商纣好酒淫乐，溺爱妲己，殷以亡。周幽王宠幸褒姒，美人一笑而身死弃国，周东迁。至春秋，诸侯不以为戒，罔顾江山重美人，埋下祸乱的种子。各国许多重大事件，均与立嗣有关，也都与美姬牵涉。

齐是东方大国，诸侯领袖。在西方的秦、南方的楚还未兴起时，齐的影响力无与伦比。最初周王封太公于齐时，就赋予齐法外治权。周成王时，召康公命太公说：“东至海，西至河，南至穆陵，北至无棣，五侯九伯，实得征之。”(《史记·齐太公世家》，下同）齐由此得以代天子专行征伐之事。至齐襄公，“醉杀鲁桓公，通其夫人，杀诛数不当，淫于妇人，数欺大臣。群弟恐祸及，故次弟纠奔鲁，其母鲁女也，管仲、召忽傅之。次弟小白奔莒……”兄弟数人为王位争了个你死我活，幸而公子小白后来辗转回国，做了国君，是为齐桓公。在管仲的辅佐下，齐国得以恢复，是齐国历史上最辉煌的一段，维持了四十余年。“九合诸侯，一匡天下。”到齐景公，国运颓唐，大不如前。虽有贤相晏婴辅佐，已难挽颓势。“景公宠妾芮姬生子荼，荼少，其母贱，无行。诸大夫恐其为嗣，乃言愿择诸子长贤者为太子。景公老，恶言嗣事，又爱荼母，欲立之，惮发之口，乃谓诸大夫曰：‘为乐耳，国何患无君乎？’”齐景公用这种办法虽然可以糊弄大臣一时，但他死后，内乱就拉开了序幕。太子荼被立为国君，做了六个月就被大臣杀掉。他的母亲宠姬芮后也被赶跑。继立者悼公、简公做了不长时间，也都先后被杀。齐国风雨飘摇，朝不保夕。

其他诸国，此事也自不少。燕国国君“惠公多宠姬，公欲去诸大夫而立宠姬宋，大夫共诛姬宋，惠公惧，奔齐。”（《史记·燕召公世家》）鲁国郑庄公“见孟女，悦而爱之，许立为夫人，割臂以盟。孟女生子斑……庄公无适嗣，爱孟女，欲立其子斑……”（《史记·鲁周公世家》）兹事引发鲁多年内乱。

季氏将伐颛臾，冉有、子路见于孔子，孔子曰：“吾恐季孙之忧，不在于颛臾，而在萧墙之内也。”（《论语·季氏》）孔子本来的意思指问题往往发生在内部，但后来这句话的含义发生了转移，似乎专指宫闱。忧萧墙之内，成为历代朝臣最为警惕的一件事。

诗曰：

梅花自有女儿香，
三径深处燕绕梁。
未怜梨花春带雨①，
犹嗔红杏爱出墙②。

---

①“未怜”句：玉容寂寞泪阑干，梨花一枝春带雨。（白居易《长恨歌》）

②“犹嗔”句：应怜屐齿印苍苔，小扣柴扉久不开。春色满园关不住，一枝红杏出墙来。（叶绍翁《游园不值》）

史官与史笔

春秋时期，史官是一个很受尊重的职业。上至周天子，下至各诸侯，乃至卿相大臣都有些惧怕史官。不是怕史官本人，主要是怕他们手中的笔——做了不堪的事，怕他们秉笔直书，流传后人。所以孟子说，孔子《春秋》出，乱臣贼子惧。

春秋时期，最有名的史官，当属晋太史董狐。晋灵公不君，荒唐淫逸，肆行无忌。为了寻乐，从台上用弹弓打路过的国人。看见别人躲闪弹子的狼狈样，他就乐不可支。有一天，晋灵公想吃熊掌，便让厨师去做。厨师掌握不好火候，没有煮熟就端了上来。晋灵公大怒，把这个倒霉的厨师杀掉了。诸如此类，实在不像个君王的样子。大臣赵盾看不过眼，多次劝谏，晋灵公于是很反感他。为了除掉赵盾，晋灵公想了很多办法，一会儿派刺客暗杀，一会儿又放獒犬攻击。这个赵盾确实有些威望。每当性命攸关时，总有义士来救，得以不死。晋国已无法立身，赵盾只好逃窜。还没有跑出境，就听说他的弟弟赵穿把晋灵公杀了。赵盾就又回到晋国，主持朝政。在整个事件中，赵盾是一个弱者，没有做以下犯上的事。但晋太史董狐却不这样看，他记录这件事时，给赵盾的定性是“赵盾弑其君”。赵盾不服，和董狐辩论。董狐告诉他：“子为正卿，而亡不出境，反不诛国乱，非子而谁？”（《史记·晋世家》，下同）他有春秋大义，赵盾自然有些说不清。后来，做过鲁国太史的孔子，知道了这件事后，拍案叫好：“董狐，古之良史也，书法不隐。宣子，良大夫也，为法受恶。惜也，出疆乃免。”既称道董弧，又为赵盾抱屈，以为赵盾当初如果出了国境，就不会有“弑君”之说。这条准则看起来很可笑，却牢固规范着君臣的行为。说到底，史官掌握着是非标准。

齐庄公也是一个荒淫无道的主儿。大臣崔杼娶了一个漂亮老婆，不想被齐庄公看上了。他就想方设法勾引人家，竟然得逞。本来这是一件很龌龊的事，齐庄公竟然把从崔杼妻子处拿到的崔杼之“冠”赐于他人，有意羞辱崔杼。从此，君臣之间结怨甚深。之后，崔杼称病不朝，庄公以探病的名义去了崔府，又想勾搭其妻。这下把崔杼逼急了，派家丁把齐庄公杀掉。这件事，总体来看，是齐庄公不君造成的，但齐太史却只看结果，直书“崔杼弑庄公”。这时崔杼已经做了卿相，说一不二，就把这个史官杀了。但是没有想到“其弟复书，崔杼复杀之。少弟复书，崔杼乃舍之”（《史记·齐太公世家》）。为了五个字，前赴后继丢掉两条人命，似乎有些不值，但史官们不这样认为。他们是用生命在坚守道德高地。

春秋战国时期，周朝没落，王道不行，纲纪不振，君杀臣、臣弑君的事情很多。但是因为有这些深谙君臣之道的史官们在，到底为当时保留了一些社会良知,使后人不得不敬畏他们的职业操守。

“直哉史鱼！邦有道，如矢；邦无道，如矢。”（《论语·卫灵公》）这不仅是孔子对史鱼的评价，也是史官的职责、信条。孔子认为，一个合格的史官就应当这样。

诗曰：

绳愆纠谬砭瘳痍，

国士头颅万夫敌。

臣不守节君不仁，

匡失全靠一支笔。

反间计

有人说，春秋无义战。实际上，鲁哀公获麟前，至少还比较讲究名义。诸侯出战，要么代周天子征伐不君，要么代周天子讨伐不臣。除了义外，还讲究信。大国有大国的风度，小国有小国的家法。之后，刑名法术之学、鬼谷子之说大行，诸侯间战争少有正义、信义可言。至若秦、楚问鼎于周，孟子所谓大道不行。战争好比游戏，游戏需要规则，《孙子兵法》应运而生。孙子曰："兵者诡道也"，可以"利而诱之，乱而取之，实而备之，强而避之，怒而挠之，卑而骄之，佚而劳之，亲而离之"。(《孙子兵法》)"亲而离之"，指反间计。反间计是一种阴谋，名声虽不好听，却屡屡被人运用，也屡屡运用成功。

乐毅是燕国大将，燕昭王任用他为上将军，会秦、魏、韩、赵，五师伐齐，报齐国破燕之仇。适逢齐湣王内政不堪，人心不附。乐毅率诸国联军长驱直入，破齐七十余城，唯莒、即墨二城未下。乐毅围了三年时间也没有攻陷。此时，燕国国内有人谗毁乐毅："乐毅智谋过人，伐齐，呼吸之间克七十余城，今不下者两城耳，非其力不能拔，所以三年不攻者，欲久仗兵威以服齐人，南面而王耳。今齐人已服，所以未发者，以其妻子在燕故也。且齐多美女，又将忘其妻子，愿王图之。"(《资治通鉴·卷四》，下同)燕人造谣说，乐毅凭借他过人的智谋，讨伐齐国，转眼间就攻克了七十余座城池。齐国现仅余两座城池，这不是他没有能力，而是想凭借兵威使齐人臣伏，达到他做齐君的目的。现在三年过去了，齐人已被征服，他还不想出兵，是因为他的妻子、儿女还滞留燕国，乐毅有后顾之忧。如果燕国不放过他的妻儿，也没有什么，反正齐国有的是美女，他迟早要做齐国国君。希望燕国认真考虑。亏得燕昭王比较清醒，他知道这种议论影响人心，就立刻“置酒大会”，旗帜鲜明地斥责流言，肯定乐毅的功绩。对所谓乐毅有非分和不臣之举，燕昭王说：“今乐君亲为寡人破齐，夷其宗庙，报塞先仇，齐国固乐君所有，非燕之所得也。乐君若能有齐，与燕并为列国，结欢同好，以抗诸侯之难，燕国之福，寡人之愿也。”意思是：乐毅君为我打败了齐国，平了齐的宗庙，报了前仇，齐国本来就该归乐毅君所有。退一步讲，他如果真的做了齐君，和燕国同为诸侯，可以结成盟国，共同抵抗他国侵略。这是燕国之福，也是我的愿望。以此可见燕昭王的明智、达观。他志在报复，现在夙愿已了，莒、即墨攻占与否已无太大意义。以燕小国，伐齐足矣，至若吞并齐国，实属非分，只会招致秦、楚等霸国交兵。如果乐毅这么做，只能以身履险，况且能否控制乐毅尚属问题。燕昭王把进谗言的人杀掉，反其道而行之，“赐乐毅妻以后服，赐其子以公子之服；辂车乘马，后属百两，遣国相奉而致之乐毅，立乐毅为齐王。”燕昭王把乐毅妻子当王后对待，把他的儿子当公子对待，赏赐相应的服制和车乘，并立乐毅为齐王。这下把乐毅吓住了，惶恐不敢受，以死自誓，表示无有异心。

燕昭王对乐毅信而专，但他的儿子燕惠王却满腹狐疑，对乐毅拥兵在外忧心忡忡。燕惠王当太子时，本就和乐毅有些抵牾，早就想除之而后快。这事被守城的齐国宗臣田单知道了。一俟惠王做了国君，田单就迫不及待“纵反间于燕”，派人在燕国上下广为宣传：“齐王已死，城之不拔者二耳。乐毅与燕新王有隙，畏诛而不敢归，以伐齐为名，实欲连兵南面王齐。齐人未附，故且缓攻即墨以待其事。齐人所惧，唯恐他将之来，即墨残矣。”（《史记·

田单列传》）他在乐毅和燕惠王中间挑拨是非，说乐毅与惠王有矛盾，怕被杀所以不敢回国，对外以伐齐为名，实际上想做齐国国君。因为齐人尚未心服，他只好装装样子，表面上攻打即墨，其目的是在等待机会。齐国人现在最怕的事是燕君调换大将，新的大将一来，即墨不费吹灰之力将被攻破。还是琵琶重弹，但燕惠王却深信不疑。他按照田单的意愿，另派一个叫骑劫的大将，召乐毅回国。乐毅知道回国不善，只好逃亡到赵国去了。此一举恰好解了齐国之围，七十余城先后恢复，重新为齐国所有。乐毅逃亡，燕国成为强国的希望破灭。

秦国是行反间计的老手，对齐、楚、赵都用过此计，著名的战例是长平之战。秦派大将王龁攻赵长平。守卫长平的赵将是廉颇。这个人持重善守，坚壁不出，秦军对之无可奈何。正面战场出师不利，时为秦相的范雎想出了一条计策，他"使人行千金于赵为反间"（《史记·白起王翦列传》，下同），声称："秦之所畏，独畏马服君之子赵括为将耳！廉颇易，且降矣！"和田单的办法一样，打不过就唆使别人临阵换将。他理想的新将领是赵括，那个善于纸上谈兵的废物。恰好赵王也不满意廉颇，嫌他打仗太保守。以赵国之力，能不为秦所破即是胜利。赵王却不这样想，他天真地以为任赵括为将即可破秦军。他不假思索，马上起用赵括，替换老将廉颇。赵括这个人夸夸其谈，从小学兵法，认为天下无人可比。他的父亲赵奢也是赵国宿将，论兵法竟然说不过他。赵奢很了解自己的儿子，认为他是金玉其外。他说："兵，死地也，而括易言之。使赵不将括即已；若必将之，破赵军者必括也。"（《史记·廉颇蔺相如列传》）他预言如用赵括为将，赵军必败。谁知不幸言中！赵括被用为大将之初，他的母亲上书赵王，认为不应当起用赵括，怕误了赵国的大事。但赵王一意孤行，坚持派赵括领兵。秦王听说赵王中计，马上秘密调动大将白起奔赴前线，征河内十五岁以上者为卒，补充兵力。战场上，秦军正面交战而佯败，以引诱赵括出营垒进攻，另一支部队却从赵军背后切断粮草和归路。赵军腹背受敌，一无救兵，二无粮草，绝食四十六日。赵括穷极之余，最后一搏，率全军进攻。结果可想而知，赵军大败而降，四十万人做了俘虏，被白起悉数坑杀。长平之役是战国最为惨烈的一次战斗。自此，赵国一蹶不振。

刘邦是不拘一格用人才的典范，他任用陈平即是一例。陈平做人号称无行，做事更是别出心裁。楚、汉对峙，项羽围刘邦于荥阳，形势于刘邦极为不利。他不无顾虑地问陈平："天下纷纷，何时定乎？"（《史记·陈丞相世家》，下同）陈平出了一个主意："彼项王骨鲠之臣亚父、钟离昧、龙且、周殷之属，不过数人耳。大王诚能出捐数万斤金，行反间，间其君臣，以疑其心。项王为人意忌信谗，必内相诛。汉因举兵而攻之，破楚必矣。"陈平分析道，项羽身边的能人寥寥无几，不过亚父范增、钟离昧、龙且、周殷几个，而且项羽对他们还有戒心，如果能使他们君臣不和，大事可无虞而成。他建议用金钱在项王周围行反间计，使上下离心，彼此怀疑，这样就可以从内部搞垮敌人。汉王信以为然，拿出四万斤黄金，交给陈平，随他使用，也不问花在什么地方。陈平的反间计果然奏效。"陈平既多以金纵反间于楚军，宣言诸将钟离昧等为项王将，功多矣，然而终不得裂地而王，欲与汉为一，以灭项氏而分王其地。项羽果意不信钟离昧等。"陈平用金钱买通了楚军一些将士，他们到处散布流言，说钟离昧这些大将战功很多，却没有被楚王封赏，预谋与汉军联合，共灭项羽以求封赏。谣言一多，项羽果然上当，他不再信任钟离昧等人了。为了巩固离间效果，陈平和刘邦合谋了一场戏。两军对垒，项王想摸清汉军虚实，就派人到刘邦这里打探。这个计策十分拙劣，刘邦一眼就看清了。他将计就计，为使者准备了一桌丰盛的馔食，等来使入席，他故作惊讶地说，我以为是亚父范增派来的，谁知是项王的使者。他命人当场把饭菜撤下，又重新端来粗劣饭食招待使者。刘邦这套把戏也算不得高明，但骗过了楚使。楚使回去后，把这一过程添油加醋地告诉项羽，项羽老老实实相信了。他本来是给别人用计的，不小心却中了别人的计，随即怀疑起亚父范增。范增就这样被逼走了。项羽失去了身边唯一的智囊，从此日益走向末路。

自疑者必疑人，信人者必自信。反间计并不难识破，但燕王、赵王、项王一个个均被击中。这些人君之所以中计，一是他们心存狐疑，摇摆不定；二是用人不信，任人不专；三是目光短浅，器度不大。反观之，臣下之于他们，如乐毅、廉颇、范增诸人，要么能力强，要么有积劳，难以有效驾驭，君臣之间早有裂隙，这才为反间计铺就了合适的温床。行反间计的目的，就在于去除这些劲敌，换几个草包上来，如骑劫、赵括之类，反间计就行之有效。古往今来，反间计层出不穷，因为它能起到事半功倍的作用。

诗曰：

兵者无常属诡道，
琵琶反奏乱琴声。
向使秦王不图赵，
焉知纸上能谈兵？

自保之术

帝王时代，身为大臣者纵使功绩卓著，一旦不信于君，身首异处屡见不鲜。反言之，位愈显、功愈高，则危险愈大。很多人都明白这个道理，在“固君王心”方面动了很多脑子，玩了很多花样，才得以全身而退，远离斧钺加身之祸。

王翦是秦始皇统一六国的得力大将，他和白起同时效命于秦，立有汗马功劳。白起因为功大被封为武安君。打败赵军后，秦王命他乘胜进军邯郸。白起认为长平一战，秦军死亡过半，国内空虚，不应当再孤军深入，否则诸侯联合，一定招致失败。这个意见本来不错，但秦王求功心切，执意要白起进军。白起执拗，称病不起。秦王就另派人出兵，果然失败。白起有些自鸣得意，说：秦王不听我的建议，结果如何？这话被秦王听到，怒不可遏，坚决派他领兵出征，白起又一次借故病重推辞。这下秦王彻底被激怒，撤去他的军职，不许他待在咸阳。似此秦王余怒犹未消，又在流放路上把白起赐死。白起临死前十分不平，质问：“我何罪于天而至此哉？”之后又有所悟，道：“我固当死。长平之战，赵卒降者数十万人，我诈而尽坑之，是足以死。”长平之战是白起挥之不去的梦魇。

王翦这个人很精明，不只是一个武夫，在攻城略地方面有勇有谋，对付疑心甚重的秦始皇也颇有心计。秦始皇计划攻取荆州，问将军李信用兵几何，李信回答不过用二十万人。问王翦，王翦回答非六十万人不可。秦始皇不愿出太多兵，就说：“王将军老矣，何怯也！李将军果势壮勇，其言是也。”（《史记·王翦白起列传》，下同）他认为王翦年老、胆小，而李信果敢、勇猛，出兵二十万完全可以战胜楚军，遂派李信率领二十万人伐荆。王翦也就趁机称病还乡。后来李信兵败，秦始皇不得已，亲自上门请王翦出山，王翦推辞不掉，就说，如果让我带兵，非六十万不可。这回秦始皇满口允诺。大兵出发的时候，皇帝亲自到灞上送行。王翦临走前，要求秦始皇多赐给他些田园美宅。惹得秦始皇大笑，说，你已经贵为大将，难道还愁不富？王翦却郑重其事地说：“为大王将，有功终不得封侯，故及大王之向臣，臣亦及时以请园池为子孙业耳。”他半开玩笑地说，在大王手下做大将，即使有功也不能封侯，因此趁现在大王亲近臣时，为子孙求赐田园美宅以颐养天年。这样，秦始皇也就应允了。王翦带兵出发之后，先后派了五拨人，询问皇帝所赐园池落实情况。他身边的人有些看不懂，以为大敌当前，将军不思奋力杀敌，却把一己之私看得这么重，是不是太过分了！王翦说：“不然。夫秦王怚而不信人。今空秦国甲士而专委于我，我不多请田宅为子孙业以自坚，顾令秦王坐而疑我邪？”在王翦眼里，秦王为人固执多疑，现在倾全国甲兵交给自己，内心肯定不踏实，自己只有多求田宅才能求得安全。这就是王翦心思所在，顾虑所在。前者秦始皇不同意用六十万人，就是怕大将一旦在外，拥兵自重，尾大不掉，造成威胁。王翦数请赏赐，看似贪得无厌，不过是为了表明自己胸无大志，心在家而志不在国，秦始皇就不会睡不着觉，放心地任由他带兵征战。功夫不负有心人。王翦从此深受皇帝信任，终其一生再无性命之忧。

楚汉相争，萧何立下丰功伟绩。“汉五年，既杀项羽，定天下，论功行封。群臣争功，岁余功不决。高祖以萧何功最盛，封为酂侯，所食邑多。”（《史记·萧相国世家》，下同）刘邦被封为汉王第五年，项羽被杀，天下统一。大功告成之后刘邦开始论功封赏，群臣都自以为功大，争执不下，致使一年多没有定下来。汉高祖认为萧何功最大，把他封为酂侯，封地最多。其他功臣都不服，以为自己被坚执锐，攻城略地，而萧何未尝有汗马功劳，反居其上，这样封赏不公。刘邦就用打猎的事例说服将臣们：“夫猎，追杀兽兔者狗也，而发踪指示兽处者人也。今诸君徒能得走兽耳，功狗也。至如萧何，发踪指示，功人也。”是说武将们所立功劳，只不过和猎狗其劳等功，而猎狗欲立功，离不开人的发号施令，萧何就是那个猎人，狗劳无论如何不能大过人功。这个道理很粗俗，但浅显明白，也只有刘邦能这样说服别人。于此可见，萧何在刘邦心目中的地位。就是这样，萧何也时刻都能感受到不安和危机。黥布造反，刘邦亲自带兵镇压，其间，多次派人打听身为相国的萧何在干什么。萧何身边的人很警觉，提醒萧何：“君灭族不久矣。夫君位为相国，功第一，可复加哉？然君初入关中，得百姓心，十余年矣，皆附君，常复孳孳得民和。上所为数问君者，畏君倾动关中。今君胡不多买田地，贱贳贷以自污？上心乃安。”皇帝领兵在外，相国守城在内，如果振臂一呼，揭竿而起，内外呼应，汉家江山就有不虞之险。况且萧何威信还高，人心归附，如何能让刘邦放心呢？解除刘邦疑心者，唯有一途，那就是到处借钱购买田地，玷污自己的名声，宁愿做一个贪婪自私的财主，也不能做百姓拥戴的卿相。这是萧何此前没有涉足的领域，但他照样做得很好。接下来，刘邦就接到很多告状信，揭发相国圈占民田，强买强卖，这让刘邦很高兴。“相国谒。上笑曰：‘夫相国乃利民！’民所上书皆以与相国。曰：‘君自谢民。’”萧何拜见刘邦的时候，刘邦笑着讥刺他说，堂堂一国相国，竟然与民争利！然后把百姓的告状信都交给他，说，你自己向老百姓谢罪罢。刘邦放心了，萧何也就放心了。

在这方面称得上做得最好的，还要算万石君石奋。石奋这个人，生来就恭谨小心，用不着别人提醒，就把自己保护得严严实实，一点儿口实也不给别人留。他侍奉过汉高祖、汉文帝、汉景帝，可谓三朝元老，几代皇帝对他都非常好，官至太子太傅。不仅他自己官运亨通，他的四个儿子也都受到重用，官至二千石。汉景帝就曾叹羡道："石君及四子皆二千石，人臣尊宠乃集其门。"（《史记·万石张叔列传》，下同）汉代官员不讲品级，以所得俸禄区别官位高低。因为石奋和他的四个儿子都官至二千石，所以汉景帝就把石奋叫万石君。实际上，这五个人都没有特殊的能耐，也没有数得上的功绩，却都能扶摇直上，其中有一个重要的原因，就是他们父子五人都谨慎有余，所谓谨守王事者也。万石君退休以后，"以岁时为朝臣，过宫门阙，万石君必下车趋，见路马必式焉。""上时赐食于家，必稽首俯伏而食之，如在上前。"逢年过节参加朝贺之礼时，经过宫门，万石君一定会下车快走，看见皇帝车驾则凭轼遥拜。皇帝有时赐给他食物，他也一定俯伏而食，如在皇帝面前一样。除了对朝廷恭敬忠诚，他家教也从不马虎。"子孙为小吏，来归谒，万石君必朝服见之，不名。子孙有过失，不谯让，为便坐，对案不食。然后诸子相责，因长老肉袒固谢罪，改之，乃许。"子孙做小吏，回家看望他，万石君一定穿着朝服相见，也不直呼其名。子孙有过失，并不责骂，却把自己关在便室，以绝食自罚，致使子孙互相责备。最后请来族中长辈调解，袒裸谢罪。真正改过了，他才答应。这个万石君对子孙行的是不言之教，一有过失，就不吃饭了，绝食。饿死事小，改过事大。这一套万石君常用。一次，他的一个儿子石庆喝醉了酒回家，进了外门却没有下车，这违犯了礼法。这事被老头儿知道后，又绝食了。石庆吓得肉袒请罪，也没有得到饶恕。不得已，全家无论大小一律肉袒请罪。万石君这才作罢。看来这招很管用。

万石君言传身教，子孙们一个赛一个守规矩，唯恐犯错。他的大儿子石建官至郎中令。一次给皇帝上书言事，御批发下后，他发现自己上书中“马”字少写了一点，吓得脸色顿变，说：“误书！‘马’者与尾当五，今乃四，不足一。上谴，死矣！”为了一个字少写一笔，就如此自责、小心到这种程度，实在有些过头。可是，正由于他们一家这般做事，才赢得了天子的怜爱。哪个人能不喜欢对自己毕恭毕敬的人呢？

与帝王这类掌握自己命运的人打交道，总是小心为妙。

诗曰：

偷生有术巧殷勤，

留得此身奉至尊。

衮衮诸公须谨记，

从来王事要屈心。

奇货可居

乱世是对人性的考验，也是人性的万国展，尽可以看到光怪陆离的世象。遭逢乱世，各人都有自己的求生之道。毕竟人总是要吃饭的，有些人可以不食周粟，宁愿抱道不屈，虽九死犹未为悔，但大多数人做不到。他们或老死南亩，或寄食于人，或混迹侯门，或巧取豪夺，各逞其行能，演义属于自己的人生故事。吕不韦就有自己求富贵的独特门径。

吕不韦是一个商人，从事贩贱卖贵的勾当，竟然做得很成功，家累千金，富得流油。商人的特点是从不知足，还有一个特点是富而求贵。眼下就有很多成功人士，富足之余，想起当人大代表、政协委员来了，以金钱开路，跻身于社会贤达的行列。在这个问题上，古今变化不大。

秦昭王四年（前 303 年），太子薨，秦昭王便以次子安国君为太子，这就是以后的秦孝文王。安国君有许多老婆，为他生了二十多个儿子。子楚就是其中一个，后被派到赵国充当人质。春秋时诸侯间有一个惯例，即两国交好，则互派公子到对方，作为互信的象征，叫作“质子”。安国君在众夫人中，最宠幸的是华阳夫人。宠幸固宠幸，只可惜华阳夫人没有为他生下一子半息。这也不用发愁，毕竟还有那么多公子。

吕不韦在邯郸做生意，经人介绍认识了子楚。这也说明在古代，商人的地位还是相当高的，能随意出入公卿之门，和上层人打交道。这种情况和今天相类似，商人可以和官员称兄道弟，论杯行觞。当时子楚十分寒酸，虽贵为秦公子，但秦有好多公子如他一样质于他国，花费很大，在供给上就不如别国公子那样充裕。吕不韦是个商人，他在任何时候都能发现商机。在了解了子楚的身世后，他认为子楚身上蕴藏着极大的价值，值得很好地发掘，谓“此奇货可居”。经过一番深思熟虑，他拜会子楚，开门见山地说：“吾能大子之门。”（《史记·吕不韦列传》，下同）子楚听后哑然失笑道：“且自大君之门，而乃大吾门！”他觉得吕不韦是逗你玩儿——拿自己取笑。吕不韦却郑重其事地说：“子不知也，吾门待子门而大。”这一段对话十分有趣，两人因为相互不了解对方的真实意图，彼此试探。子楚本没有什么非分之想，但隐约意识到吕不韦要说什么，两个人便坐下来，做了一番秘密长谈。吕不韦侃侃而谈，分析秦国当前的形势：安国君对立太子一事迟迟拿不定主意，这对子楚来说是一个机会，但问题在于子楚排序并不靠前，按照立长不立幼的原则，立谁为太子还是个未知数，需要努力争取。吕不韦看到问题的关键，同时也找到了解决问题的方向。他对秦国内部情况相当了解，发现起决定作用的不在于子楚的父亲安国君，而是华阳夫人，在她身上下功夫，就可以事半功倍。而要讨好华阳夫人，只有一个办法，就是舍得花钱。这就轮上吕不韦出力了，他有的是钱。这是吕不韦的政治经济学，典型的官商勾结。一番话下来，子楚热血沸腾，他看到了希望，也依稀展望到了未来，不禁激动得有些失态。他对吕不韦承诺道：“必如君策，请得分秦国与君共之。”这个承诺实在超出吕不韦的奢望，但吕不韦正为此而来。

吕不韦贡献了千金，这也是他的全部家底，他决心孤注一掷，做一笔前无古人的大生意。子楚用五百金购买车马服玩，广交贵族，过起“官二代”的生活；另用五百金遍搜天下奇珍异品，呈献给父亲和华阳夫人。在这方面，子楚动了一番脑子，他没有亲自面交，而是找到了华阳夫人的姐姐（当然这个女人也没有少得好处）。她在妹妹面前添油加醋，着实吹捧了子楚一番，倾诉了公子对父亲及华阳夫人的思念之情。“楚也以夫人为天，日夜泣思太子及夫人。”太子指安国君。一堆令人眼馋的礼物和一番令人动心的话语，打动了娇媚的华阳夫人，她竟然相信这一切都是真的！初战告捷，吕不韦又展开了攻心战。他让华阳夫人的姐姐说服妹妹：“以色事人者，色衰而爱弛”，现在应该趁着安国君还宠爱自己的当儿，在诸公子中选择一个贤而孝的立为太子，给自己留下后路，一言而得万世之利。子楚贤而孝，夫人如能确定他为太子，他一定感激不尽，并奉养终身，还怕自己会失宠吗？华阳夫人听后深以为是，随即向安国君进言，举荐子楚为太子。她使出了女人最擅长的手段，凄凄恻恻地说：“妾幸得充后宫，不幸无子，愿得子楚立以为适嗣，以托妾身。”对立太子一事，安国君本来没有什么主意，既然宠姬高兴立子楚，他也只好同意。事情就这样定下来了。

一件本来十分渺茫的事，经过吕不韦的运作，竟然意外成功了。说明吕不韦这人不简单，其见识和控制事态的能力，远非一般商人可比。

一切都按照既定计划进行。秦昭王死后，安国君做了秦王，即秦孝文王。孝文王之后，子楚继立，是为秦庄襄王。华阳夫人以养母身份做了太后，秦历史上首次出现了两位太后。秦庄襄王没有食言，一俟为王就任吕不韦为丞相，封为义信侯，食邑十万户。一个商人贵为公侯卿相，吕不韦创造了历史纪录。

吕不韦登峰造极的时刻还在以后。当初，吕不韦娶了邯郸一个舞女，喜不自胜。舞女没过多久就怀了身孕。子楚去吕家喝酒的时候，看上了这个邯郸舞女，执意要求吕不韦割舍于他。吕不韦差点儿动怒，但想想大局，应该以事业为重，就不情愿地献了出去。邯郸舞女很有头脑，对子楚隐瞒了已孕的事实。及期，顺利生下了孩子，一个商人的骨血就这样降生在帝王家。这个孩子就是千古一帝——秦始皇嬴政。

司马迁有着超人的叙事能力，但在吕不韦这里说得有些过了头。关于吕不韦是嬴政的生父这一点，历来史学家都很质疑，怀疑这件事是司马迁道听途说，抱着姑言之、姑听之的态度。赵氏孤儿的曲折故事与这件事相仿，远远超出了《左传》所记，故而人们对其离奇程度生疑。大体上说，《史记》是一部信史，但其中传说、想象的成分也不少，而这些地方恰恰是《史记》最具感染力、最精彩生动的所在。

嬴政做了秦王之后，对吕不韦更加倚重，除了保留爵位、相位外，还尊称吕不韦为“仲父”。“仲父”相当于现在的叔父之类。这个称呼不是随便加的，历史上也不多见。齐桓公曾经称管仲为“仲父”，尊重和褒赏他对国家的贡献。后来项羽称呼范增为“亚父”，含义大致相似。

心满意足的吕不韦，现在可以惬意地享受所拥有的一切。对此，他心安理得。秦王是他的私生子，太后是他的情人，他没有理由不纵情享受。

吕不韦由富而贵，这一目标总算实现了，但他总觉得还缺少点什么。当时，魏国信陵君、楚国春申君、赵国平原君、齐国孟尝君四君子俱以养士知名，纷纷为人所效仿。为了求名，吕不韦也开始大规模招揽人才，并给提供丰厚的待遇。慕名而来的食客多达三千人。春秋战国时期，思想大爆炸，派别、学说层出不穷，荀子、孟子、庄子、韩非子等人的著述广为人推崇。吕不韦打算从事属于自己的名山事业。他分配给每个人任务，让他们把所见所闻及世界观、方法论的体会统统写下来，“以为备天地万物古今之事”。裒辑起来，竟然蔚为大观，凡二十余万言。他给这本书起了个名字，叫《吕氏春秋》，以别于孔子修订的鲁《春秋》。但这个名字也暴露了吕氏的无学。鲁之《春秋》、晋之《乘》、楚之《梼杌》，都是诸国史，吕氏之流既非史官，所作也非秦史，命之为《春秋》稍嫌失当。不恰当的书名抹杀不了精彩的内容，这本书很有价值，经过秦火而能流传下来就证明了这点。

《吕氏春秋》编纂成功，吕不韦把它“布咸阳市门，悬千金其上，延诸侯游士宾客有能增损一字者予千金”。这就是“一字千金”的出处。古今大多数人对此都很赞赏，以为是精益求精的典范。其实，吕不韦没有那么敬业，他只不过是借此宣传炒作，为的是扬名内外，反正他有的是钱。这有点儿像商鞅当年募民徙三丈之木而予五十金一样，都要达到举一反三的效果。秦人的举动都有些不同凡响。

轻轻松松做完这件事后，吕不韦富、贵、名就齐全了。所谓人臣之极，无以复加。他稍有空闲，就跑去和太后幽会。当今太后就是那位邯郸舞女，两人一直藕断丝连。吕不韦渐渐发现，太后对男人的欲望愈来愈强，除了自己，她还和其他男人鬼混。他敏锐地嗅到了危险。吕不韦为脱身，给太后推荐了个叫嫪毐的强壮男子。太后十分受用，经常和嫪毐在一起，还生了两个孩子。时间一长，这件宫廷丑事就传到了秦王耳边。嬴政大怒，夷族嫪毐三代，杀太后所生两子，连太后也被流放到雍地（今陕西宝鸡）。经过询问，事涉吕不韦，秦王具得情实，应该也约略了解到自己的身世。至此，吕不韦的好日子到头了。

秦王十年（前 237 年）十月，吕不韦被免相，秦王命他离开京师，以文信侯的身份到河南封地去养老。第二年，秦王赐吕不韦书曰：“君何功于秦？秦封君河南，食十万户。君何亲于秦？号称仲父。其与家属徙处蜀！”敕文严厉，斥责吕氏，称他无功于秦、无亲于秦，把爵位和“仲父”的称号一体褫夺，并流放蜀地。吕不韦在接踵而来的打击下崩溃了，他明白所谓君父是假，与太后发肤之亲是假，没有人敢承认这些。相反只有自己死去，才能掩盖这一切，也才能够让君王放心。吕不韦万念俱灰，饮酖自尽。这意味着他当年的投资已被消耗殆尽。

几乎和吕不韦同时，楚国还有一个人做着“奇货可居”的买卖，这个人叫李园。他名不见经传，成就不大，破坏性却不小。不同的是，吕不韦以秦公子子楚为投资对象，以太子为赌注，李园却把自己的妹妹赌了进去。

故事还要从春申君身上说起。春申君是战国四君子之一，但他和孟尝君、平原君、信陵君出身不同，后三位分别是齐、赵、魏三国的公子哥儿，正宗的皇亲国戚，而春申君是辩士出身。他和苏秦、张仪一样，博学多闻。与二人不同的是，他自始至终只服务于楚国。春申君本名黄歇，最初代表楚顷襄王出使于秦，因成功说服秦昭王放弃攻打楚国而立功。两国交好，楚太子完质于秦，楚王放心地让黄歇陪同。之后楚王一病不起。消息传到秦，黄歇顿时紧张起来，太子如不能及时归国，王位就有被其他公子侵夺的危险。他找到了时为秦相的应侯范雎，诚恳请求秦国送还太子。他分析道：此时让太子回国就王位，太子一定感恩戴德，两国势必长期成为友好邦国；如其不然，楚国便会另立国君，到那时太子不过是“咸阳一布衣耳”，对秦国任何好处也没有。范雎认为黄歇所说有道理，就报告秦王。秦王的态度却有些暧昧，只同意让楚国使者先回去看看情况，回来再说。时间紧急，黄歇决定一不做二不休，让太子变换装束，乘着使者的车辆混出武关，驰向楚国，而自己留了下来。待太子走远，黄歇才主动向秦王请罪。还好，秦王没有杀他，只是打发他也回楚国。

楚顷襄王死后，太子完即位，是为楚考烈王。念黄歇辅弼有功，楚王任命他为国相，封号春申君。春申君做楚相共二十五年，时值楚国走下坡路，他受命于危难之际，屡建奇功。解邯郸之围，北伐灭鲁，都是他一手经营。楚国国力逐渐有所恢复。他所做的最为厉害的一件事，就是率领诸侯各国的队伍攻打秦国。是时，秦王嬴政派三路大军攻打诸侯，逼得各国团结起来抗秦。韩、魏、赵、卫、楚各合纵国派大军出兵于函谷关外，以楚为首领，接受春申君的指挥。这本来应该是一场像模像样的大规模战争，如果胜秦，就可毕其功于一役。可惜大家各怀心事，彼此猜忌，再加上秦国背后捣鬼，在外交上离间各国君主，使他们心有余悸，不敢带头抗秦，这也是第二战场的作用。秦军面对众敌，毫不怯阵，一击之下，六军哗然，纷纷做鸟兽散。春申君无功而返，被楚王诘责，君、相之间逐渐疏远。问题恰在这时出现了。

和吕不韦一样，春申君也有三千食客，其中一个就是李园。李园本来是赵人，避秦祸来到了楚国。他带着妹妹，一个漂亮的妙龄少女。李园本来打算把妹妹进献给楚王，但一打听，楚王没有生育能力，他就改变了主意，把目标瞄向了春申君。李园这个人善于钻营，经人介绍结交了春申君。第一次约见时，他就借口请假，过了几天才迟迟出现。他向春申君撒谎说 ，是因为齐王派人来和妹妹结亲，所以才误期。春申君顺便问道，亲事谈妥了没有？李园回答还没有，春申君感到好奇，就提出要见见李园的妹妹。李园巴不得如此，立刻把妹妹当礼物一样送了出去。这一见面，春申君把持不住，就和李园的妹妹成其好事，一夜之间就有了身孕。

妹妹做了春申君的女人，李园仍不满意。他的野心很大，私下里和妹妹商谋，通过她向春申君“吹风”：你在楚为相多年，得罪人不少，楚王一旦谢世，祸殃就可能不期而至。目下之计，莫如把我进献于楚王，一旦得宠，贵为王后，你的儿子就会继承王位，到那时，连楚国都是你的，何患不测之罪呢？不愧是李园的妹妹，和乃兄一样有心计。春申君有一个致命弱点，就是他太想长久保有荣华地位，便未加深思就同意了。就这样，李园的妹妹顺利进入了楚王后宫。和她预计的一样，楚王对她百般宠爱。儿子出生后，即刻被立为太子，李园的妹妹也做了王后。

待这一切成为事实，当红的不是春申君，却是舅亲李园。他出入楚宫，深为楚王倚重。面对忽如而来的富贵，李园却有些担心，他的心病正在春申君身上：他不知道哪一天这个人会把实情吐露出来，威胁他。李园决心除掉这颗定时炸弹。他私下里蓄养了一批六亲不认的死士，准备杀掉春申君灭口。

李园的这些动作并没有瞒过所有人。春申君有一个食客朱英，敏锐地发现了李园的阴谋，他对春申君说："世有毋望之福，又有毋望之祸。今君处毋望之世，事毋望之主，安可以无毋望之人乎？"(《史记·春申君列传》)（毋望，意为无常、非常）暗示和告诫春申君要警惕毋望之人、毋望之祸，显然这指的是李园。但春申君太有点小瞧李园了，根本不把李园当一回事。他的疏忽大意使得李园的计划得以有效实施。楚考烈王死后，春申君照例入宫吊唁，主持后事。当他刚迈进宫门，事先埋伏好的刺客一拥而上，结果了他的性命。

春申君的骨血顺利被立为楚王，但这已经与他无关了，他全家已被李园诛杀净尽。

诗曰：

机心本为他人谋，
黄雀捕蝉在后头。
世事分明终有报，
方知罗彀[1]误白头。

---

①彀：罗网。唐太宗说："天下英雄尽入吾彀中矣。"

张良跪履

张良年轻时，有一遭奇遇。那时，张良还未曾有刘邦之遇，仅是一个流亡的韩国公子而已。为报亡国之仇，张良倾尽家资购求刺客，想重演燕太子丹的故事。后来，他得到一个善使百斤重铁锥的力士。他们在秦始皇东巡的路上潜伏下来。当车队浩浩荡荡而来的时候，他们自上而下猛击秦始皇车驾，谁知仅击中了随从的车辆。秦始皇惊恐万状，下令索求刺客。就这样，张良逃亡到了下邳这个地方。藏身之后，他闲来无事，就到处游逛。一天，他来到下邳圯（圯，指桥）上，迎面遇到一位老丈。奇怪的是，当两人会面时，老丈却故意把自己的一只鞋子掉到桥下，并对张良说，小子，去把鞋给我捡回来。张良愕然，觉得老丈欺侮自己，想要挥拳教训老丈。继而又念及对方年老，做事乖戾也属自然，就强忍怒气，下桥去把鞋子捡了回来。没想到鞋子捡回来之后，老丈却说一句，给我穿上。张良想，既然已经捡回了鞋子，替他穿上也不费太大事，就跪在地上为老丈穿上了鞋。老丈坦然地接受了这一切，完事之后大笑而去。不久，老丈复返回来，对张良说，孺子可教，五天后平明时分，和我在此相见。张良有些匪夷所思，但又隐约觉得这是个异人，便疑惑不解地答应了。五日后平明，张良如约来到圯上，发现老丈已先他而到。老丈一见张良，就呵斥道，和老人相约，怎么能迟到呢？你去吧，五日后再见。五日后张良赶了个大早，听见鸡鸣就起床赶往圯上。谁知还是来迟了，又被老丈训斥了一顿，仍然约至五日之后。这一次，张良索性半夜就起来了。没想到这也不算太早，过了一会儿，老丈也到了。老丈见到张良，高兴地说，年轻人就应当这样。他随即掏出一书，说道："读此则为王者师矣。后十年兴，十三年孺子见我济北，谷城山下黄石即我矣。"(《史记·留侯世家》) 说完，倏忽不见，端的是个异人。黄石公所授书是《太公兵法》，相传为姜太公所著。张良得书以后，日夜研读，熟习太公谋略。他以后为刘邦运筹帷幄的经邦济世之术均由此书而来。这段故事，也许是民间传说，也许是张良的后人杜撰，然张良是奇人，理应有这样的奇遇。司马迁也是道听途说，但用到张良身上却再合适不过。

"君子病没世而名不称焉。"秦末乱世，能人异士分为两途。一部分人，如郦食其、陆贾、刘敬、叔孙通、蒯通、武涉之类，以乱世为英雄用武之时，竭尽所能，显露才华，趋势逐名，以期博得封侯拜将及公卿之任。一部分人志节高蹈不合时俗，索性追随伯夷、叔齐隐居起来，如鲁仲连、黄石公、商山四皓。有些人是真隐居，有些人是假隔世，时不时出来指点江山，怕被人遗忘。也有人惋惜其术不传，便挑选可造之才加以授受，使之能够继承下来。黄石公大概就属此类。无论古今，这种人时隐时现，不绝如缕，总能在历史关键时刻影响时世发展。他们的出现也总是影影绰绰，为后人留下种种遐想。

张良跪履，源于他的克制能忍，也源于他的忠诚守信，二者应当是黄石公愿意授书的主要原因。可以说，张良自己成就了自己。

大凡能受辱的人都有非凡的器量，也都能成就非凡的事业。能行常人所不能行之事，能受常人所不堪之辱，也就非常人所与伦比。司马迁说："古者富贵而名摩灭，不可胜记，唯倜傥非常之人称焉。盖文王拘而演《周易》；仲尼厄而作《春秋》；屈原放逐，乃赋《离骚》；左丘失明，厥有《国语》；孙子膑脚，《兵法》修列；不韦迁蜀，世传《吕览》；韩非囚秦，《说难》《孤愤》；《诗》

三百篇，大底圣贤发愤之所为作也。”(《史记·报任安书》) 司马迁所列举，均属名山事业，表明自己作《史记》的心志。但也说明了一个道理：水不激不扬，人不激不愤，没有经受地狱般的磨炼，就不会有太大的能为。世俗如我们，总以为自己所处的生活足够安逸，也就没有勇气去改变现状。很少有人想到自己过的是动物一样的生活，从而去寻求人的体面和尊严。韩信微时，穷到寄食漂母的地步，仍身佩刀剑，矢志不渝。淮阴少年很看不惯他这一套，当众欺辱，对韩信说，你要么像一个大丈夫一样将我刺死，要么从我胯下钻过，否则不能过去。韩信“孰视之，俯出跨下，蒲伏。一市人皆笑信，以为怯。”(《史记·淮阴侯列传》) 司马迁没有过多描述韩信“俯出跨下”的心理活动。但“孰视之”三个字代表了很多内容，可以想见，韩信在短暂的对视中，经历了多么剧烈的心理冲突。面对常人难以克制的挑战、激愤和冲动，韩信终于战胜了自己。他之示弱，是不愿与斗筲之徒争胜，表面上的怯懦，正足以显示他胸怀大志。以天下为己任，这是淮阴少年无论如何也无法想象的。

一般人在事业起步时，为着理想和抱负甘愿忍辱，固属难能可贵，但功成名就、地位显贵之后仍然能够如此，就属凤毛麟角了。汉文帝时，廷尉张释之以敢直言深得文帝宠信，但他办事经常忤逆汉文帝的意志。张释之最初不过是汉文帝身边的谒者仆射，一路被提拔为公车令、中大夫，最后竟拜为廷尉。说来也奇怪，他每顶撞汉文帝一次，职位就擢升一级。即使做了廷尉，张释之旧习依然不改。一次汉文帝出行通过渭桥时，有一个人猛然从桥下跑出，使舆马受惊，汉文帝也被吓了一跳。侍卫骑率把这人抓住以后，移交廷尉处治。因为事关惊驾，张释之亲自审问案情。犯人交代：当时他听说天子将要从此经过，慌忙得躲到桥下。过了很长时间，自以为銮舆已经走远，就从桥下出来。恰巧碰见车驾骑从，吓得慌不择路掉头逃窜，谁知惊了圣驾。张释之详细了解情况后，认为他所说属实，遂据此定谳，并向汉文帝汇报了审理情况：认为那个人罪涉犯跸，应处以罚金。汉文帝听后，不高兴地说，这个人惊了舆马，幸亏此马性情温顺，否则还不知道要闹出什么乱子。似这般大罪，你却只罚金了事！张释之道："法者天子所与天下公共也。今法如此而更重之，是法不信于民也。"（《史记·张释之冯唐列传》，下同）据法而断，则人人畏法；因人而异，则法难取信于民。天子也应当与天下共法，不能厚此而薄彼。张释之侃侃而谈，一番大道理讲下来，汉文帝难以反驳，竟然未置一词。思考良久，汉文帝无可奈何地说，廷尉所言不错，就这么处理吧。

又有一次，有人偷了高庙座前的玉环，惊动了汉文帝。这在当时是一件大事。古人向来重视祭祀，所以祭祀活动每月都有安排，且带有浓重的君主色彩和政治色彩。除了祭天、祭地、祭山、祭水、祭诸神外，每逢国家有事，都要举行告庙仪式。这庙就是供奉先祖的所在。孔子幼时，唯一喜欢的游戏，就是摆弄俎豆一类礼器，模仿学习礼仪程式，可见其影响之深。儒家重礼仪，视之如生命。《礼记》就是由孔子后学总结而来，它明确了儒家的道德规范和行为准则。祭祀活动便是其中重要且不可或缺的一章。汉朝以孝治天下，对先祖更其虔敬，立庙以配享。尤其对开代的高祖敬奉如神，月享岁祭，祈求护佑。高庙，就是祭祀汉高祖刘邦的庙宇。现在有人竟然胆大妄为到敢偷高庙器物，汉文帝自然大动肝火。他下令大肆搜捕，务必要严惩犯庙者。不久，盗贼抓到了，交付廷尉狱治罪。张释之按照汉律有关条文，判处盗贼弃市，也就是公开执行死刑。判处结果报给汉文帝，文帝大怒，质问张释之：这个盗贼无道，竟敢偷先帝庙器，按其情节怎么也该株连九族，你却拘守法条，以弃市抵罪，这怎么对得起列祖列宗？震怒之下，张释之吓得免冠顿首谢罪。待汉文帝怒气稍释，他据理力争道，按照法律，这样处断就已经足够了。“今盗宗庙器而族之，有如万分之一，假令愚民取长陵一抔土，陛下何以加其法乎？”张释之善于以理服人，巧于取譬以类。他设问汉文帝，今天因为有人盗宗庙器而株连九族，万一再有人盗取高祖长陵一抔土，又该如何处治呢？这番话，问得汉文帝又一次张口结舌，无言以对了。

张释之就是这样一个能言善辩的人。他秉法办事，持正不苟，所以才有胆气逆鳞。也多亏汉文帝有长君之风，才容得下刚正不阿的张廷尉。经历了多次危险的张释之，深受汉文帝器重，在朝廷位尊名显。然而有一次，三公九卿朝会这日，汉文帝特地召请一位深通黄老之术的王先生前来议事。这在汉廷并不鲜见。自高祖起，汉家对隐士和名士都十分尊重，千方百计招致他们为朝廷出力。大家在外廷等待传唤时，王先生突然说了一句，我的鞋袜解开了。随后，他回头以命令的口吻对张释之说，替我系好鞋袜。公卿们都觉得诧异，张释之也莫名其妙，但他什么也没有问，跪下身恭恭敬敬地为王先生系好鞋袜。这样一件事在朝廷内外引起了轩然大波，有人私下对王先生说，你为什么要当众羞辱张廷尉？王先生回答，张廷尉是当今天下名臣，我倾慕已久，始终想为他做些什么，一直也没有机会。我之所以这样做，正是为了贬低自己，抬高廷尉的声望。此言一出，朝野上下都贤王先生而敬张廷尉。张释之甘于当众受辱，却在不经意间为自己博得了盛名。

诗曰：

为怜落寞具盘飧，
侠士由来解报恩。
衣绣成名还乡日[①]，
犹思漂母饭王孙[②]。

① "衣绣"句：项羽曰："富贵不归故乡，如衣绣夜行，谁知之者！"（《史记·项羽本纪》）

② "犹思"句：信钓于城下，诸母漂，有一母见信饥，饭信，竟漂数十日。信喜，谓漂母曰："吾必有以重报母。"母怒曰："大丈夫不能自食，吾哀王孙而进食，岂望报乎！"（《史记·淮阴侯列传》）

粮食问题

周书曰："农不出则乏其食，工不出则乏其事，商不出则三宝绝，虞[1]不出则财匮少。"(《史记·货殖列传》)至少在周朝，农、工、商各有分工，都属社会需要，还谈不到互相排斥。不知从什么时候起，农、商之间出现了矛盾，人们开始产生重农抑商的观念。这种情况应该产生于农业生产发展以后，温饱问题基本解决了，一部分人就从农田里解放出来，专门从事交换，在物物贸易中渔利。汉代民谚说："以贫求富，农不如工，工不如商，刺绣文不如倚市门。"商人不受力田之苦，却实现了快速致富，因而动摇了农业队伍，引起执政阶层的警惕。汉朝人对此十分警惕，他们的基本信条是："一夫不耕，或受之饥；一女不织，或受之寒。"(《史记·食货志》)汉朝提倡农耕，重视生产，这和汉初战乱频仍、百废待举的实际有关。把农业重视到一定程度，势必压制其他行业的发展。工是须臾不可离的。国家打仗，营造建设，河渠治理都需要它。唯商人对农业影响最大，逐末利而忘根本，必须有所限制。晁错甚至认为："夫珠玉金银，饥不可食，寒不可衣，然而众贵之者，以上用之故也。其为物轻微易臧，在于把握，可以周海内而亡饥寒之患。此令臣轻背其主，而民易去其乡，盗贼有所劝，亡逃者得轻资也。粟米布帛，生于地，长于时，聚于力，非可一日成也；数石之重，中人弗胜，不为奸邪所利，一日弗得而

---

①虞：指掌管山泽苑囿、田猎的官，也叫虞人。

饥寒至。是故明君贵五谷而贱金玉。”（《史记·论贵粟疏》）他强调：粟米布帛难于成长，不如珠玉金银之易得。重农则民安土，安土则不轻易为乱；重珠宝金玉则民轻农，逐其利而奸邪之心生。故他主张贵粟帛而轻宝货，以致排摈工商，视之为奸邪。汉高祖时，官府下令商人不能乘车，不得穿丝质的衣服。以后官府又命令市井子孙不得为官吏，彻底切断了商人与政治上的联系，从此商人绝难进入上层社会。今天看来，古人似乎犯了一根筋的毛病，不懂得搞活经济。但在当时，粮食确乎关系国家安危盛衰。

周天子实行井田制。按照孟子等人的解释，分天下田为阡陌，庶民除了耕种私田，还要照料王田。周王为了表示重视民生，每年四季都要举行四种仪式，即春蒐、夏苗、秋狝、冬狩。这后来成为各代皇帝的定例。春天万物生长，天子还要藉田，表示自己亲种王田——只不过是做做样子，但这个样子非做不可。自鲁宣公实行“初税亩”制度以后，晋、齐等诸侯国纷纷效仿。秦朝除赋税外，又增加了力役一项——修阿房宫、骊山都是力役干的。还有戍卒，发闾左之民以卫边，蒙恬修长城发三十万人，陈胜、吴广等也都属于戍卒。到了汉朝，赋、税、役的制度基本确定。汉文帝为了爱惜民力，宽徭薄赋，十五税一，比古制十税一已有了进步。景帝时更是三十税一，国家得以休息，老百姓安居乐业。实际上，这正是统治者所要达到的目的：老百姓勤于田土，则人心思安，不会起来反抗；一旦受到横征暴敛，依靠农耕并不能活命，就会产生异心。重农轻商也出于这种考虑。如果社会上普遍出现农不如商的情况，很多人就会弃农从商，或者变为流民。这对社会稳定会构成威胁，动摇统治基础，这是一方面。另一方面，巩固政权需要时刻防备外部侵略。打仗需要武器，需要士兵，更需要粮食储备，国家没有积蓄就很可怕。所以晁错说，重农轻商可以达到三个目的：一曰主用足，二曰民赋少，三曰劝农功，这才是“王者大用，政之本务”。贾谊说得更明白：“夫积贮者，天下之大命也。苟粟多而财有余，何为而不成？以攻则取，以守则固，以战则胜。怀敌附远，何招而不至？今驱民而归之农，皆著于本，使天下各食其力，末技游食之民转而缘南亩，则畜积足而人乐其所矣。可以为富安天下……”（《汉书·食货志》）

春秋战国时期，很多战争都和粮食有关，粮食问题也见证了各诸侯国的外交及盛衰。

晋惠公四年（前647年），晋国饥荒，求助于秦国。秦缪公征求大夫百里奚的意见，百里奚表示：“天灾流行，国家代有，救灾恤邻，国之道也。与之。”（《史记·晋世家》，下同）他主张国君首先应该是仁君，扶危济困理所当然。但另一个叫邳豹的大臣却认为，应该趁机讨伐晋君。邳豹原是晋人，因政治避难来到秦国，自然对晋君有刻骨仇恨。当时的晋国适值内乱，政治不稳，且晋惠公上台以后，弑杀大臣，国人不附，现在又发生饥荒——天灾人祸集于一国。秦国完全有把握乘人之危，一击而胜。然秦缪公打算做一个仁君，所以赞成百里奚的意见，“其君是恶，其民何罪”，痛快地同意赈济晋国。

恰好第二年，秦国也发生了饥荒，自然而然想到向晋国求助。晋惠公一时想不到如何拒绝，就召集臣子会议。大夫庆郑不假思索地说：“晋饥而秦贷我，今秦饥请籴，与之何疑？而谋之！”按照礼尚往来的道理，庆郑认为也应该答应秦国的要求，用不着再讨论什么。但晋惠公的舅舅虢射却认为，这正是天赐给晋国讨伐秦国的机会，丧失掉实在可惜。他的道理是：“往年天以晋赐秦，秦弗知取而贷我。今天以秦赐晋，晋其可以逆天乎？遂伐之。”此简直不啻于是强盗逻辑、小人勾当，乘人之危，落井下石。偏偏晋惠公正有此意，就发兵伐秦。秦人大怒，出兵迎战。二军相会于韩原（今陕西韩城）。结果晋军大败，连晋惠公也被掳走。

战国末年，秦国攻打赵国，赵国征发全国兵力应对，但苦于粮食不足，向盟国齐国求助。齐王建此时心存侥幸，既想让赵国独立抵挡秦军，又害怕与秦为仇，便没有答应资助。齐国一个叫周子的大臣进言道："不如听之以退秦兵，不听则秦兵不却，是秦之计中而齐楚之计过也。且赵之于齐楚，扞蔽也，犹齿之有唇也，唇亡则齿寒。今日亡赵，明日患及齐楚。且救赵之务，宜若奉漏瓮沃焦釜也。夫救赵，高义也；却秦兵，显名也。义救亡国，威却强秦之兵，不务为此而务爱粟，为国计者过矣。"（《史记·田敬仲完世家》）认为赵国是齐国的屏障，两国唇齿相依，利害攸关，助赵是为了救齐，而且这是正义的事业，没有理由不这么做。但此时齐王已被秦军的声势吓破了胆，首鼠两端，始终没有支援赵国粮食。赵军全军覆没。齐国丧失了屏障，很快变成秦军的俎肉。

晋国内乱，范氏、中行氏叛晋。晋国竭尽力量攻打，范氏、中行氏有些支持不住。更要命的是，士兵的粮食供给不足。万般无奈之下，他们只好向远方盟友齐国寻求救援。事属巧合，此时田氏执掌齐国国政，不愿看到同党被灭，劝说齐景公伸援手救亡。齐景公不得已答应，派田乞率军队押送粮食，赴晋援助。这说明诸侯间常有借贷，重臣之间也互相勾结，树党自重。

战乱之际，粮食扮演的不是和平使者的角色，而往往成为战争的原因和战争的手段。

司马迁作《平准书》《货殖列传》，记载了汉初经济、税赋、货币，以及方国山川池泽之利、河渠通货之便，开史书先河。班固继起，作《食货志》，把这一课题做得更为深入，这源于他眼光独识。清人章学诚说："迁史不可为定法，固因迁之体，而为一成之义例，遂为后世不祧之宗焉。"兹后，"食货志"就成为史书必备的内容，和"天文志""律历志""礼乐志""刑法志""沟洫志"等一起被后代继承。志书与传书相比，志书最为难修。所以，是否具备志书就成为史书是否完备的主要标志。

诗曰：

河梁为险决胜机，
黍麦丰亏关社稷。
阡陌事同耕郡县，
虽吾貌瘦天下肥[①]。

① “虽吾貌”句：上或宫中宴乐及后苑游猎，小有过差，辄谓左右曰：“韩休知否？”言终，谏疏已至。上尝临镜，默然不乐，左右曰：“韩休为相，陛下殊瘦，何不逐之？”上叹曰：“吾貌虽瘦，天下必肥。”（《资治通鉴·唐纪·玄宗》）

布衣之怒

《战国策》载：秦王欲得魏安陵君封地安陵，安陵君不与，秦王告诉唐雎，唐雎不以为然。秦王怒，谓唐雎："公亦尝闻天子之怒乎？"唐雎说："未闻"。秦王说："天子之怒，伏尸百万，流血千里。"（《战国策·魏策》，下同）唐雎没有被吓住，反问秦王："大王尝闻布衣之怒乎？"秦王轻蔑地回答："布衣之怒，亦免冠徒跣，以头抢地耳。"唐雎针锋相对道："此庸夫之怒也，非士之怒也。夫专诸之刺王僚也，彗星袭月；聂政之刺韩傀也，白虹贯日；要离之刺庆忌也，苍鹰击于殿上。此三子者，皆布衣之士也，怀怒未发，休祲降于天，与臣而将四矣。若士必怒，伏尸二人，流血五步，天下缟素，今日是也。"意思是：布衣之怒义盖云天，如专诸刺王僚、聂政刺韩傀、要离刺庆忌一样，俱视死如归，如果不信，我今天就是第四个。唐雎遂挺剑而前，秦王色挠，长跪而谢。

孟子曰："天下有道，小德役大德，小贤役大贤；天下无道，小役大，弱役强。"（《孟子·离娄上》）春秋战国，诸侯侵伐，强凌弱，大役小，弱国外交往往受人左右和愚弄。但也有不然者，一些士子面对屈辱，凭借浩然之气，置生死于度外，挺身而出，以理屈之，以节服之，以身许之，使强者威服，不再有非分之念，弱国利益和尊严得以维持。古人把这种精神叫匪躬之节。

齐桓公伐鲁，鲁军败，鲁庄公割地求和，两国会盟。鲁国败军之将曹沫不忍其辱，执匕首劫齐桓公，桓公左右无人敢前。齐桓公问曹沫要干什么。曹沫说："齐强鲁弱，而大国侵鲁亦甚矣。

今鲁城坏即压齐境，君其图之。”（《史记·刺客列传》）言外之意是：齐强而鲁弱，虽然你侵夺了鲁国城池，但鲁国城墙一旦垮塌就和齐境相连，你难道不怕鲁人收复失地吗？你还能安枕无忧吗？齐桓公不得已，答应归还所侵鲁城。曹沫这才扔掉匕首，放了齐桓公。鲁国在战场上失去的城池，又被曹沫夺了回来。

蔺相如原是赵国大夫的家臣，因为完璧归赵得封为上大夫。其时，秦伐赵得胜，邀请赵于渑池会盟，这无疑是一次极不对等的外交。赵王不得已赴盟，蔺相如随从。会见后，两国君主饮宴为欢。秦王因为得意，酒后就有些飘飘然，提出要赵王奏乐助兴。赵王鼓瑟后，秦史官当即记载下来，并且当众宣读：“某年月日，秦王与赵王会饮，令赵王鼓瑟。”（《史记·廉颇蔺相如列传》，下同）秦王此举，对赵君是极大的侮辱，因为乐舞之事本是俳优的职业，比较低贱。蔺相如坐不住了，他上前抗礼，要求秦王击盆缶娱乐。盆缶是一种瓦制的乐器，打击后能发出悦耳的声响。秦王不肯，蔺相如又进前跪请，秦王仍然没有答应，蔺相如情急之下威胁道：“五步之内，相如请得以颈血溅大王矣！”表示要与秦王同归于尽。秦王不得已，勉强击了一下。蔺相如也让赵史官记录：“某年月日，秦王为赵王击瓴（缶）。”这为赵国争取了些许尊严。秦国群臣看没有占到便宜，又提出：“请以赵十五城为秦王寿”。蔺相如针锋相对：“请以秦之咸阳为赵王寿”。这一次秦赵会盟，因为蔺相如的力争，秦国折辱赵国的意图没有得逞。

赵国因长期处于战争状态，培养了很多刚烈的死士。长平之役后，赵国元气消耗殆尽，秦军长驱直入，攻到了赵国都城邯郸。赵王派公子平原君赵胜求救于楚。平原君门下养了很多食客，其中就有一个叫毛遂的人自荐前往。平原君到了楚国后，与楚王晓以利害，陈述救赵的必要性，但两个人从早上日出一直谈到下午也没有谈妥。毛遂按捺不住，冒昧地冲了进去，对平原君说：合纵抗秦的利害，两句话就说清了，何至于费半天时间！没等平原君说话，楚王急了：你是什么人，我与你的主人说话，哪有你插嘴的地方，赶紧退出去！毛遂不仅未被吓倒，反而拔剑而前道："王之所以叱遂者，以楚国之众也。今十步之内，王不得恃楚国之众也，王之命县于遂手。吾君在前，叱者何也？"（《史记·平原君虞卿列传》，下同）他斥责楚王道：你之所以敢这样呵斥别人，还不是仗着贵国人多势众，此时此地，人多又有什么用呢？你的性命掌握在我手里，别在我主人面前抖你的威风了。这个楚王和齐王、秦王一样，吃硬不吃软，倒也被毛遂震慑住了。"唯唯，诚若先生之言，谨奉社稷而以从。"随即歃血为盟，出兵救赵。

曹沫、蔺相如、毛遂以布衣之怒，凌折人君，气概号称威武不能屈。春秋战国间，士大夫以气节相尚，轻生死，重使命，所以才有泰山、鸿毛之论，舍生取义之举。继承民族传统，不只要秉承文化，更要血食以祧，传承我们民族古已有之的那种义不避死的傲然风骨。没有这种刚烈，没有这种血性，要步入世界强国之林，恐终有软骨症之嫌。

诗曰：

布衣之怒傲王侯，
义不独生鬼见愁。
今日洒得颈上血，
引刀一快少年头。

将在外，君命有所不受

“将在外，君命有所不受”这句话，如今人人耳熟能详，已经成为日常生活中的习惯用语。春秋战国时，诸侯国常年处于战争状态，攻伐守备，军队对于国家而言，存亡系之。国家对于大将，尤其是能打胜仗的名将，十分倚重。在军队内部，将军一言而九鼎，保证了他们能按照自己的意志训练军队，而君王一般也干预较少。在这样的主客观条件下，涌现了一批名将，他们对战争的把握及在战争中形成的宝贵经验，为后代留下了丰富的遗产。

司马穰苴是齐国大将，齐景公任其为将军，命他阻击燕、晋联军。司马穰苴因为首次领兵外出，建议齐景公派一个监军。齐景公就答应了，派他的宠臣庄贾随军。这表明监军制度很早就有，它对于君主控制军队、遏制大将有一定作用。监军的人选一般是宗室、外戚或宠臣。到唐朝时监军制度大坏，一般情况下都会委派宦官监军。这些宦官对于征战之事一无所知，喜欢指手画脚，干预作战计划，最为偾事。胜利了，他头一个领功；失败了，他头一个逃跑，而且恶人先告状。所以，大将对这些宦官都耿耿于怀。

庄贾就是这样一个监军。部队要出发了，司马穰苴和庄贾相约第二天午时会于军门。是时，司马穰苴按时来到，庄贾却迟迟不见。司马穰苴就让人用沙漏计时，另一边命人整束军队，随时准备出发。傍晚时分，庄贾才姗姗到来。问他为什么迟到，庄贾解释：因为送行的人太多，忙于应酬，所以来晚了。司马将军疾言厉色地说：“将受命之日则忘其家，临军约束则忘其亲，援枹鼓之急则忘其身。今敌国深侵，邦内骚动，士卒暴露于境，君寝不安席，食不甘味，百姓之命皆悬于君，何谓相送乎！”（《史记·司马穰苴列传》，下同）他说：身为将领，在受命那一刻起，应该忘家；军中宣布了号令之后，应该忘亲；战鼓擂响，则应该忘身。现在敌军深入国境，国内民心骚动，士卒在战场上暴露，君王忧心忡忡，睡不安吃不好，百姓生命维系在你身上，你怎么还有闲心和亲朋送别？指责一番之后，将军又招来主持军纪的军正问道：按军法迟到者应该如何处分？军正说：当斩。庄贾一听就慌了，赶忙吩咐随从去向齐景公求救，但是救兵还没有搬来，司马将军就把庄贾按律行刑了。庄贾一死，三军震惊，对军纪耸然起敬。过了一会儿，齐景公的赦免令才到，使者驱车直奔军营。司马穰苴知道来者何为，就对部下说：“将在军，君令有所不受。”他没有理会使者，却问军正官：冲撞军营按律罪何？军正官回答：当斩。这下轮到使者害怕了。司马穰苴并没有杀他，因为使者代表君王，杀之不敬，但也不能违背军纪，就把使者的随人杀了，砍掉了车厢外的立木，还杀了一匹马，以示警戒。然后打发使者回去报告齐景公，齐景公对此却也无可奈何。君王之命有所不受的齐军，在司马穰苴的训练下，在铁的纪律约束下，变成了一支勇武之师。

写了《孙子兵法》的孙武，被吴王阖庐任用。吴王阖庐读了孙武的十三篇兵论，十分赏识，但对他率兵作战的能力抱有疑虑。他对孙子说：你能否在妇人中小试一下你的军事才干？吴王把他后宫的一百八十个美女交给孙子训练。孙子把这些人分为两队，并指派吴王的两个宠姬作为队长。武器分发下去后，列队训练就开始了。刚开始是练操，练习向左看、向右看、向后转之类简单的动作。操令交代完毕，孙子命令以击鼓为号，指挥动作。鼓响之后，这些美女们觉得好奇，笑得前仰后合，一点儿不像士卒的样子。孙子没有追究，又把动作要领讲了数遍。重新击鼓，美女们又被惹得嬉笑起来。孙子这时就说："约束不明，申令不熟，将之罪也；既已明而不如法者，吏士之罪也。"（《史记·孙子吴起列传》，下同）意思是：纪律不明是将军的责任，三令五申而不执行则是队长的过错，他决定要斩两个队长。整个过程中，吴王一直在台上观看，他也和美女们一样感到新鲜好玩儿，并没有真当一回事。见此情景，他急忙派人阻止孙子。吴王说："寡人已知将军能用兵矣。寡人非此二姬，食不甘味，愿勿斩也。"吴王把美女看得比军令更为重要。孙子却不儿戏，也许这件事本身也让他觉得受辱。他回答道："臣既已受命为将，将在军，君命有所不受。"当即命令把两个宠姬军法处置。之后，他又重新指派了两个队长，接着训练。美女们看到孙子的军纪如此无情，都收起了笑容，严格按指挥行动，没有一点儿差错。课操结束后，孙子报告吴王，现在，这支军队可以使用了，就是让她们赴汤蹈火也无所畏惧。吴王阖庐这才相信孙子具备真才实学，于是放心地让他用兵征战了。在孙子这里，君命有所不受成了他的绝情杀手锏。

汉文帝时，匈奴大举压境，朝野震惊，派三路大军镇守关隘重镇。周亚夫率领一路驻扎细柳，防守京畿之地，称为细柳营。一天，汉文帝慰劳军队，亲自到了细柳营，没想到在军门外被挡住。负责打前站的人告诉军门都尉：天子驾到。都尉却冷冰冰地说："将军令曰'军中闻将军令，不闻天子之诏'。"（《史记·绛侯周勃世家》，下同）这无疑是说，军中只知有将军，不知有皇帝。没奈何，汉文帝只好派人奉节下诏，公事公办。周亚夫这才下令打开营门。皇帝车队进去之后，军吏又大声告诫："将军约，军中不得驱驰。"汉文帝的车队只好按辔徐行，小心前进。在这个军营里，周亚夫拥有至高无上的权威，连皇帝都须按律从事，不能例外。好不容易到了营中，见到周亚夫，周亚夫手持兵器，没有如常行叩拜礼，只向皇帝行军礼。他解释说："介胄之士不拜，请以军礼见。"细柳营之行，汉文帝看到了一支纪律整肃的军队。他不但没有生气，反而为之动容，不禁叹道："嗟乎，此真将军矣！"他对周亚夫敬信有加,同时也对有这样的将军保卫江山社稷平添了信心。

汉武帝常说："毋食马肝，未为不知味也。"齐景公、吴王阖庐、汉文帝通过观军，看到了真正的大将风度，也看到了一支勇往直前的铁军；而司马穰苴、孙武、周亚夫不愧是古代名将，他们治军有方，军纪严明，也因此，他们训练的军队具有超常的战斗力。"将在外，君命有所不受"。此语铿锵有力、斩钉截铁，透出坚毅果敢的胆魄和气势。这句话，足以令人肃然起敬。古今通例，凡成就丰功伟绩者，大都不按常理办事，置私情于不顾，有坚定的意志和非凡的毅力。而那些唯命是从、毕恭毕敬、尸位素餐者，又怎能望其项背！

诗曰：

塞外烽燧枯骨寒，
古来征战几人还。
养兵千日军前用，
鼙鼓三声动地连。

英雄悲歌

“屈原至于江滨，被发行吟泽畔。颜色憔悴，形容枯槁。渔父见而问之曰：‘子非三闾大夫欤？何故而至此？’屈原曰：‘举世混浊而我独清，众人皆醉而我独醒，是以见放。’渔父曰：‘夫圣人者，不凝滞于物，而能与世推移。举世混浊，何不随其流而扬其波？众人皆醉，何不餔其糟而啜其醨？何故怀瑾握瑜而自令见放为？’屈原曰：‘吾闻之，新沐者必弹冠，新浴者必振衣，人又谁能以身之察察，受物之汶汶者乎！宁赴常流而葬乎江鱼腹中耳，又安能以皓皓之白而蒙世俗之温蠖乎！’

“乃作《怀沙》之赋。

“于是怀石遂自沉汨罗以死。”(《史记·屈原贾生列传》，下同)

这是司马迁在《史记·屈原贾生列传》中关于屈原投江的描写。司马迁用他力透纸背的笔力，涂抹出浓重的悲情色彩，对屈原的命运发出深沉的叹息、哀伤的语言，散发出极大的感染力。司马迁在《太史公曰》中这样写道：“余读《离骚》《天问》《招魂》《哀郢》，悲其志。适长沙，观屈原所自沉渊，未尝不垂涕，想见其为人。”司马迁被屈原感动，被屈原的辞赋、被屈原的身世遭遇感动，写出了这样一篇声情并茂的文章。一个史学家被传主感动，在以后的史书中绝少见到。

垂情于传主的情况在《史记》中并不鲜见。在传述季札、箕子、微子、伯夷、叔齐、孔子这些古圣贤的文字中，我们都可以看到其中的情感色彩。纵使对项羽、荆轲这些失败的英雄，司马迁也不惜笔墨，大肆烘托他们英雄赴死的悲壮。大丈夫气节、仁人志士的英雄情怀是《史记》的正气所在，也是《史记》历久弥新的魅力所在。唐代的古文运动、明末的复古运动，无一不把源头追溯到《史记》这里。他们追寻的正是《史记》所具有的《诗经》一般的古风。《史记》中鼓荡着的悲壮旋律响震于千古艺林。

一

项羽的一生充满悲剧色彩。作为英雄，他开辟了一个庶民时代，也成就了刘邦这样一个草莽帝王。项羽这个标志性人物，不啻是一个分水岭，意味着上古史的结束，历史进入了一个新纪元。这样一个传奇英雄，和他曾经有过的肉割天下的辉煌，最后都如流星一样灰飞烟灭了。也许，历史赋予他的使命，一如陈胜、吴广的一样，只具有象征意义。但是，没有他们的铺垫，就不可能产生汉帝国。秦王朝试图推翻“三皇五帝”的旧制但没有成功，恰好通过项羽、刘邦们的反动而实现了。历史如此严酷而有趣。明白这点，就会知道王莽的新朝改革为什么注定会失败。

项羽曾经拥有的优势是其他人都无法比拟的。从政治层面讲，他拥立楚怀王，以复楚为号，檄文天下，使各地豪强都汇聚在自己旗下。这种政治势力是包括刘邦在内的任何人都无法望其项背的。历史上，楚国曾经有一个楚怀王，就是屈原做卿大夫辅佐的那个楚怀王。这个楚王昏聩、懦弱，没有主见，周围又有上官大夫、靳尚之类一批佞臣，面对强秦的软硬兼施，他手足无措，步步陷于被动。最后楚王竟被秦襄王作为人质扣留，幽死于咸阳。楚人受此奇耻大辱，立誓“楚虽三户，亡秦必楚”（《史记·项羽本纪》）。项氏叔侄利用楚人这种心理，重新拥立楚王，以复仇为志，三楚之人尽为其用。各路豪杰中，以实力论，项氏最强，加之又有楚王的旗帜，诸路豪强都心悦诚服地听从其号令。这种情况一直维持到秦被推翻。进入咸阳后，大家又拥戴怀王为义帝，听从义帝分封后，便各自高高兴兴回国就封。这是项羽起事以来事业的顶峰，也是他一生的转折点。恰在这时，项羽政治上的局限性暴露出来了。他急于做王，觉得义帝是一个障碍，什么都没有考虑成熟，什么条件都不具备，就把义帝匆忙迁徙到长沙，也可以说是流放。仅于此也就罢了，他随即又命人把义帝杀掉。如此，项羽身上仅有的政治符号便不存在了。义帝一死，意味着大家地位平等，想做天子的就不只项羽一个了。听到消息，反应最强烈的莫过于刘邦。“汉王闻之，袒而大哭。遂为义帝发丧，临三日。发使者告诸侯曰：‘天下共立义帝，北面事之。今项羽放杀义帝于江南，大逆无道。寡人亲为发丧，诸侯皆缟素。悉发关内兵，收三河士，南浮江汉以下，愿从诸侯王击楚之杀义帝者。’”（《史记·高祖本纪》）刘邦的表现过于矫情。袒而大哭是古礼，临君父丧方具其礼，而且临丧三日，过程庄严而隆重。做这一切的目的就是为了那篇告诸侯书。这篇檄文不简单，它意味着至少在道德层面上，刘邦从此成为各路诸侯新的“牧羊人”。项羽和刘邦的这个老故事，后来又被曹操和刘备分别串演。曹操挟天子以令诸侯，刘备一直无话可说。但汉献帝一死，刘备马上披麻戴孝，号令人们共讨天下之贼。

项羽政治上的短视使他声名扫地，以至于无法承担政治领袖的责任。本来楚怀王由王而帝，已经被推到了神圣的宝座，与义帝同呼吸共命运的项王自然拥有不二法权。可惜他连摄政王都不耐烦做！缺乏政治远见，制约着项羽的前途。王霸争夺战中，项羽左讨右杀，南征北伐，却始终没有建立一个像样的根据地。有人建议他盘踞关中，夺取天下，他却舍不得故乡，时刻想着东归。“富贵不归故乡，如衣绣夜行，谁知之者！”（《史记·项羽本纪》，下同）与刘邦咸阳之争，他轻易就吓跑了刘邦。这本来是一个好机会，他却不加珍惜，弃之如敝屣。刘邦走了，去做汉王，他也就走了。东向击齐，打来打去，没有目的。

项羽在军事上的才能则优于他的政治才能。他的这种才能在少年时期就表现出来。“项籍少时，学书不成，去，学剑，又不成。项梁怒之。籍曰：‘书，足以记名姓而已。剑，一人敌，不足学，学万人敌。’于是项梁乃教籍兵法，籍大喜，略知其意，又不肯竟学。”学万人敌是抱负，也是器识。项羽如此自负，既表明他有雄才大略，也暴露出他性格上的缺陷。至如“又不肯竟学”，似乎预示着他做事虎头蛇尾。后人评价项羽徒具“匹夫之勇”，却也有失公允。

巨鹿之战是项羽军事上的杰作，充分展示了他的果敢勇武。秦朝大将章邯打败了骄傲的楚军，项梁在定陶之战中阵亡。秦军又以凌厉之势击赵，赵王歇顶不住，逃到巨鹿城，秦军就把巨鹿包围起来。楚怀王命令诸军解巨鹿之围，以宋义为上将军，号“卿子冠军”，项羽为副。大军行至安阳（今山东曹县），宋义吩咐安营扎寨，停留四十六天不进。项羽质问，宋义高傲地回答：“今秦攻赵，战胜则兵疲，我承其敝；不胜，则我引兵鼓行而西，必举秦矣。故不如先斗秦、赵。夫被坚执锐，义不如公；坐运筹策，公不如义。”宋义指挥打仗的能力有点像那个纸上谈兵的赵括。楚王让他救赵，他却想坐山观虎斗，让秦、赵两军先打，待秦军实力消耗，锋芒受挫，再迎头痛击，这叫“承其敝”。他压根儿不去想秦、赵两军实力悬殊，赵军能不能够撑持。当时天寒地冻，士卒冻饥，宋义却在军营饮酒高会，夸夸其谈。这下惹怒了项羽，他愤而斩杀了宋义，引军渡漳河，救巨鹿。经过九战，打败秦军，俘虏了章邯大将王离。当时，随从救赵的十几路义军，因为恐惧秦军，都作壁上观。战斗结束，“项羽召见诸侯将，入辕门，无不膝行而前，莫敢仰视。项羽由是始为诸侯上将军，诸侯皆属焉。”战斗中，义军看到了楚军的实力，而项羽的地位空前提高。巨鹿之战，是一场决定性战斗。自此，秦朝再无法组织起一支有效的力量。

巨鹿之围解，项羽一鼓作气直指章邯大军，以破竹之势再败秦军。恰此时，秦二世听信赵高谗言，指责章邯战阵不利。章邯恐惧，害怕像白起、蒙恬一样被诛，加之军粮不济，就率军投诚。这是一支可观的力量，项羽倘若运用得当，争锋天下，哪里有刘邦的余地？可惜项羽担心秦军不安、不服，就把二十万秦军悉数坑杀。在先秦史中，大规模坑杀士卒的惨事发生了两起，项羽是一次，另一次发生在战国末期，秦将白起击败赵括，坑杀赵军四十万人，残酷至极。彼役之后，秦国以残暴闻名天下。白起自己也付出了代价，他因为触怒了秦王，秦王赐剑使自杀。死前白起忏悔道：“我固当死。长平之战，赵卒降者数十万人，我诈而尽坑之，是足以死。”（《史记·白起王翦列传》）他说这是自己的报应。而项羽步白起后尘，从此他的队伍再也不会被称作“仁义之师”了。

残忍好杀是项羽的一贯作风。同样进入咸阳，刘邦则“使人约降子婴。子婴即系颈以组，白马素车，奉天子玺符，降轵道旁。沛公遂入咸阳。”（《史记·秦始皇本纪》，下同）赵高弑秦二世，继立者子婴，子婴族诛赵高，欲有所作为，无奈此时秦王朝大厦将倾，摇摇欲坠，正属《诗经》所谓“危而不持，颠而不扶”者。刘邦一旦攻入，子婴即刻投降，且奉上天子象征的玺符，以示传国与人。刘邦不愧是刘邦，既没有杀子婴，也没有冲进秦宫室抢掠，而是封府库而还军。这一做法，被后世遵循，遂成定式——凡江山易代，有见识的明主辄依此办理。一个月后，项羽也领军攻入咸阳，他的表现就大相径庭，“杀子婴及秦诸公子宗族。遂屠咸阳，烧其宫室，虏其子女，收其珍宝货财，诸侯共分之。”他们像一伙强盗，进城后杀人放火，大肆抢掠。秦朝地标性建筑阿房宫毁在项羽手里，子婴死在项羽刀下，咸阳这座著名帝都陷为白地。陈胜、吴广、刘邦、项羽起而抗秦，是因为秦残暴天下，而现在项羽如此行为，无异于以暴制暴，从此失去了人心。反观刘邦入关，首先"与父老约法三章耳：杀人者死，伤人，及盗抵罪"（《史记·高祖本纪》），又免除秦法，吏民安堵如故，秦人争持牛羊酒食以飨军士，唯恐沛公不做秦王。其中高下之分，岂可同日而语。

项羽以英勇善战闻名，却因为残酷不仁而失去民心。他把自己在政治、军事上的优势丧失殆尽，也就把为之奋斗的王位拱手送人了。

楚军所拥立的那个楚怀王也没起到好的作用。按道理，他应该支持项羽。但这个人并不傻，他看到项羽一军独大，时刻感到威胁，就想办法削弱楚军。对付章邯，他起用宋义为主将，而以项羽为副；项羽在正面作战，他又派刘邦分兵入咸阳，而且相约，先入咸阳者为王。这些安排使项羽很被动，感觉处处掣肘。王夫之说："怀王之不能终安于项氏，情亦见矣。救赵则命宋义，入关则命沛公，梁死羽孤，为偏裨于宋义旌牙之下，为怀王谋项者之计得矣，而抑无以服楚王之心。"（《读通鉴论》）后来项羽把楚怀王一脚踢开，也是烦透了他这一点。

除此之外，项羽自身有许多致命的缺陷，诸如多疑、颟顸、吝权等，使他的王霸事业每况愈下。当初追随他的各路诸侯，如英布、魏豹、彭越等，因为封赏不公，起而与他兵戎相向。善于征战的韩信、陈平、张耳等都弃他而去，连唯一的参谋，即他称为亚父的范增也被气走。项羽实实在在成了一个孤家寡人。

垓下之战是刘、项之间的生死决战。此前的历次战役，刘邦几乎无一取胜，每次都被项羽打得丢盔弃甲。范文澜先生说："刘项间大战七十次，小战四十次，刘邦屡战屡败，身受重伤十二次，最后垓下一战，取得全胜。"（《中国通史简编》修订本第二编）但这一次，刘邦胜利了，这唯一的一次胜利结束了历时五年的楚汉之争。

写到项羽失败关头，司马迁笔法顿时变得细腻。垓下之围，汉军四面皆楚歌，项王大惊，知道自己已经穷途末路。此时帐中陪伴将军的只有美人虞姬和他的战马，遂慷慨悲歌：“力拔山兮气盖世，时不利兮骓不逝。骓不逝兮可奈何，虞兮虞兮奈若何！”“歌数阕，美人和之。项王泣数行下，左右皆泣，莫能仰视。”（《史记·项羽本纪》，下同）项王悲歌，虞姬相和，部下垂泣，伴随远处隐隐传来的楚歌，项王军营笼罩在失败的气氛中。

接着，项羽纵骑突围，这最后一击虽于事无补，却是这位举世无双的英雄的漂亮谢场。当时项羽部从仅余二十八骑，他自度不能脱身，谓其骑曰：“吾起兵至今八岁矣，身七十余战，所当者破，所击者服，未尝败北，遂霸有天下。然今卒困于此，此天之亡我，非战之罪也。今日固决死，愿为诸君快战，必三胜之，为诸君溃围，斩将，刈旗，令诸君知天亡我，非战之罪也。”这是项羽对自己一生的总结。对曾经的辉煌，楚霸王不无自豪、得意；对失败，他归之为“天亡我，非战之罪也”。司马迁说他“身死东城，尚不觉寤，而不自责，过矣。”刚愎自用也好，死不悔改也好，唯其如此，才是项羽。面对汉军数重之围，项王毫不气馁，豪气顿生，他对部下说：“吾为公取彼一将。”“于是项王大呼驰下，汉军皆披靡，遂斩汉一将。是时，赤泉侯为骑将，追项王，项王瞋目而叱之，赤泉侯人马俱惊，辟易数里。与其骑会为三处。汉军不知项王所在，乃分军为三，复围之。项王乃驰，复斩汉一都尉，杀数十百人，复聚其骑，亡其两骑耳。”司马迁精彩传神之笔，展现了这位撼山英雄超凡的勇气和气度。经过一番厮杀，项王不无骄傲地问部下：“何如？”人们心悦诚服地回答：“如大王言。”

突围之后，项王杀到乌江边。渡过乌江，就到他的故乡楚地，汉军就鞭长莫及了。如果项羽是刘邦，失败之后积蓄力量，以图再举，胜败还要两说。可惜项羽太脆弱，无法承受失败。他苦笑着，对横舟以待的乌江亭长说：“天之亡我，我何渡为！且籍与江东子弟八千人渡江而西，今无一人还，纵江东父兄怜而王我，我何面目见之？纵彼不言，籍独不愧于心乎？”英雄气短，悲壮苍凉。好胜心、自尊心两强的项羽，自觉无颜以对江东父老，宁愿置自己于死地也不愿过江。实际上，即使渡江也于事无补，因为此时，楚地已被英布攻占，楚军后路已被切断。项羽把自己的坐骑托付于亭长：“吾知公长者。吾骑此马五岁，所当无敌，尝一日行千里，不忍杀之，以赐公。”英雄赐马，悽怆无奈。放弃了归路的项王，命令仅余的部从下马，与汉军短兵相接，他是决心玉石俱焚了。击杀数百汉兵，项羽身被十余创。当他看到汉军中有一个故人时，一刹那间，他放弃了鏖战，放弃了自己。项羽对故人说：“吾闻汉购我头千金，邑万户，吾为若德。”遂自刎而死。可怜项羽死后，大将王翳取其头，其他人争相哄抢项羽尸体，数十人火拼致死。最后有五个人各抢得一部分，这五个人都被汉王封侯。

项王死后，楚余地皆降汉，独鲁地坚守不屈，为其坚守死节。汉军持项羽头视鲁，鲁父兄乃降。至此，汉尽有其地。

司马迁曲尽其笔，详细描述了项羽从失败到自杀的全过程，也把他对这位千古英雄的敬意表达无遗。不以失败论英雄，自司马迁始。

二

吾常谓，《史记》可做小说读，非过言，乃切实感受也。《史记》中，关于刘邦、项羽事迹，苏秦、张仪事迹，孟尝、平原、信陵、春申四君子之事迹，韩信、李广事迹，蔺相如、伍子胥、范雎事迹，率皆如是，其情节生动、人物鲜明，不亚于精彩小说。列传是这样，纵观本纪、世家中小说故事也不少，如赵盾、重耳。

《刺客列传》也可作小说读。

“太史公曰”就《刺客列传》的由来说道：“始公孙季功、董生与夏无且游，具知其事，为余道之如是。”（《史记·刺客列传》）此列传乃口口相传而来，其中部分细节属作者虚构，不待争辩。

《刺客列传》的传主有五个人，即曹沫、专诸、豫让、聂政及荆轲。曹沫的事迹最简单。齐鲁之战，曹沫是鲁国将军，与齐三战三败。不得已，鲁庄公割地求和，齐鲁两国息兵会盟。在会盟仪式刚举行时，曹沫就以匕首要挟齐桓公，逼齐国退还所占鲁地。曹沫以此得名。实际上，春秋此类事很多，唐雎做过，蔺相如做过，平原君的门客毛遂也做过。秦围赵国邯郸，赵国国君派平原君求救于楚，谈了一上午，楚王也议而不决。毛遂近前质问，遭到楚王呵斥，毛遂不屈，按剑而前道：“王之所以叱遂者，以楚国之众也。今十步之内，王不得恃楚国之众也，王之命悬于遂手。”（《史记·平原君虞卿列传》，下同）还是老套路，以刀剑相要挟。君王们都怕死，楚王更甚，尤其欺软怕硬，马上就答应了毛遂的要求：“唯唯，诚若先生之言，谨奉社稷而以从。”毛遂逞一介之勇，与楚国缔结城下之盟，令平原君赵胜刮目相看。“胜不敢复相士。胜相士多者千人，寡者百数，自以为不失天下之士，今乃于毛先生而失之也。毛先生一至楚，而使赵重于九鼎大吕。毛先生以三寸之舌，强于百万之师。胜不敢复相士。”实际上，毛遂凭借的不只是三寸之舌，还有他手上的三尺之剑。

曹沫的身份是将军，还算不得专职的刺客，而专诸就有些职业刺客的样子了。情况是这样的，公子僚做了吴王之后，他的叔伯兄弟公子光极为不满，认为按父辈继承关系而论，怎么也该自己做王。想来想去，他就起了杀心，密谋夺取王位。恰好，由楚逃亡至吴的伍子胥看穿了公子光的心思，他也苦于无进身之阶，就向公子光推荐了刺客专诸。公子光就把刺杀公子僚的任务交给了专诸。专诸把匕首藏在鱼腹，再乔装打扮，将做好的鱼进献给王僚，伺机刺杀了王僚，而他也被王僚的左右杀死。公子光伏兵四起，夺取了王位。他就是春秋有名的吴王阖庐。

夺宫事件中，专诸是公子光的利器，匕首是专诸的利器。专诸刺杀了王僚，自己也被杀死，这就是刺客的归宿。即使他没有被王僚的手下杀死，也会被吴王阖庐杀死。刺客的生命与他的使命一起终结，这是一条规律。

因为过程很简单，专诸的刺客形象就显得模糊。《史记·刺客列传》继而又塑造了豫让、聂政、荆轲三个丰满的刺客形象。

豫让是晋国贵族智伯的门徒，智伯对豫让十分器重。六卿分晋的时候，赵襄子与韩姓、魏姓贵族合谋剪除智伯。成功后，晋国分裂成了韩、赵、魏三国。早先智伯最为强大，差一点就消灭了赵襄子，所以赵襄子对智伯痛恨至极。智伯被杀，他还意犹未慊，竟然拿智伯的头做了饮器。智伯败亡，豫让逃进深山，密谋复仇。他先后策划了两次行刺。一次是假扮刑人打入赵宫，为赵宫打扫厕所，打算在赵襄子如厕时伺机行刺。但赵襄子警惕性很强，发现豫让神色不对，就命令手下把豫让抓住搜身，果然就发现了匕首。赵襄子讯问豫让为什么这么干，豫让率直地回答：要为智伯报仇。赵襄子倒也大度，义而释之。

一次不行，豫让又计划第二次行刺，这一次他做了精心准备。为了不让赵襄子认出自己，他“漆身为厉，吞炭为哑”（《史记·刺客列传》，下同）。豫把自己整个外形都改变了：他以漆抹身使身体生疮，又吞炭使自己声音变得嘶哑。做完这一切，他就埋伏在一座桥下，打算在赵襄子经过的时候，打他一个迅雷不及。而赵襄子的第六感又一次救了他的命。当他乘车经过的时候，不知什么原因马受惊嘶鸣。赵襄子立刻判断，这一定又是豫让作怪，便派人搜索，果然就把豫让找了出来。赵襄子指责豫让，为什么没完没了跟自己过不去？豫让回答，我是个忠臣，所以必须尽忠。前次你能赦免我的罪行，说明你是个贤君，但我必须要做完承诺的事。最后他说，请借你的衣服一用，这事就了结了。赵襄子痛快地把衣服脱下来，交给豫让。豫让拔剑对着衣服刺了三次，说道，这样我就算对智伯有个交代了。之后，他就伏剑自杀了。

豫让不是一个普通刺客，他有自己的准则和信条。他说："士为知己者死，女为悦己者容。"智伯对他有知遇之恩，应当用生命来回报。他对朋友说："吾所为者极难耳！然所以为此者，将以愧天下后世之为人臣怀二心以事其君者也。"他复仇的目的不单是为了报恩，而是要倡导一种普世价值，他要为后世立义法，即豫让的忠义观、节烈观。孟子说："生，亦我所欲也；义，亦我所欲也。二者不可得兼，舍生而取义者也。"（《孟子·告子上·鱼我所欲也》）从这个意义上来说，豫让不只是一名刺客，更是一名义士，他的复仇殉难，更具有道德上的意义。

赵襄子曾问豫让，你曾经做过范氏和中行氏的下属，智伯后来杀了这两个人，你为什么不替这两个人复仇，而独替智伯复仇？豫让回答："臣事范、中行氏，范、中行氏皆众人遇我，我故众人报之。至于智伯，国士遇我，我故国士报之。"（《史记·刺客列传》，下同）意思是：范氏和中行氏以普通人的待遇对待我，我就用普通人的礼节回报他们；智伯把我当作国士，我就用国士之礼回报他。豫让追求的是做一个国士，自然要比一般刺客更高尚一些。

聂政的身份与上述之人相比要低很多。他是一个屠夫，以勇敢闻名，混迹于民间。他的刺客经历也不复杂。韩哀侯有两个重臣：一个是韩相侠累，一个是近臣严遂，这两个人因为争宠而势不两立。严遂竞争不过，怕有性命之忧，逃亡到齐国，寻求可以为自己报仇的人，就这样找到了聂政。聂政被严遂的诚义和金钱打动，慷慨赴义，刺杀了侠累，而自己也自杀身亡。

事件本身没有什么太大的意义，严遂寻仇于侠累，出于个人私怨，没有道义可讲。聂政为人购求而死于事，也不具备太大的社会价值。

耐人寻味的是整个事件的过程及整个过程中散发的悲情色彩。严遂为了收买人心，带了百镒黄金为聂政母亲祝寿。聂政惊怪其赠之厚，辞而不受。待知道事情原委之后，以奉母为由没有答应。“老母在，政身未敢以许人也。”严遂悻悻而去。过了很久，聂政母亲去世。服丧结束后，聂政主动找到了严遂：“前日所以不许仲子者，徒以亲在；今不幸而母以天年终。仲子所欲报仇者为谁？请得从事焉！”严遂又叫严仲子，他在家里应该排行老二。（古人不直呼其名，以示尊敬。）严遂喜出望外，他没有想到聂政会来找自己。

此前，困惑聂政的有两个问题：一个是忠义，一个是孝悌。严遂登门拜访，可谓知己，得为知己用，就是忠义。但父母在，不远游——尽孝是当务之急。如此，聂政的选择就很容易解释了，先行孝道，后赴忠义。作为一个市井之人，有如此见识，司马迁十分赏识。

聂政死前，“因自皮面决眼，自屠出肠”。这是在毁容，他怕连累亲人，招致祸患。果然，韩国把聂政的尸体置于街市，让人们辨认，而且悬赏千金，但是没有人能够辨认出来。这时候，一个刚烈的女人出现了，他就是聂政的姐姐荣。《史记》没有道明她是随夫姓，还是随父姓，只是称她“荣”，我们姑且叫她聂荣。这个女人的出现，顿时使聂政高大起来。她听说了刺客的消息后，马上意识到这个人是弟弟聂政。“其是吾弟与？嗟乎，严仲子知吾弟。”随即就赶赴韩国，一经辨认，果然是兄弟聂政，于是伏尸大哭。市人劝她躲开，担心韩国国君追究。聂荣对市人具道所以，并说聂政“士固为知己者死，今乃以妾尚在之故，重自刑以绝从，妾其奈何畏殁身之诛，终灭贤弟之名！”“乃大呼天者三，卒于邑悲哀而死政之旁。”弟弟毁容而亡的意义在姐姐，姐姐冒死相认，目的是为了传扬弟弟的忠义之举。这一对姐弟心甘情愿为忠义而死，堪称忠烈！

聂政为知己者死，其死与一般刺客没有什么不同。重然诺，尚节义，是他们的共同之处。但是，聂政的姐姐继之以死，就为这个故事涂上了悲壮的色彩。

荆轲刺秦王的故事，是《刺客列传》里的精华，司马迁对荆轲不惜浓墨重彩。

荆轲是一个剑客，好读书击剑，但他没有一般剑客尚气任物的毛病。他曾和一个叫盖聂的人论剑。盖聂好逞匹夫之勇，喜欢争强好胜，还没比出高低，就瞪起眼来。见此情景，荆轲马上停止论剑，离开了盖聂。在游历途中，荆轲又碰见了一个人，这个人故意和他争道，并且大声呵斥，荆轲一言不发，避之犹恐不及。

这两件事说明荆轲不平凡，其志不在小。荆轲的做派正和韩信一样，不愿意和没有意义的人争胜，也不愿意把精力耗费在没有意义的事情上。

大概春秋时期的仁人志士都为了一件事而活着，为了这件事可以奋不顾身，不像现在的人为了活着而活着，为了寿命长而活着，为了富贵而活着。荆轲为了找寻这件事，到处游历。最后他来到了燕国，在这里他结识了一个好朋友高渐离。荆轲好酒，高渐离善击筑。酒酣兴至，他们就相和而歌，抱头痛哭，旁若无人。

这两个人都身怀绝技，心负大志，彼此为英雄无用武之地而悲伤。此外，还有一个人知道荆轲非等闲之辈，他就是燕国处士田光。

荆轲终于找到了他活着的意义。当时，秦国以席卷之势，攻城略地，很快就打败了赵国，前锋所及，眼看就到了燕国边境。燕国这时的主政者是太子丹，为了免于燕国倾覆，他到处搜求可用之士。恰在这时，秦将樊於期因为开罪于秦王，逃到了燕国，他向太子丹推荐了田光。太子丹问计于田光，田光于是推荐了荆轲，认为荆轲或可拯救燕国于万一。两人商谈已毕，太子丹送田光出门的时候，却说了一句：“丹所报，先生所言者，国之大事也，愿先生勿泄也。”这话意味深长，田光心领神会。他随后就找到了荆轲，把荐引的经过一一说明，希望荆轲能主动找一下太子丹，为燕国出力。荆轲答应了，他一直在寻找这种机会。田光的使命也结束了，秘密不被泄露，最好的办法就是消灭肉体。田光为了守口，自刎而死。司马迁说：“知死必勇，非死者难也，处死者难。”该死的时候，就义不容辞去死，这是春秋尚死的精神。

荆轲受田光托付，见到了太子丹，“太子再拜而跪，膝行流涕。”身为君主，能行此大礼，非生死存亡不致至此。之后，太子丹把他的计划和盘托出：“丹之私计愚，以为诚得天下之勇士使于秦，窥以重利；秦王贪，其势必得所愿矣。诚得劫秦王，使悉反诸侯侵地，若曹沫之与齐桓公，则大善矣；则不可，因而刺杀之。彼秦大将擅兵于外而内有乱，则君臣相疑，以其间诸侯得合从，其破秦必矣。”太子丹打算派一个勇士以贡献为名，劫持秦王，像曹沫一样逼他返还侵占的诸侯之地，息战罢兵。万一不从，就刺杀秦王，秦国无主，也就顾不上别的事了，燕国的威胁自然化解。毕竟是太子，他的想法非常幼稚。

燕太子把一切希望都寄托在荆轲身上，对他的待遇非常人可比，除了珍馐美味，还送给他美女，甚至把宫里自己的女人献出来，让荆轲尽情享受。一段时间后，荆轲却丝毫没有出发的意思。这时候，秦将王翦已经踏平赵国，打到了燕国南界。太子丹恐惧，索性直言请行。荆轲提出了两个条件，希望得到樊於期将军的人头和督亢之地地图，有这两件东西，才能够引起秦王的兴趣。督亢是燕国的膏腴之地，以此地割让于秦，谅必使秦王开心，况且秦未必能拿走。但樊将军的人头却让太子犯难。樊将军避难到燕国，与秦有不共戴天之仇，如果杀了他，于情于理都说不过去。太子心有不忍，荆轲只好亲自去办这件事。他见到樊於期，把借头一用的想法如实说来。樊将军是个痛快人，三言两语就答应了，自己动手，把脑袋割掉。

一切准备妥当，是该出发的时候了，荆轲却迟迟不走。从早上稽留至下午，似乎在等待什么。太子有些着急了，担心他反悔："日已尽矣，荆卿岂无意哉？"不料，荆轲生气了。他怒气冲冲，斥责太子道："何太子之遣？往而不返者，竖子也！且提一匕首入不测之强秦，仆所以留者，待吾客与俱。今太子迟之，请辞决矣！"荆轲发誓赌咒，表明他不会爽约，解释他只是在等待一个人，这个人是他此行的唯一牵挂。

荆轲终于出发，太子丹带着一大堆人送行，都改服白衣白冠，以示诀别之意。在易水边，太子为荆轲举行了送别仪式。刚喝完壮行酒，一个人匆匆赶到了。这个人就是高渐离，荆轲一直在等他。似乎没有必要说什么，仍然是高渐离击筑，荆轲和歌："风萧萧兮易水寒，壮士一去兮不复还！"一会儿是变征之声，苍凉悲壮；一会儿是羽声慷慨，激越豪迈。周围的人都被打动了，不由自主地垂泪涕泣，继而"皆瞋目，发尽上指冠"。乌云低垂，易水滚滚，似乎也被此情此景所感染。

"于是荆轲就车而去，终已不顾。"最后一件心事了结，荆轲再没有什么牵挂，义无反顾地去完成他壮烈的使命。

荆轲刺秦王的结果我们都知道了。荆轲以身赴死，为我们留下了那句“图穷而匕首见”的成语。燕太子丹的计划破灭，秦一怒而伐燕，再也没有什么能阻挡秦军的铁蹄。实际上，这个计划从一开始就注定要失败。分久必合，秦统一天下是大势所趋，任何人也无法阻挡历史的步伐。试图通过一个刺客阻止秦包举宇内的进程，是一种幻想，也比较荒唐。

荆轲死后，高渐离逃到了赵地，更名改姓隐匿起来。假如他一直这么默默无闻，逃命应该是不成问题的，但他没有做到总是那么安分。问题出在他那把筑上。正像荆轲以剑知名而死于剑下一样，高渐离也死于筑。他在为人做庸保时，无意间听到有客人击筑，不由自主评价起来。这话又被别人听到，就请他出来击筑。手痒又心痒的高渐离遂“击筑而歌，客无不流涕而去者”。和歌的人已经逝去，高渐离却怎么也忘不了他，忘不了那首“风萧萧兮易水寒，壮士一去兮不复还”的歌，忘不了壮士赴死的悲壮情怀。

高渐离善击筑的名声很快就传开了，而且传到了秦始皇耳边。秦始皇爱惜人才，打算赦免他。高渐离却利用秦始皇召见他的机会，举筑猛击始皇，但他还没有击中就被抓住杀掉了。

高渐离毫无遗憾地死了，本来他还打算完成朋友未竟的事业。“惜其不中”，这也没有什么，毕竟他可以告慰于荆轲了。两人以死合奏了一曲英雄悲歌，这首歌名叫《燕赵悲歌》。

诗曰：

情寄八荒[①]须咏怀，

---

①情寄八荒：言在耳目之内，情寄八荒之表，厥旨渊放，归趣难求。（钟嵘《诗品》评阮籍《咏怀诗》）

胸中块垒任酒浇[②]。
人间向使无耿介，
汨罗洲头不《离骚》。

②“胸中块垒”句：阮籍胸中垒块，故需酒浇之。（刘义庆《世说新语·任诞》）

游侠故事

把刺客、侠客写进史书，《史记》是第一个。

《汉书·司马迁传》论及《史记》的缺陷，说道："又，其是非颇谬于圣人，论大道则先黄老而后六经，序游侠则退处士而进奸雄，述货殖则崇势利而羞贱贫，此其所蔽也。"认为《史记》在是非观念和评价标准上与古圣贤相差甚远：论及思想学说时，先讲黄老之学，而后才是儒家六经；在叙传游侠时，斥退处士而奖进奸雄；讲述货殖时，把财势和地利看得很重，而以贫贱为羞。这里涉及三个问题。

"论大道则先言黄老而后六经"。班固所指应有二。一是把《老子伯夷列传》位居列传第一，而把《孔子弟子列传》《孟子荀卿列传》及《儒林列传》位居其后。这个且不必论，司马迁对孔子还是尊重的，他把孔子列入世家，并没有贵黄老而贱六经的意思。二是在《太史公自序》中，太史公论及六家要旨，对诸子各家所长所短有一个评论，这个评论影响甚大，其观点几乎左右了后世。对于儒家，太史公认为："儒者博而寡要，劳而少功，是以其事难尽从，然其序君臣父子之礼，列夫妇长幼之别，不可易也。"（《史记·太史公自序》，下同）意思是：儒家学说广博而难以弄清要领，用力勤而收功少，因此它所提倡的观点很难落实。然而他们制定的君臣父子的礼节、夫妇老幼不同的礼数，却是正确无疑，不可更改的。这里比较扎眼的是"博而寡要，劳而少功"这八个字。难道是说六经繁琐难以遵循，故而儒者都和孔子一样"劳而少功"？

关于这一点，太史公进而指出："夫儒者以《六艺》为法。《六艺》经传以千万数，累世不能通其学，当年不能究其礼，故曰'博而寡要，劳而少功'。若夫列君臣父子之礼，序夫妇长幼之别，虽百家弗能易也。"意思是：儒家把六经作为根本宗旨，而阐明六经的传注之类的著作不计其数，纵使一个人穷尽一生也无法全部弄明白，各种年龄段的人都不能完全懂得他应当遵循的礼制。所以说，儒家"博而寡要，劳而少功"。至于他们能够制定君臣父子不同的礼节、夫妇老幼不同的礼数，却是任何一家学说都无法代替的。这就是儒家之学。

论及道家，太史公曰："道家使人精神专一，动合无形，赡足万物。其为术也，因阴阳之大顺，采儒墨之善，撮名法之要，与时迁移，应物变化，立俗施事，无所不宜，指约而易操，事少而功多。"指出：道家教人精神集中，动静不露形迹，满足和顺应万物的自然形态。他们的学说，按照阴阳四时的顺序，吸收儒家和墨家的长处，摄取名家和法家的精髓，其观点能顺应时势需要，符合人事变化，根据实际情况确定策略，任何时候都没有不适宜的。道家的长处在于理论简约，容易把握，用力少而收功多。所以，司马迁对道家推崇不迭，认为道家理论既专门易学，又变化无穷，适用于万物，而且顺应天地阴阳四时变化，博采众家之长，不拘于一时一地，无所不用，无所不宜。"指约而易操，事少而功多"这句话简直就是冲着"博而寡要，劳而少功"而来的。

言及此，太史公似乎意犹未尽，他进而说："道家无为，又曰无不为，其实易行，其辞难知。其术以虚无为本，以因循为用。无成埶，无常形，故能究万物之情。不为物先，不为物后，故能为万物主。"后面还有一大段话，辩论法度、虚实、形神之用，都是道家所提观点，所占篇幅居六家之首。与此相别，太史公论及其他各家，惜墨如金。如论墨家之短，也只是"俭而难遵"（俭约而难以遵从）；论法家之短，用“严而少恩”（持法严酷、刻薄寡恩）；论名家之短，用“苛察缴绕”（过于明察，纠缠不清）；等等。

司马迁为什么这么钟情于道家呢？恐怕与他所处时世有关罢。司马迁是汉武时人，之前就是所谓的文景之治。文、景二帝使用黄老之术，与民休息，国家得以恢复，国势渐趋强盛。文景之治的成果，司马迁应当是看得到的。汉武初年，儒者反扑，儒、道争执不下。窦太后好黄老之术，下狱杀了儒者赵绾、王臧，但没有剪灭儒者向朝用世的热情。太后薨第二年，汉武帝就任用公孙弘为相，后又征董仲舒为博士，儒者之选一时大盛。从此，儒学成为显学，得以登堂入室。目睹文景，亲历汉武，司马迁更多的是看到了道家之长，是否也有褒贬汉武的色彩呢？

儒家在司马迁眼里，也是有区别的。他目之为古儒、今儒，也就是所谓的古文经学、今文经学。“大道之行，天下为公”，这是古儒；公孙弘、董仲舒、娄敬、叔孙通之类，盖为今儒。对后者，司马迁颇有微词。他评说公孙弘用了“希世用事”四字，儒者辕固生也训斥公孙弘：“公孙子，务正学以言，无曲学以阿世！”（《史记·儒林列传》，下同）这也是司马迁自己想说的话。对于“公孙弘以《春秋》白衣为天子三公，封以平津侯，天下之学士靡然乡风矣”的时风，司马迁颇不以为然。

然而对于古儒，对于儒家精神，司马迁抱有莫大的赞赏与同情。《史记·孔子世家》这样描述孔子的晚景：“孔子病，子贡请见。孔子方负杖逍遥于门，曰：‘赐，汝来何其晚也？’孔子因叹，歌曰：‘太山坏乎！梁柱摧乎！哲人萎乎！’因以涕下。”《孔子世家》中的感情色彩十分浓厚，非对老人抱道不屈、怀才不遇充满敬仰同情者不当有是。《史记》的议论态度鲜明，多见于“太史公曰”，但在《史记·老子伯夷列传》正文中却罕有地出现了几大段。在为伯夷、叔齐叙传后，司马迁引用了孔子的话：“伯夷、叔齐，不念旧恶，怨是用希。”“求仁得仁，又何怨乎？”（《史记·老子伯夷列传》，下同）伯夷、叔齐是大先贤，两个人不食周粟而饿死于首阳山，司马迁显然对他们的遭遇不平。“或曰：‘天道无亲，常与善人。’若伯夷、叔齐，可谓善人者非邪？积仁洁行如此而饿死！且七十子之徒，仲尼独荐颜渊为好学。然回也屡空，糟糠不厌，而卒蚤夭。天之报施善人，其何如哉？盗跖日杀不辜，肝人之肉，暴戾恣睢，聚党数千人横行天下，竟以寿终。是遵何德哉？此其尤大彰明较著者也。若至近世，操行不轨，专犯忌讳，而终身逸乐，富厚累世不绝。或择地而蹈之，时然后出言，行不由径，非公正不发愤，而遇祸灾者，不可胜数也。余甚惑焉，倘所谓天道，是邪非邪？”意思是：有人说，上天无所偏爱，常常帮助好人。司马迁愤愤不平地罗列道：伯夷、叔齐可以称得上是好人，他们一生都行仁义之道，品行端正，竟然落得饿死的下场。再说孔子七十二个门徒，他特别赞赏颜渊的好学，可是颜回一贫如洗，连糟糠都吃不饱，早早就死掉了。上天对于好人的报应，怎么能这样呢？盗跖经常杀无辜之人，烧人肉吃，纵行残暴，集聚同类数千人横行天下，反而长寿以终，这又是遵循什么天道？这还只是大的明显的事例。至于近代那些行为不法、专门触犯刑律的人，却能终身安逸享乐，几代人富贵不断；而另外一些人连居住都要谨慎选择，该说话的时候才说，做事违背自己的原则，非遇倒行逆施不激愤，然而这样也无法避免祸灾。诸如此类，简直数不胜数。因此司马迁很疑惑，倘若这就是所谓的天道，那么这个天道究竟是对是错？求仁未必得仁。伯夷、叔齐、颜回以贤得名却遭遇不淑，盗跖诸恶竟以寿终，从而引发司马迁身世之慨，对善不奖、恶不报的现象积怨甚深。

司马迁把老子、庄周与伯夷、叔齐列为同传，其中也有深意。殆老、庄属心隐，伯夷、叔齐属身隐者也。他总结道：“世之学老子者则绌儒学，儒学亦绌老子。”道不同不相为谋，也是无可奈何的事。

班固指责司马迁“述货殖则崇势利而羞贱贫”（《汉书·司马迁传》），是专指《货殖列传》而言。司马迁是第一个作《平准书》《货殖列传》的人，班固将之改为《食货志》，列入志中，后世史志大都沿用《汉书》例。在《货殖列传》里，司马迁除了记述各地山川池泽之利、方物之产外，还特别传记了范蠡、子贡、白圭等几个善于理财致富的人。这倒没有什么，问题在于他有一些关于财富的观点不被视为正道。例如，他说：“天下熙熙，皆为利来。天下攘攘，皆为利往。夫千乘之王，万家之侯，百室之君，尚犹患贫，而况匹夫编户之民乎？”“富者，人之情性，所不学而俱欲者也。”“富无经业，则货无常主，能者辐凑，不肖者瓦解。千金之家比一都之君，巨万者乃与王者同乐。”（《史记·货殖列传》，下同）意思是：天下人快快乐乐，都是为着追求财利；天下人吵吵闹闹，都是为着财利奔走。那些拥有千乘之车的君王、食邑万户的诸侯，以及占有众多家室的人，尚且担心穷困，何况那些在册的普通平民呢？追求富裕是人的本性，用不着学习就具有这种欲望。这些提法都十分个性，背离了传统观念。更让时人难以接受的是，他竟说：“凡编户之民，富相什则卑下之，伯则畏惮之，千则役，万则仆，物之理也。”“无岩处奇士之行，而长贫贱，好语仁义，亦足羞也。”意思是：凡是编户在册的平民，和富裕自己十倍的人相比就感觉卑微，对百倍富裕于自己的人就畏惧，对千倍富裕于自己的人就甘受役使，对万倍富裕于己的人就做了人家的奴仆，这是自然而然的事。如果没有岩穴隐居者的清高品行，却乐于以贫贱为长，好谈仁义，这实在让人引以为羞。这就触怒了正统。儒家认为：农为百业之本，工商逐利均为末业，这是第一；第二，财富要取之有道，取之无道则宁愿困饿而死，是之谓君子固穷。所以，孔子赞赏颜回居陋巷，以瓢饮，曲肱而枕之，乐亦在其中。司马迁的一些看法，在今天仍属大胆。但《史记》这部书，以观点鲜明而历来为人所叹服。以后的史书，虽然讲究史识、史德、史法、史才，规矩是规矩了，但却呆滞、死板，远不如《史记》来的洒脱、恣肆。

班固所不满意于《史记》者，还有一个“序游侠则退处士而进奸雄”（《汉书·司马迁传》）的问题。先说处士，班固所指当为那些有学行的士君子，即身怀显学，有高世之行的士君子，而非孟子所谓“圣王不作，诸侯放恣，处士横议，杨朱、墨翟之言盈天下”（《孟子·滕文公》）的处士。班固认为应当搜求并为他们立传。班固自己就在《汉书》中为二十六个这样的人作传。但《史记》里有《儒林列传》，记了一批为六经作传及通六经的博士，一直写到孔安国、公孙弘、董仲舒。在《孟子荀卿列传》中提到了淳于髡、慎到、环渊、接子、田骈、驺奭等人。这些人大多是齐鲁诸生，七十子之徒。司马迁草草介绍，几笔带过。显然，班固认为还不够，应当更多些。实际上，这涉及两个人对儒林选择的标准问题，不是本文讨论的范围。

以上所说只言及问题的表面。实际上，班固的真正意见在于“退处士而进奸雄”，这就涉及对游侠的态度问题。《史记》有《游侠列传》，《汉书》也有。《汉书》对游侠基本持批判态度。班固曰：“古之正法：五伯，三王之罪人也；而六国，五伯之罪人也。夫四豪者，又六国之罪人也。况于郭解之伦，以匹夫之细，窃杀生之权，其罪已不容于诛矣。观其温良泛爱，振穷周急，谦退不伐，亦皆有绝异之姿。惜乎不入于道德，苟放纵于末流，杀身亡宗，非不幸也”。（《汉书·游侠列传》）意思是：按照先古正法，春秋五霸是尧、舜、禹三王的罪人，而战国时诸侯六国是春秋五霸的罪人。孟尝君、平原君、信陵君、春申君所谓四杰，又是六国的罪人。何况郭解一类人，身为匹夫贫民，窃夺杀生之权，已经属于罪不容诛。观察他们的行事，善良博爱，能赈济穷困，谦让而不自夸，也都有不同寻常的地方。可惜他们的行为不合乎道法，假使放任自流，不良习气不改，从而招致杀身灭族之祸，不能称之为不幸。这一段话表明了班固传游侠的基本态度。义法一明，对各传主的态度就可想而知。

班固的态度很明确，即进处士而退游侠。他对司马迁所不满意者,在于司马迁把游侠捧得太高,从客观上起到了退处士的作用。

似乎也预感到后世对《游侠列传》有所非议，司马迁在卷首开宗明义："韩子曰：'儒以文乱法，侠以武犯禁。'二者皆讥，而学士多称于世云。"（《史记·游侠列传》，下同）韩非子说，儒者以舞文弄墨而败乱法度，侠士尚武力而触犯法禁。韩非子对两种人都进行了批评，而读书人常称赞他们。"侠以武犯禁"，故"儒、墨皆排摈不载"。对于这种现象，司马迁耿耿于怀："自秦以前，匹夫之侠，湮灭不见，余甚恨之。"秦以前，游侠因为受排摈，不可得而闻。有汉以来，又是什么情况呢？"以余所闻，汉兴有朱家、田仲、王公、剧孟、郭解之徒，虽时扞当世之文罔，然其私义廉洁退让，有足称者。名不虚立，士不虚附。"意思是：汉兴以来，有朱家、田仲、王公、剧孟、郭解等人，虽时常触犯当时的法度，但他们在道义、廉洁及知进退等方面，也有可以称道的地方。其声名也不是凭空而来，许多人也不是随便依附他们。司马迁所闻朱家、剧孟、郭解之徒，虽也有"以武犯禁之嫌"，但以"私义廉洁退让"而论，他们有值得称道的地方。"至如朋党宗强比周，设财役贫，豪暴侵凌孤弱，恣欲自快，游侠亦丑之。"意即至于结党营私，勾结豪强，用利益驱使穷人，仗势欺凌孤弱，纵欲取快，也为游侠所看不起。是说游侠没有狼狈为奸、恃强凌弱的毛病。因此，“余悲世俗不察其意，而猥以朱家、郭解等，令与暴豪之徒同类而共笑之也。”即我哀叹世人没有人发现他们的可贵之处，而自认为朱家、郭解等和豪强一样而取笑他们。这就是司马迁要作游侠传的主观原因。

序游侠不能不涉及处士，因为这两类人都对社会有足够大的影响。司马迁提到了孔子之徒季次、原宪。原宪大概是孔子弟子中除颜回以外最穷困潦倒的。《庄子》说：“原宪处居环堵之室，蓬户不完。以桑为枢而瓮牖，上漏下湿，独坐而弦歌。”意思是：原宪住在只有四堵墙的破屋里，房顶和门户不整，用桑木为枢，用瓦瓮做窗，天上下雨，屋内就被淋湿。但他不以为忧，一个人坐在那里弹唱，自得其乐。弦歌之，穷而志且益坚者也。《史记·仲尼弟子列传》载，子贡做了卫相，洋洋得意地驱车拜访原宪，在穷巷见到了衣冠敝旧的原宪，子贡就有些不大看得起他，问道：“夫子岂病乎？”原宪没有一丝自卑，抗言答道：“吾闻之，无财者谓之贫，学道而不能行者谓之病。若宪，贫也，非病也。”（《史记·仲尼弟子列传》，下同）他认为，没钱财的人称作贫，学道而不能为人用是为有病。像我自己，只是有些穷罢了，怎么谈得上有病？说得子贡无地自容，“子贡惭，不怿而去，终身耻其言之过也。”子贡是孔子七十子之中，最给孔子长脸的。“七十子之徒，赐最为饶益。”“子贡结驷连骑，束帛之币以聘享诸侯，所至，国君无不分庭与之抗礼。”（《史记·货殖列传》）这种派头，简直与苏秦、张仪难分伯仲。孔子生前不大能看得上子贡，说他是“瑚琏之器”（《论语·公冶长》），但司马迁认为“夫使孔子名布扬于天下者，子贡先后之也”（《史记·货殖列传》）。子贡不但争气，而且对乃师情有独钟。孟子说：“孔子没……子贡反筑室于场，独居三年然后归。”（《孟子·滕文公章句上》）行三年之丧，结庐于墓，是孔子所提倡的，一般人很少能身体力行。子贡做到了，仅此一点，就难能可贵。

司马迁论议季次、原宪，说他们“读书怀独行君子之德，义不苟合当世，当世亦笑之。”“终身空室蓬户，褐衣疏食不厌。死而已四百余年，而弟子志之不倦。”（《史记·游侠列传》，下同）他们虽不合于当时，却也有弟子以此为高，矢志学习。

季次、原宪是古之处士，那么今之处士是怎么样的呢？司马迁认为：“今拘学或抱咫尺之义，久孤于世，岂若卑论侪俗，与世沉浮而取荣名哉。”意思是：今之处士要么谨守学来的那点儿道义，未为人所用；要么随世俯仰，降挹其志而邀功竞名。显然，后者要多一些，当年的稷下诸生、齐鲁之士，一变而为游食之徒，郦食其、娄敬、叔孙通尽为此流。在司马迁眼里，这些人不比游侠更高尚。“而布衣之徒，设取予然诺，千里诵义，为死不顾世，此亦有所长，非苟而已也。”“要以功见言信，侠客之义又曷可少哉！”游侠这类布衣之徒，轻取予，重然诺，千里之外都称颂他们的义举，死也不在乎世人的看法，这是他们的长处所在，名声不是随便就能得来名声。仅凭他们所做的事迹来讲，侠客的信义又比谁少呢？

如此就能看出些眉目了，司马迁赞赏游侠者正在于他们重然诺，以及舍生取义、奋不顾身的侠客风骨。实际上，关于这一点，他在卷首就已点透，只是出于行文的考虑，没有列举而已。司马迁说：“今游侠，其行虽不轨于正义，然其言必信，其行必果，已诺必诚，不爱其躯，赴士之厄困，既已存亡死生矣，而不矜其能，羞伐其德，盖亦有足多者焉。”他认为游侠的行为虽不合乎正义，然而他们说话必守信，做事必有效，承诺别人就一定守诚信，即使牺牲自己，也要去为别人解困，已经做到救死图存，却毫不自夸其能，羞于称颂自己的德义，也有值得肯定的地方。言必信，行必果，不爱生，不矜伐——这些超出一般处士的品质，正是司马迁欣赏游侠的原因。

上述对游侠的褒赏，有一个关键词贯穿始终，那就是“信义”二字。

推崇信义是司马迁作史的微言大义，也是他褒贬人物、进退抑扬的重要标准。明乎此，我们就可以理解他为什么作了《刺客列传》之后，又作《游侠列传》，为什么对屈原、伍子胥、项羽、李广、廉颇、荆轲这些人倾注了那么多的关怀。司马迁认为信义既是士大夫的气节，也是君子之风。他在汉武帝处理李陵的问题时，仗义执言，就是凭着这么一种道义。他对公孙弘之类政治暴发户不屑一顾，也是出于同样原因。《史记》里，我们总能依稀看到那么一种铮铮风骨。

除了欣赏游侠之外，当时的社会风尚对司马迁也有一定影响。朱家是汉高祖时人，这个人“振人不赡，先从贫贱始。家无余财，衣不完采，食不重味，乘不过軥牛。专趋人之急，甚己之私”。“所藏活豪士以百数。”他时常赈济穷人，从那些最贫贱的做起。自己家里却没有余财，穿的衣服都是旧的、褪色的，吃饭不超过两种，出门乘坐的也只是牛拉车。但是专门救济别人急难，把这看得比个人私事还重要，经他庇护救活的豪杰就达数百人。他因倾家赈穷而以侠闻，“自关以东，莫不延颈愿交焉”。

剧孟以侠名显于诸侯。吴楚之乱，条侯周亚夫为太尉，讨平之。“得剧孟，喜曰：‘吴楚举大事而不求孟，吾知其无能为已矣。’天下骚动，宰相得之若得一敌国云。”他竟高兴地认为，吴楚兴兵作乱却不邀请剧孟加入，以此推测他们不会有多大作为。当时天下大乱，朝廷重臣竟把剧孟的地位看得像一个敌国那么重要，剧孟对时势的影响可见一斑。剧孟母亲死，官员士绅“自远方送丧盖千乘”。楚相袁盎也喜欢和剧孟交往。有一个官人劝说他：“吾闻剧孟博徒，将军何自通之？”（《史记·袁盎晁错列传》，下同）说剧孟是一个赌徒，将军怎么能和他来往？袁盎回答：“剧孟虽博徒，然母死，客送葬车千余乘，此亦有过人者。且缓急人所有。夫一旦有急叩门，不以亲为解，不以存亡为辞，天下所望者，独季心、剧孟耳。今公常从数骑，一旦有缓急，宁足恃乎！”他解释道：剧孟虽然是个赌徒，然而他母亲去世，客人送葬的车子就达千余辆，表明这个人也有过人之处。况且人都有急难的时候，一旦急难临门有求于人，能做到不以父母为由，不以有危险推辞，天下人所仰望者，只有季心、剧孟这些人了。我们现在虽然随从侍卫众多，一旦大难来临，侍卫还靠得住吗？我看中剧孟者，乃一旦事有缓急，这些人就有大用处。周亚夫和袁盎交结剧孟的目的不同。周亚夫认为剧孟是豪杰，有可能变成陈胜、吴广，一旦加入反军就难以平靖。吴楚起事没有剧孟之类加入，也就没有什么好怕的了。周亚夫是战将出身，他自然知道最厉害的敌人是谁。袁盎是个机会主义者，他结交剧孟是为了给自己留条后路，一旦有急难，这种人就可以赴汤蹈火，以备不时之需。但不管怎么说，周亚夫也好，袁盎也罢，都是看中了剧孟身上所具有的能量和他的影响力。

诸游侠中，郭解应当是佼佼者。司马迁对这个人花费的笔墨最多。“吾视郭解，状貌不及中人，言语不足采者。然天下无贤与不肖，知与不知，皆慕其声，言侠者皆引以为名。”司马迁见过郭解其人。在他眼里，郭解外貌普通，言语平实无华，看不到有什么过人的地方。然而他名声在外，影响极大，人们议论游侠时，不能不提到他。郭解虽然杀人越货，挖坟掘墓，但做事有节义，待人有礼，敬人如宾，连豪侠都佩服他。不只如此，他还交结上了当红权贵——车骑将军卫青。汉武帝发关内豪富徙守茂陵，郭解也在名单里。但郭解穷，论理应当不在范围内，卫青就给汉武帝说情，道：“郭解家贫不中徙。”汉武帝这个人实在太聪明，一眼就看出了机关，“布衣权至使将军为言，此其家不贫”。和一般帝王一样，汉武帝也忌讳大臣与地方纠结，拥人众多。不得已，郭解只好举家迁徙。“诸公送者出千余万。”公卿权贵不但送行，而且馈赠钱财。

剧孟、郭解之类游侠不只影响地方，而且和公卿大臣相与，确实耐人寻味。反之，公卿大员不惜降尊纡贵，与这些游侠倾心交往，说明汉初国家粗安，秦末豪杰争雄遗风尚存，游侠们振臂一呼，响应者便会形成一股政治势力。这种情况，与班固所处东汉中期情势大有不同，司马迁为之作传也属事势当然。

游侠的来历可以上追到春秋。当时诸侯各国以五霸为榜样，向往齐桓公、晋文公时的盛事，出于图强的目的纷纷养贤。齐国设立稷下学宫，专供学者著书论辩、传道授业，会集天下学士多达千人，造就了一大批著名学者，如孟子、申不害、荀子等人（即班固所说的处士），形成了百家争鸣的局面。其他国家先后效仿，燕昭王筑黄金台，卑身厚币招揽贤者，郭隗自荐，乐毅、邹衍、剧辛等人先后来投。秦国虽居西鄙，也不遗余力招贤纳士。五羊大夫百里奚、蹇叔、由余、范雎、商鞅俱非秦人，而都效力于秦。在国君的影响下，士大夫也以养士相标榜。范雎事从魏中大夫须贾，蔺相如是赵宦者令缪贤的舍人，孙膑是齐卿田忌的家臣，等等。养士中大部分是谋士，也有出于特殊目的豢养的死士，如吴公子光为夺王位，养死士专诸，杀吴王僚自立。《刺客列传》中的豫让、聂政等都属于此类，这些人就是游侠的前身。

战国末，秦攻六国，诸侯为救亡图存，大举招揽人才。其国内公卿贵族也不甘示弱，罄其财力招揽食客，以养士多少相高尚。一方面为救国，另一方面为壮大自己的政治实力。最有名的有齐国孟尝君、赵国平原君、魏国信陵君、楚国春申君，号称“四公子”，养食客都不下三千人。秦相吕不韦仰慕四公子，养食客也达三千人。为贪求食客数量，诸公子广搜天下才俊，想尽办法招揽到自己门下，以至于“士无贤不肖皆谦而礼交之，不敢以其富贵骄士。”（《史记·信陵君列传》）平原君有个美人，因为笑话别人腿瘸，食客们不答应，先后散去，平原君不得已，杀了美人才平息众怒。孟尝君有个叫冯谖的食客，觉得自己受了冷落，弹剑而歌：“长铗归来乎，食无鱼”，“长铗归来乎，出无舆”，“长铗归来乎，无以为家”。（《史记·孟尝君列传》）孟尝君不得不一一满足了他的要求。信陵君听说有个叫侯嬴的贤人，做着都城大梁（今河南开封）的看门人。他三番五次卑躬去请，终于感动了侯嬴，令他甘愿为自己效命。不只如此，四公子之间也互相竞争，以得士为能。信陵君和平原君有亲戚关系，信陵君出使赵国，没有忘了挖别人墙脚，竟千方百计想把赵国的两个处士毛公、薛公招致门下。平原君的门客知道信陵君如此好客，竟一半都跑到了信陵君那里去了。东汉马援对光武帝说，当今之世，不仅君择臣，臣也择君，凡乱世大约都是这种社会风尚。

这些食客中的一些人确有真才实学。孟尝君派冯谖收债，冯谖自作主张，让没有能力偿还者烧券免债，为孟尝君买来了“善声”。这件事做得很有眼光。毛遂自荐，与平原君出使楚国，不辱使命，用刀剑逼着楚王与赵国结盟。这些人对当时的事势或多或少都产生了一些影响，对于巩固诸公子的地位也发挥了一定作用。因为有他们，诸公子“方争下士，招致宾客，以相倾夺，辅国持权”（《史记·春申君列传》）。

但食客中的大多数，已经与春秋时的处士相差甚远，有一些竟是鸡鸣狗盗之徒。孟尝君入秦，秦昭王想要杀他，孟尝君只好去求昭王幸姬。幸姬提出要求，想要得到孟尝君身上的白狐裘。这东西十分珍贵，孟尝君已把它送给了秦王。无奈之下，他派手下“能为狗盗者”把这东西偷来，送给了幸姬。幸姬这才给秦王说好话，放了他。孟尝君遂逃出秦国。到函谷关的时候，天还未亮，关门紧闭。这时候秦王又派人追来，多亏了食客中有一个人会学鸡叫，守门者闻鸡鸣而大开关门，孟尝君才得以逃生。

还有一批属于死士。秦军攻破长平，兵围邯郸。信陵君想要救赵，但魏王胆小，害怕触怒秦国，拒不出兵。信陵君情急之下，偷了魏王的兵符，矫魏王令指挥魏军出兵。魏将晋鄙却不相信信陵君，双方僵持不下。信陵君的手下屠夫朱亥，以铁椎击杀晋鄙，这才调动魏军。这时邯郸城内，平原君也集合死士三千人，里应外合，逼得秦军退却。

战国养士的遗风到了汉初仍然不消，但情势与以往相比，发生了很大变化。国家统一，没有豪强争雄的环境，这些人一变而为游侠，成为流氓无产者，个别人像剧孟、郭解等以侠义闻名，朝廷大臣也乐于和他们结交。他们之外，仍有很多人横行乡里，为霸一方，没有什么好名声。司马迁了解当时的情况，他介绍到："吾尝过薛，其俗闾里率多暴桀子弟，与邹、鲁殊。问其故，曰：'孟尝君招致天下任侠，奸人入薛中盖六万余家矣。'"（《史记·孟尝君列传》）薛地是以前孟尝君的封邑，到汉武帝时民风仍然十分刁悍，对地方稳定构成威胁。据此，班固瞧不起这些人也有一定的道理。遭逢乱世，游侠固可得一时之用，然"致君尧舜上"，治国理民还是得用"处士"。

班固对于《史记》的指摘，是两位史家在观点、认识上的差别，也即刘知几所谓"史识"，本没有原则性问题。班固虽不同意司马迁的写法，但还是把游侠写进了《汉书》，因为当时确确实实有这么一类人，对当时的社会产生着影响，这是谁也无法忽视的。正如《后汉书》写《宦者列传》，《魏书》写《释老志》，《唐书》写《藩镇》，《宋书》写《奸臣传》，《明史》写《贰臣传》，都属于不得不书。

实际上，自《史记》出，一直评者如响，比班固持论更甚者大有其人。比如苏洵，他说："迁之辞，淳健简直，足成一家，而乃裂取六经、传、记，杂于其间，以破碎汩乱其体。《五帝》《三代纪》多《尚书》之文，齐、鲁、晋、楚、宋、卫、陈、郑、吴、越世家，多《左传》《国语》之文，《孔子世家》《仲尼弟子传》多《论语》之文，夫《尚书》《左传》《国语》《论语》之文，非不善也，杂之则不善也。今夫绣绘锦縠，衣服之穷美者也，尺寸而割之，错而纫之以为服，则绨缯之不若。迁之书，无乃类是乎？"（《史论·下》）指责司马迁把六经内容东拉西凑写进书里，像一件百衲衣一样，既有损经文，又有抄袭之嫌。这就有些鸡骨头里挑刺了。无怪清人章学诚断然反驳道："此则全不通乎文理之论也！迁史断始五帝，沿及三代、周、秦，使舍《尚书》《左》《国》，岂将为凭虚，亡是之作赋乎？必谓《左》《国》而下，为迁所自撰，则陆贾之《楚汉春秋》，高祖、孝文之《传》，皆迁之所採摭，其书后世不传，而徒以所见之《尚书》《左》《国》，怪其割裂焉，可谓知一十而不知二五者矣。"（《文史通义·言公上》）

文章千古事，骂名谁自知。考察后人对《史记》的品评，我们就可以深深体味到孔子说过的那句话——"后世知丘者以《春秋》，而罪丘者亦以《春秋》"，这句话真可谓五味杂陈！

诗曰：

长铗归来报主恩，
英雄惭愧杖头金。
平原养士空食客，
未解毛遂第一人。

女子亦有奇者

世多奇男子，亦多奇女子，唯史书多不载。范晔《后汉书》始有《列女传》，然亦非范晔所作，采自刘向之书。可叹女子进入正史，只能以烈女的形象出现。《史记》记女子，则有《吕后本纪》《外戚世家》，多书宫掖阃闱之事。其余所记女子，多属事有牵引，不得不书。

张汤为廷尉，用法刻深，陷人于狱则多方凌折，深文周纳。后也被举发下狱。汉朝有一条不成文的规矩，即三公九卿耻于对簿公堂，受狱吏摧折，一旦下廷尉狱，往往自杀，以期保住最后的名节。但张汤入狱后却迟迟不见动静，汉武帝只好派赵禹狱中责问，张汤不服。赵禹曰："君何不知分也。君所治夷灭者几何人矣？今人言君皆有状，天子重致君狱，欲令君自为计，何多以对簿为？"（《史记·酷吏列传》，下同）告诉他杀伤过多，惹起众怒，天子为息怨才决心重治，情势如此，你不自行了断，难道还要对簿公堂？张汤遂自杀。汤死，家产不过五百金，都是汉武帝赏赐。家人打算厚葬张汤，"汤母曰：'汤为天子大臣，被污恶言而死，何厚葬乎！'载以牛车，有棺无椁。"汤母激愤于汤之被陷，忠而无果。汉武帝闻之，曰："非此母不能生此子。"称奇之余，他对母子刚烈之风不无欣赏。

陈胜起事，项梁响应，率八千子弟渡江而西。闻陈婴占领东阳（东阳县隶东阳郡，故治在今安徽天长），派人与之联合。陈婴原为东阳令史，为人忠厚严谨，有长者风。时东阳少年杀县令，聚众数千人造反，苦于没有合适的领袖，挑来挑去，相中了陈婴，要立陈婴为王，异军突起，割据一方。陈婴母对儿子说："自我为汝家妇，未尝闻汝先古之有贵者。今暴得大名，不祥。不如有所属，事成犹得封侯，事败易以亡，非世所指名也。"（《史记·项羽本纪》）她不愿儿子做王，口头上说陈家无富贵命，实际上不愿担祸首之责。附骥于人，成可封侯，败可逃匿。替儿子打算后路，陈婴母可谓智者。既不阻止儿子造反，也不愿其挺身履险，这叫知进退。

王陵与刘邦是同乡，生性率直敢言，能任事。刘邦对他很是敬重，以兄长事之。刘邦起事后，他也聚集数千人独树一帜，割据一方。刘邦势力壮大后，王陵就与之合兵一处。楚汉相争，项羽打算争取王陵，用的办法却不高明——他把王陵的母亲抓来相要挟。王陵慌忙派人交涉，见了陵母后，老人说："为老妾语陵，谨事汉王。汉王长者也，无以老妾故，持二心。妾以死送使者。"（《史记·陈丞相世家》）遂伏剑而死。后代有人说，闻此母之言，可知刘邦之得人心，固可测项羽之必败。

秦与赵兵相拒长平，秦军数败赵军。时赵国大将赵奢已死，赵使廉颇为将抗秦。秦军攻不已，利在速战，廉颇深知其弊，坚壁不战。秦行反间计，赵王误信，以为廉颇怯战，打算战场换将，以赵奢子赵括代之。赵括其人善于纸上谈兵。其从小学兵法，熟记于胸，谈及兵事，纵使赵奢也不能应付。赵奢虽说不过儿子，但并不赞同儿子的态度，他对赵括母亲说："兵，死地也，而括易言之。使赵不将括即已，若必将之，破赵军者必括也！"（《史记·廉颇蔺相如列传》，下同）打仗是要死人的，而赵括提起来却很轻松，以这个态度领兵作战，不失败才是怪事。因为赵奢有言在先，当听说赵王打算任命赵括为将，括母就上书劝阻赵王。赵王接见了她，问她为什么要阻止这件事。她回答说："始妾事其父，时为将，身所奉饭饮而进食者以十数，所友者以百数，大王及宗室所赏赐者尽以予军吏士大夫，受命之日，不问家事。今括一旦为将，东向而朝，军吏无敢仰视之者，王所赐金帛，归藏于家，而日视便利田宅可买者买之。王以为何如其父？父子异心，愿王勿遣。"她分析了父子两人的特点，说赵奢为将，广交朋友，礼贤下士，经常请人吃饭，君王的赏赐都分给部下和士卒，上下乐为其用。他出征之后就不再过问家事，以国事为重。现如今赵括才当上将领就官气十足，以上示下，君王的赏赐全部运到家里，买田置地，不以国事为忧，因此不适宜做将。赵王听后，却不以为意，坚持要任用赵括。这样，赵母只好说："王终遣之，即有如不称，妾得无随坐乎？"意即，您实在要坚持，一旦事与愿违，赵括作战失败，能否免除家人连坐之罪？赵王答应了她。

以上诸为人母，处事皆卓荦不群，均有可称者。张汤之母刚烈，陈婴、王陵之母遇事见智，赵括之母鉴人明烛，机智雍容不亚于男子。

为人子女也有奇者。司马相如有才学而穷困，赴临邛县谋食，县令召集县里有头有脸的乡绅出面款待。中有卓王孙者，家僮百人，富甲一方。其女卓文君新寡，相如慕之，于酒席中以琴挑其心，卓文君遂夜奔，上演了一出《西厢记》。可见汉初对男女之大防戒律并不严。两人虽一见钟情，但生计却成了最大的问题。不得已，他们"尽卖其车骑，买一酒舍酤酒，而令文君当垆。相如身自着犊鼻裈，与保庸杂作，涤器于市中。卓王孙闻而耻之，为杜门不出。"（《史记·司马相如列传》，下同）两人尽其所有，开了一间酒肆。卓文君烧火造酒，司马相如身穿跑堂的服装，洗洗涮涮。“犊鼻裈”相似于现今的短裤。司马相如穿着这样一件衣服，不是为了工作需要，而在于羞辱卓王孙。浪漫主义至此走到了尽头，他们为爱情做出了必要的牺牲。卓王孙引以为耻也属正常。后来，在别人的劝说下，他分给了卓文君夫妻一些财产，才不致使一对野鸳鸯沦落市井。司马相如以作赋得名，他所著《子虚赋》《上林赋》都是经典之作，充满了浪漫和幻想色彩，正如他的爱情生活一样。诚如他所说：“盖世必有非常之人，然后有非常之事；有非常之事，然后有非常之功。”非常之人，司马相如算一个，卓文君也算一个。

太仓公淳于意是与扁鹊齐名之善医者。汉文帝时，有人上书告他，按律当到长安坐牢受刑。淳于意有五个女儿，看到父亲要被抓到长安付狱，一路跟随哭泣。淳于意一怒之下骂道：“生子不生男，缓急无可使者！”（《史记·扁鹊仓公列传》，下同）他抱怨生了一堆女孩，遇事一点儿忙都帮不上。五个女儿中，最小的叫缇萦。她听了父亲的话感觉很伤心，就随父西行，到长安以后上书汉文帝：“妾父为吏，齐中称其廉平，今坐法当刑。妾切痛死者不可复生而刑者不可复续，虽欲改过自新，其道莫由，终不可得。妾愿入身为官婢，以赎父刑罪，使得改行自新也。”她说父亲做官太仓长，清平廉洁，现在犯法受刑，不管判死还是论刑，都让人难以改过自新。所以她自愿献身为奴，以赎父刑。汉文帝看到上书，深为怜念，动了恻隐之心，随即下诏：“诗曰‘恺悌君子，民之父母’。今人有过，教未施而刑加焉，或欲改行为善而道毋由也。朕甚怜之。夫刑至断支体，刻肌肤，终身不息，何其楚痛而不德也，岂称为民父母之意哉！其除肉刑。”（《史记·孝文本纪》）汉文帝引《诗经》为训，说和乐而与人为善的君子才称得上百姓父母。现在教化未行先致人以刑，不是让人迁善改恶之道。刑罚加身则肢体断，痛苦终身，为人父母难道能忍心这样做吗？他断然宣布免除肉刑。缇萦以女子而上书，可谓勇；怜父坐刑，可谓仁；献身赎父，可谓义。太仓公当慰生女也如男！

聂政刺杀韩相侠累，因自皮面决眼，自屠出肠而死。皮面决眼为了毁容，怕连累亲人。韩国因此不知凶手真相，购求于国人，悬赏千金。其姐荣听说这件事后，对邻人说，这应该是我弟弟干的。她赴韩国见到聂政尸体，确认是自己的弟弟，“乃大呼天者三，卒于邑悲哀而死政之旁”（《史记·刺客列传》）。她感念弟弟慈孝之心，赞赏弟弟的忠勇，为了不使弟弟身与名俱灭，勇敢承认，以死明志。聂政刺杀侠累，报人以义。以亲亲故，皮面决眼，可谓仁。姐荣冒死相认，以死相从，成弟之仁义。聂政之死也壮，姐荣之死亦壮，是知一门节烈也。

卓文君为了追求幸福，不惜背叛家庭，勇气过人；缇萦为使父亲脱离苦境，上书愿为官婢；聂荣为给弟弟扬名坦荡赴死，气节过人。三人都堪称奇女子，是巾帼队里的英豪，脂粉国里的丈夫。

诗曰：

红裙不为青春误，
梨花偏被梅花妒。
须眉从来不让男，
金钗何愧大丈夫。

弄　臣

大凡小人居势，则君子不得其位；君子执事，则小人不得逞其奸。汉文帝有两个宠臣，一个是宦者赵同（《汉书》作赵谈，司马迁避父名），一个是近臣邓通。这两个人都被司马迁划入佞幸之流。赵同受宠，有些不太安分，常在汉文帝面前是非大臣，其中包括中郎将袁盎。但袁盎此时也正得幸，为汉文帝所器重。袁盎知道赵同害言于他，决心反戈一击，挫挫赵同的气焰。一次，汉文帝出宫巡行，赵同随从，坐着只有朝臣才有资格坐的“三乘”车。准备出发的时候，袁盎跪伏车前，对汉文帝说：“臣闻天子所与共六尺舆者，皆天下豪英。今汉虽乏人，陛下独奈何与刀锯余人哉！”（《史记·袁盎晁错列传》）他谏言道，天子出行，应当朝臣随从，若与刀锯之余同乘，是卿士之羞。袁盎所言不无道理，文帝无言以对，只好笑笑，示意让赵同下车。赵同委屈地哭了起来，但也无可奈何，只好下车。应当说从这一天开始，赵同才真正意识到，自己不过是一个宦官而已，议论朝廷之事距离自己的身份实在太远。赵同遭受了莫大的羞辱与挫折。

汉文帝还喜欢一个叫邓通的弄臣，喜欢到无所顾忌的程度。他听说术士谶言邓通以后会穷饿而死，就把蜀地一座铜山赏予邓通，并赐予他铸钱的权力，且说：“能富通者，在我也，何谓贫乎？”（《史记·佞幸列传》）意思是说：能使邓通富贵的人是我，除了我，还有谁能让他变穷？邓通自己铸钱，他铸的钱被人们称为邓氏钱，与国家货币同时流通。从此，邓通富可敌国。

邓通这样受宠，朝臣们纷纷不平。娇纵之下，邓通自己也不太知进退，他竟然惹恼了丞相申屠嘉。这个申屠嘉何其了得！他是高祖刘邦的老臣，武夫出身，脾气火爆。此时，丞相入朝，邓通坐在文帝旁边，有怠慢之礼，申屠嘉当时就受不了。待奏事毕，他说："陛下爱幸臣，则富贵之；至于朝廷之礼，不可以不肃！"（《史记·张丞相列传》，下同）批评汉文帝宠幸邓通，破坏了朝廷君臣之礼。申屠嘉这里提到了汉朝一个重要制度：对于宦官、外戚可以富之，也可以贵之，封侯赏赐都可以，但不能在朝廷任职，对宗室也是这样，封爵之后就应当回到封地，一年一度可以觐见一次，没有诏书不能私自回京。邓通也一样，不能参与朝政，也不能在君臣议事的时候出现。对于丞相的意见，汉文帝觉得有点儿小题大做："君勿言，吾私之。"申屠嘉不再说什么，这件事却没有完。下朝之后，他檄召邓通来丞相府，扬言如果不来就杀掉。邓通慌了，赶紧告诉汉文帝。文帝劝慰道，你姑且去丞相府，随后我就派人把你叫回来。这样邓通就来到丞相府，他有些胆怯，一进门就免冠，脱鞋，顿首谢罪。丞相威严地坐着，一动不动，连礼也不回，训斥道："夫朝廷者，高皇帝之朝廷也。通小臣，戏殿上，大不敬，当斩。吏今行斩之！"这通话里，值得推敲的是那句"朝廷者，高皇帝之朝廷也"。言外之意是，要用高皇帝的制度正朝廷之礼。申屠嘉是旧臣，他有资格这样说，也有权力这样做。邓通这回是真害怕了，不住地叩头，以至于血流满面，但丞相仍然不依不饶。恰在这时，救兵来了，汉文帝估摸着时机差不多了，丞相的火气该发完了，就派人召通，劳谢丞相说："此吾弄臣，君释之。"邓通被解救，一见汉文帝大靠山，情不自禁地哭诉道："丞相几杀臣！"

尽管赵同、邓通受宠，但在袁盎、申屠嘉的压制下，他们尚不能大行小人之道。这一方面源于汉文帝头脑清醒，另一方面也和内臣不得干预朝政的汉法有关。在朝臣们看来，皇帝可以宠幸内臣，赐予财富，但内臣不得干预朝政，不能破坏君臣关系，一旦越过这个界限，人人可得而诛之。文景之治之所以成功，是因为它较少受到干扰，有一批大臣在自觉地维持汉法。

相对于其他人，弄臣的地位比较可怜，并不是他们官职低微，而是在于依附他人，没有独立的人格和基本的尊严。他们所拥有的宠遇，不是靠文治武功谋取来的，也不是靠家世显赫荫封来的，而是靠善于观察、迎合，抓住一切可能的机会，献媚讨巧取得的。邓通就曾经为汉文帝吸痈，这一点，连汉文帝的儿子都做不到。弄臣与主子的关系一如犬猫之与主人，不比豢养宠物更强，因此很少有人能瞧得起这类人。司马迁睥睨地称："非独女以色媚，而士宦亦有之。"（《史记·佞幸列传》）弄臣以色媚人，竟然抢了后宫佳丽的风头。

如果以为弄臣只会讨人的喜欢，不会兴风作浪，那就错了。这种人永远不会凭空吃亏，受多大的委屈，就会占多大的便宜。一旦机会来到，他们就会肆无忌惮地报复，所报复的对象不是哪一个人，而是一个集体，一个曾经视其为无物，从来不正眼看待他们的那一群人。他们报复的手段别出心裁，可称得上天才的发明。这时你才会意识到：原来主人豢养的不是狸猫，而是鹰犬。汉代的张汤、江充，唐代的周兴、来俊臣是这一类人，明代的刘瑾、严嵩、魏忠贤也是这一类人，其表现可谓一代更比一代强。东汉、唐朝及明朝宦官势力最为猖獗，但也有不同。明朝因为有内臣不得干预朝政的遗训，宦官一般会和外臣勾结，尤其和大学士及各部尚书交好，以期控制外朝，巩固地位，达到自己的目的。东汉、唐朝却不同，宦官集团和外廷势不两立，水火不相容，两方总在伺机打压对方，总有一批正臣试图扭转局势，而往往以失败告终。直至唐末，这种斗争一直在持续，宦官集团终于把国家拖垮。

纵观两千年帝王史，有一个贯穿始终的奇怪现象：以皇帝为代表的内廷，与以宰相为代表的外廷之间一直处于博弈状态，他们的斗争从来没有中断过。按理说，外廷负责政府工作，为皇帝治理天下，两者之间的目的应该是一致的。其实不然，历代皇帝总担心宰相位高权重，国家控制在别人手里，所以千方百计打压外廷。最直截了当的办法就是削权、分权。从东汉开始，宰相的地位一步步下降，到唐、宋变成“同平章事”“参知机务”“参知政事”，这时还有宰相之名。明清以后更其可怜，干脆取消宰相，另设内阁，聘请一帮大学士协助署理政务，而大学士的品秩又很低，还不如六部尚书，相臣的地位一落千丈。

这就产生了一个问题，皇帝如果不信任外廷，他该依靠谁呢？答案是只好信用身边之人。而皇帝身边除了宦官就是后宫，除此再无人可用。于是我们就看到很多乱象，由唐代开始，大批宦官被派出领藩镇，做监军，传诏书。明朝祖训，内臣不得干预外朝，而且把这话做成铁牌悬示。但明代宦祸比哪朝都激烈，说明皇帝也实在不得已，除了宦官再无人可以信任。后宫虽受限制，但她们的戚属总可以信用，这就出现了宦祸和外戚之祸，而且两种势力常常水火不容，争得你死我活。以东汉为例，它具备了后代所有的隐患，诸如阉党、戚党、朋党等。以后历代朝廷内部斗争不外乎这几种情形，都是东汉的变种，形形色色的斗争从来没有消停过。

历史总在给人一种启示：小人当道，是善良人的不幸，也是社会的不幸。

诗曰：

且将笑靨献妆台，

细腰[1]直向倾城来。

帘外画眉有春恨，

苍苔点点上空阶。

①细腰：吴王好剑客，百姓多疮瘢；楚王好细腰，宫中多饿死。（《后汉书·马援列传》）

谗臣毁国

一般情况下，亡国之君身边都有两个人，一个是漂亮贪婪的美女，一个是全身冒坏水的谗臣。这三个人比周为奸，就可以让一个好端端的国家垮掉。

赵悼襄王时，赵国经历了长平之役，国力日颓。这时的秦国，雄心勃勃，锐不可当。反观赵国，蔺相如已经死了，剩下老将廉颇，也因为不被信任，而逃到了魏国。赵王被秦兵困，无将可用，就想到了廉颇，遂派人到魏国看老将可用否。这时，一个叫郭开的谗臣出现了，他是赵王的宠臣，因为与廉颇有私仇，极不愿看到廉颇被重用，就“多与使者金，令毁之”（《史记·廉颇蔺相如列传》，下同）。可怜廉颇为了能被赵用，“一饭斗米，肉十斤，被甲上马，以示尚可用。”但这个使者回来后，却说：“廉将军虽老，尚善饭，然与臣坐，顷之三遗矢矣。”这个使者真是善于进谗。郭开成功了，廉颇老死他乡，未得为用。李牧是廉颇之后涌现的著名将领，为赵守边，打得匈奴十余年不敢靠近赵国边城。赵悼襄王使其抗秦，又数次击破秦军。如果赵王专任李牧，起码可以暂时维持一时，但那个郭开又闲不住了。秦国一看李牧将兵难攻，就按照李斯确定的策略，大行反间计：给了郭开许多钱，让他谗毁李牧造反。郭开是赵王身边的红人，随便造个谣赵王就信了，马上把李牧杀掉。赵国又失去了一名勇将，转眼就亡国了。

与赵王不同，楚平王既喜欢美女，又离不开小人，可以说具备了亡国之君的所有条件。楚平王有一个溺爱的大臣叫费无忌，因为会办事，很得平王赏识。有一次，楚平王派费无忌到秦国为太子把媳妇迎娶回来。这门婚事是早先就定了的，所以秦国很痛快，毫不迟疑就把答应的成婚女子交给费无忌。费无忌发现秦女异常漂亮，灵机一动，赶在迎娶队伍的前面，提前跑回楚国。一见到楚平王，他首先把秦女的长相描绘了一番，建议楚平王："秦女好，可自娶，为太子更求。"（《史记·楚世家》，下同）这样做本不合人伦，但楚平王经不住诱惑，就同意了。这样，儿媳妇径直被送到公公房中。

做了这样无耻之事，费无忌本应心有愧疚，但相反，费无忌接着又离间起楚平王父子。楚平王为太子设了两位师傅，太傅是伍奢，少傅是费无忌。不知什么原因，也可能是太子发现费无忌心术不正，就和他很疏远，对太傅伍奢十分尊敬。看到太子对自己不信任，费无忌就动起了谗间的念头。经他从中挑拨，平王把太子发配到了边城。迎娶事件后，费无忌又日夜在楚平王面前告状："自无忌入秦女，太子怨，亦不能无望于王，王少自备焉。且太子居城父，擅兵，外交诸侯，且欲入矣。"他不但诬告太子有怨心，而且捏造太子有反意。楚平王不信任儿子，却偏偏相信费无忌。他把太傅伍奢抓来问罪，又派大将召回太子。太子吓得魂飞魄散，慌忙逃往宋国。

事情到了这种程度，费无忌索性一不做，二不休。他告诉楚平王："伍奢有二子，不杀者为楚国患。盍以免其父召之，必至。"平王依计办理，以伍奢为诱饵，要挟他两个儿子伍尚、伍子胥赴父难。伍尚很孝顺，乖乖地自投罗网，和父亲一起被杀。伍子胥却看透了里边的文章，转身就逃亡到了吴国。在费无忌的操纵下，楚平王落得个人离子散，天怒人怨。

逃到吴国的伍子胥，运气和他父亲一样差。尽管他辅佐吴王阖庐，使国家强盛起来，却不幸又遇到了另一个谗臣伯嚭。伯嚭和伍子胥经历相似，都是楚人，因为楚平王大肆杀戮而逃到吴国。开始两个人还能并肩作战，帮助吴国强盛。后来，随着伍子胥功绩卓著，伯嚭就与之离心离德了。例如，在对越国的态度上，两人意见辄相左。适逢吴王阖庐在吴越作战，受重伤而死，他的儿子夫差接替了王位。伍子胥一直认为越国才是吴国的心腹大患，在第一次打败越国，俘获越王勾践之后，伍子胥建议吴王夫差："越王为人能辛苦，今王不灭，后必悔之。"（《史记·伍子胥列传》，下同）但是伯嚭成功地破坏了他的计划。因为此前，越王勾践已经用钱把这人买通，吴王最终"用太宰嚭计，与越平"。"平"是讲和的意思，吴王觉得灭掉越国对自己没有太大意义，不如结为兄弟之国。

五年之后，吴王要兴师伐齐，伍子胥又建议："勾践食不重味，吊死问疾，且欲有所用之也。此人不死，必为吴患。"（《史记·吴太伯世家》）伍子胥不愧是一个政治家，他发现越王勾践一直在卧薪尝胆，野心很大，迟早是吴国的心腹大患。吴王北伐，越王黄雀在后，势必趁机打劫，所以不赞成远道北伐，即使北伐，也应先解决后顾之忧。关键时刻，越王故伎重演。"重宝以献遗太宰嚭。太宰嚭既数受越赂，其爱信越殊甚，日夜为言于吴王。吴王信用嚭之计。"（《史记·伍子胥列传》）伯嚭贪财好货，不惜置越利益于吴之上，花言巧语说越王好话，打消吴王顾虑。也是吴王被胜利冲昏了头脑，过分高估自己的实力，一意孤行，五年中四次伐齐，稍稍取胜，就与诸侯会盟，图谋霸国地位。不料晋国却不买他的账，两国为当诸侯盟主发生争执，差点儿动起刀兵。之后长达十余年，吴国总在征战中，以致国空，士皆罢敝。此时的伯嚭不以国家为忧，反而视清除伍子胥为首务，拼命诋毁，非置之死地而后快。吴王也真信他的话，马上就赐剑令伍子胥自杀。接下来的事就容易预料，越王一举灭吴，吴王自杀。临死前他愧悔万状，对越王说："孤老矣，不能事君也。吾悔不用子胥之言，自令陷死。"(《史记·吴太伯世家》) 吴王自杀后，令人没有想到的是，越王把太宰嚭也诛杀了，认为他"不忠于君，而外受重赂"(《史记·伍子胥列传》。太宰嚭借吴王之手除掉了对手伍子胥，自己也没有什么好下场，落得个人财两亡的结局。看来谗臣人人都想利用，人人也都憎恨。

最后一个大奸臣是赵高，他因为创造了一个指鹿为马的成语，广为人知。赵高是一个宦官，古人把这一类人中的坏人叫竖阉。秦始皇在巡游的路上死了，身边没有太子扶苏，却带了小儿子胡亥。赵高一直侍奉在胡亥身边，是胡亥的师父，两人有一定感情，后与丞相李斯谋逆篡位。这样，秦二世这个短命皇帝就上任了。本来，秦始皇想法十分美妙，他做始皇帝，"后世以计数，二世三世至于万世，传之无穷"(《史记·秦始皇本纪》)。但没想到会垮得这样快。在这个过程中，赵高"功"最大，因为胡亥信赖他，他就帮着出了很多"好"主意。首先，清除异己。秦二世上任后，看到大家不服，问赵高："大臣不服，官吏尚强，及诸公子必与我争，为之奈何？"赵高说："严法而刻刑，令有罪者相坐诛，至收族，灭大臣而远骨肉；贫者富之，贱者贵之。尽除去先帝之故臣，更置陛下之所亲信者近之。"(《史记·李斯列传》，下同) 于是胡亥大开杀戒。除公子扶苏、大将蒙恬外，胡亥兄弟十二人、姐妹十人相继被杀，连坐者不计其数。其次，厚敛重征。胡亥孝敬父亲，发动全国力量造骊山冢茔，仅用工就达七十余万人。除此以外，修长城，扩建阿房宫，用戍卒、徭役总计超过五十万人。民间不堪重负，揭竿起义者遥相呼应。再次，蔽上凌下。赵高对秦二世说："天子所以贵者，但以闻声，群臣莫得见其面，故号曰'朕'。"皇帝尊贵，就应当把自己关起来，使群臣莫能见面，不能知道朝廷决策，这样就能“示神明于天下”。本来，“朕”这个称呼在尧舜时就有，人人都可以用。秦始皇却不让别人用，说只能皇帝称“朕”。但没想到，赵高的解释却这样高明，叫人喷饭。秦二世大以为然，乖乖地躲进深宫，吃喝玩乐去了。也怪不得赵高，胡亥的理想就是如此。他说过：“夫人生居世间也，譬犹骋六骥过决隙也。吾既已临天下矣，欲悉耳目之所好，穷心志之所乐，以终吾年寿。”穷尽耳目所好、心志所乐，是他的追求。现在有人愿意替他代理国政，何乐而不为？于是就有李斯之死。说起来，李斯还是比较清醒的，他看到赵高专权，任意杀戮，横征暴敛，国将不国，想要劝劝胡亥。这时候胡亥一头扎进深宫，李斯欲见不能，求助于赵高。赵高同意了，他还为李斯选好了时机；每当胡亥与宫女饮酒作乐时，就宣李斯觐见，故意搅扰二世的好事。如此三次后，胡亥大怒，怒不可遏。赵高趁机离间，胡亥就下令将李斯下狱腰斩。除掉了最后一个威胁，赵高可以肆无忌惮了，指鹿为马只是证实了他在朝廷独一无二的地位而已。胡亥就这样一步步落入了赵高的掌握之中，内外交困，穷途末路，最后终于被赵高杀掉。“身死人手，为天下笑。”（《过秦论》）胡亥死后，赵高立其兄子婴为帝，觉得心里更踏实。但这个子婴还比较争气，不愿当儿皇帝，设计把赵高杀掉了。秦末这一出戏就完全落幕了。

因为有郭开、费无忌、伯嚭、赵高等人在，赵国、楚国、吴国、秦朝就只能灭亡。究其实，数国之亡，原因有很多，但这些人是加速器、推进器。一个国家遇到他们，不亡都不行。历代之正人君子对这些人都深恶痛绝，愿人人得而诛之。但这些人当时都很吃香，当朝者信任，一言九鼎，别人望其项背都不可能，何谈啮其肉、饮其血？说到底还是体制的原因，只要有专制体制存在，这些人就可能复活。

诗曰：

渔阳烽火未灰消，
魅影寒光试鼓刀。
试问谁将天下误？
亡国何罪一臣高。

狱吏之贵

周勃对于汉朝，其功大矣哉!吕后乱政，勃时为太尉，与陈平等共谋，驱除诸吕，还政以立文帝。汉文帝以为功大，拜为丞相，封作绛侯。但周勃这个人木讷少文，并不合汉文帝的胃口，但汉文帝对他还算礼遇，散朝以后，常常亲自送他出宫。周勃自己也以此为荣，面露得色。中郎袁盎看到这种情况，很为汉文帝不值，问文帝，陛下认为周勃是何等人？汉文帝回答，是社稷臣。袁盎不同意，他说："绛侯所谓功臣，非社稷臣。社稷臣主在与在，主亡与亡。方吕后时，诸吕用事，擅相王，刘氏不绝如带。是时绛侯为太尉，主兵柄，弗能正。吕后崩，大臣相与共叛诸吕，太尉主兵，适会其成功。所谓功臣，非社稷臣。丞相如有骄主色，陛下谦让，臣主失礼，窃为陛下不取也。"（《史记·袁盎晁错列传》）袁盎评价周勃只是功臣，非社稷之臣，既然是功臣，朝廷里这样的人很多，用不着非对周勃一人高看一眼。不论袁盎的意见正确与否，他都无法逃掉讨好示巧的嫌疑。他知道汉文帝早晚要厌烦这一套，所以抓住机会进言。汉文帝这个人城府很深，他并没有因此而厌烦周勃，相反，对周勃更加恭敬和尊重。这却让周勃很担心，他知道皇帝对他疏远了。

以后周勃免相就封，畏惧恐诛，每有官差至绛地，"常被甲，令家人持兵以见之"（《史记·绛侯周勃世家》，下同）。他身上经常穿着盔甲，接见官差时都要吩咐家人拿上武器，以防不测。这样，就有人告他谋反，他便被逮捕下狱。"廷尉下其事长安，逮捕勃治之。勃恐，不知置辞。吏稍侵辱之。”廷尉把他的案子交给了长安的狱吏，由他们来治理周勃的罪状。周勃恐慌，竟不知如何回答狱吏的问话。狱吏轻微地惩罚了他，应该说对他还算客气。周勃不得已，“以千金与狱吏”，通过儿媳（公主），打通汉文帝之母薄太后关节，为一言而赦。周勃出狱，喟然叹道：“吾尝将百万军，然安知狱吏之贵乎！”看来，狱吏给这位前太尉、前丞相留下了难以磨灭的印象。

周勃万万没有想到，他的儿子——条侯周亚夫竟也如他一样入了狱。周亚夫善于用兵，深得汉文帝赏识，文帝临终对景帝说：“即有缓急，周亚夫真可任将兵。”汉景帝即位，拜周亚夫为车骑将军。吴楚之乱，又任命周亚夫为太尉，他领兵平定了叛军，后被升为丞相。可以说，周家父子都在关键时刻为汉朝立下了汗马功劳。但好景不长，周亚夫因为废立太子之事得罪了汉景帝，后来又因为其他几件事被罢免。不久，称病解职的周亚夫被请进了内宫，汉景帝要赐食于他。奇怪的是，周亚夫面前只摆了一盘大块儿的肉，却没有切肉的刀具，也没有筷箸。他内心不平，自己走到汉景帝席前拿取筷子。景帝半开玩笑地说，难道这还不够你用吗？赐宴结束，周亚夫告别，景帝看着他的背影，喃喃自语：“此怏怏者非少主臣也！”他知道周亚夫一直心怀不满，由此动了杀心。

机会很快就来了。周亚夫的儿子出于孝敬，为父亲准备甲、楯等殉葬所用葬器，雇工匠打造，却没有付钱。工匠一怒之下，告发他们偷买了一些只可天子用的葬器。古代把这叫僭越。汉景帝马上派人质询，周亚夫张口结舌答对不出来。景帝骂道：“吾不用也！”他把案子交给廷尉。廷尉准确领会了景帝的意图，质问周亚夫：“君侯欲反邪？”周亚夫回答：“臣所买器，乃葬器也，何谓反邪？”狱吏哪管这一套，“君侯纵不反地上，即欲反地下耳”。这句话太厉害！你即使活着不造反，也想要在阴间造反。欲加之罪，何患无辞！周亚夫因为这个莫须有的罪名，饿死在了狱中，下场比乃父更为悲惨。

周勃、周亚夫父子功高震主，结局都不太好，司马迁说他们“足己而不学，守节不逊，终以穷困。”这让人想起了汉宣帝时的霍光。霍光是骠骑将军霍去病的弟弟，历侍武帝、昭帝，废昌邑王，立宣帝，在位二十余年。汉武帝临终托付他辅佐儿子，行周公之事。霍光摄政，怀里抱着八岁的汉昭帝即位，天下事一决于光，被封为大司马大将军、博陆侯。汉宣帝即位，对霍光更是敬爱有加，霍氏一门无一人不封官晋爵。这时候的霍光，早没有了当初的小心谨慎，俨然以监国者自居。《汉书》记载，宣帝初立，告祭刘邦高庙，霍光乘车跟随，“上内严惮之，若有芒刺在背”（《汉书·霍光金日磾传》，下同）。皇帝对大臣敬畏到这种程度，本不是一件正常的事，霍光却丝毫没有意识到。不同的是，后来车骑将军张安世也侍从天子出行。“天子从容肆体，甚安近焉。”“天子甚尊惮大将军，然内亲安世，心密于光焉。”（《汉书·张安世传》）张安世是前朝张汤的儿子，他一改父风，以持守谨严著称，恭恭敬敬侍奉天子，深得汉宣帝厚爱。霍光死后，一门被灭，身为皇后的女儿也被打入冷宫，而张安世却安然无恙，其尊贵程度不亚于霍光。

汉景帝时，有一个著名的御史大夫叫韩安国，他在做梁王中大夫时，因故犯法下狱。入监后，有一个叫田甲的狱吏，对他很不友好，经常欺负凌辱。韩安国忍无可忍，怒问：“死灰独不复然乎？”（《史记·韩长孺列传》，下同）死灰也可复燃，他让田甲给自己留点儿后路。但这个田甲根本不吃这一套，竟然反唇相讥：“然即溺之”。这个狱吏没有料到韩安国这堆死灰不但复燃，而且凭他的力量无法浇灭。当初吴楚之乱，韩安国替梁王率兵抵御吴军，为太尉周亚夫赢得了时间。梁王与景帝俱为窦太后所生，窦太后特别喜欢梁王这个小儿子，百般娇惯、溺爱。汉景帝为讨母亲喜欢，曾戏言，百年之后传位于梁王。母子二人信以为真，暗自高兴。对此，大臣们都极力反对，说周成王曾与弟弟叔虞削桐叶为戏，要给他封侯，史官随后就请成王择日行封，成王不想践诺，说不过是开玩笑，史官反驳道，天子无戏言，言则行，行必果，于是成王只好把叔虞分封到唐地。现在景帝这样说，无疑是步成王后尘，把社稷江山置于何地！幸好此事没有兑现。但后来问题出在梁王身上，因为有母亲溺爱、哥哥承诺，梁王经常自拟于天子，车骑、警跸都有违法度，引起了汉景帝的警惕，渐渐疏远了梁王。在这个敏感问题上，朝臣都不敢多言，唯韩安国上书，具言梁王仁孝，没有不臣之心，化解了一场宫廷政治斗争，也因此深得太后、景帝信赖。韩安国系狱不久，梁国缺少一个内史，汉景帝第一时间想起了韩安国，命人把他从狱中放出，即刻上任。韩安国被起用后，田甲闻风逃跑。韩安国下令“甲不就官，我灭而宗”。田甲灰溜溜地回来了，“肉袒谢”。但韩安国并没有杀他，这点有些像韩信。

汉初，虽然解除了秦法，与民休息，汉文帝还废除了肉刑，但法令甚严，文网甚密，所以就产生了郅都、张汤之类酷吏。贵为侯、相如周勃等都常不自安，致有“安知狱吏之贵”（《史记·绛侯周勃世家》）之叹，使人不禁对崇尚黄老之学、为人所称道的“文景之治”有多样的理解了。

诗曰：

自古人事两彷徨，
秉剑终须为剑伤。
廊庙无情伤心地，
帝乡错认是吾乡。

爱恨情仇

人是感情动物，有七情六欲，爱、恨、怨、贪、嗔、痴种种，不一而足。感情使人与人之间的关系变得纷繁复杂，同时也使社会呈现出丰富多彩的特点。七情六欲是人的本性，佛教谓之心魔。人之所以为人就在于能控制自己的情感和欲望。大千世界，芸芸众生，可以对人施以诱惑的何止千万，而人一生能得到的十分有限。放纵自己的情欲，就会侵夺他人，危害社会。人人都不满足，社会就充满怨恨，就是一个不良的社会。怨之于人，其害非浅，怨而至于仇，就会使人失去理智，做出一些违背人性、灭绝人性的事来。吕后就是一个例子。当初，刘邦喜欢戚姬，甚至要把她生的孩子如意立为太子。因为大臣们的反对，刘邦这才打消了念头，但吕后从此与戚姬结下怨仇。刘邦死后，吕后篡权，首先把赵王如意鸩杀。说来也可叹，吕后的儿子孝惠帝对他这个异母弟弟十分怜爱，自从母亲把如意召到长安以后，他就看穿了母亲的意图，千方百计保护弟弟。他让如意和自己吃住都在一起，防止母亲有机可乘。但一个人要处心积虑地害人，不怕没有机会。一天早晨，孝惠帝要出外习射，如意贪睡，没有起床。就这么一个空隙让吕后发现了，她马上派人毒死了如意。之后，她又竭尽所能折磨戚夫人。“太后遂断戚夫人手足，去眼，辉耳，饮喑药，使居厕中，命曰‘人彘’。”（《史记·吕太后本纪》，下同）砍掉戚夫人的手足，挖掉眼珠，设法把她弄成聋子和哑巴，一副活死人的模样。折磨完了，还把这个只有身子的女人扔到厕所，让她呼吸脏臭，与蚊蝇为伍。吕后如此恶毒，连她的儿子孝惠帝看了都无法忍受，说“此非人所为”。吕后因为忌恨，对戚夫人无所不用其极，她制造的这个“人彘”，可谓前无古人，后无来者。吕后做这些事，也许是为了儿子，但她没有料到，儿子在目睹这两个人惨死后，抑郁生病，从此不再理朝，过了六年就死掉了。

伍子胥是楚国大夫伍奢的儿子。伍奢效命于楚平王，官至太子太傅。楚平王不太像话，给太子娶亲，一看儿媳妇漂亮，索性就自己霸占了。之后，身边的小人离间太子，他竟然要杀掉太子。伍奢还比较正直，劝楚王“王奈何以小臣疏骨肉”（《史记·楚世家》，下同），平王就把伍奢抓了起来。伍奢有两个儿子，一个叫伍尚，一个就是伍子胥。楚平王打算斩草除根，就威逼伍奢把两个儿子招来，一网打尽。知子莫若父，伍奢对两个儿子十分了解，就对平王说：伍尚慈孝仁义，一叫就来，但“胥之为人，智而好谋，勇而矜功，知来必死，必不来。然为楚国忧者必此子”。他介绍自己的儿子，说伍子胥为人聪明而有谋略，勇敢而又自负，他知道来这里一定会死，因此肯定不会来，但将来造成楚国忧患的定是他。果然，伍子胥没有上当，逃到吴国去了。伍奢听说后，十分担忧，说：“胥亡，楚国危殆。”这个人也有些愚忠，自己父子尚且性命难保，却还在担心朝廷。以后，伍子胥辅佐吴王，吴国一天天强大起来。伍子胥大权在握，他做的第一件事，就是报楚王杀父兄之仇。吴军伐楚，势不可当，一鼓作气打到了楚国国都郢城。此时，楚平王已死，伍子胥无从发泄，就把楚平王的尸体从坟墓中挖出来，鞭尸泄愤。“乃掘楚平王墓，出其尸，鞭之三百，然后已。”（《史记·伍子胥列传》）这件事做得有些过分，连他的朋友申包胥都有些看不惯。

范雎也是一个睚眦必报的人。起先，范雎是魏国大夫须贾的幕僚，大臣须贾受命出使齐，范雎也随其来到齐国。齐王听说范雎有些本事，就有意笼络，派人送给他一些钱财。这事被须贾知道了，就有些生气，回国后他把这事告诉了公子魏齐。“魏齐大怒，使舍人笞击雎，折胁摺齿。雎佯死，即卷以箦，置厕中。宾客饮者醉，更溺雎。”（《史记·范雎蔡泽列传》，下同）魏齐非常生气，让门人用竹板痛打范雎，打断了范雎的肋骨，打掉了他的牙齿，还把装死的范雎用席子卷起来，扔到厕所，宾客喝醉了酒，就对着范雎撒尿。这就有些过分了，不但把人往死里打，而且还侮辱人家，区区小事，没有必要如此大动干戈。范雎死里逃生，化名张禄，去了秦国。秦昭王很器重他，命他做了相国，而且封为应侯。范雎对昔日戮辱之仇念念不忘，时刻不忘报复。恰逢此时须贾出使于秦，参拜国相张禄。他还不知道张禄就是范雎，以为范雎早已死掉。范雎听说须贾来了，便刻意穿着以前的破衣烂衫来到须贾的官邸。须贾见后大吃一惊，没有想到范雎还活着，看到范雎衣着寒酸的样子，心生同情，随手赠其一件绨袍，接着就委托范雎把他引荐给秦相。范雎不但答应，而且亲自驾着驷马大车，把他拉到了相府。范雎主动先去通报，过了好久没有出来。须贾感到奇怪，询问相府门下，为什么秦相还不出来。门下这才告诉他，刚才和他一起进来的人就是秦相。须贾大惊失色，赶紧肉袒膝行，向范雎叩头认罪。“贾不意君能自致于青云之上，贾不敢复读天下之书，不敢复与天下之事。贾有汤镬之罪，请自屏于胡貉之地，唯君死生之！”他说，我没有想到您仅靠自己的能力就能做青云之上的高官，我不敢再自诩读遍了天下书，也不敢再参与诸侯间的事了。我所犯之罪大到可以下油锅，任您随便处置，即使流放到边外也没有怨言。

范雎告诉须贾：你知道吗？你有三个罪过。第一，我和你都是魏人，忠于故国是人之常情。当初齐王向我示好，本不是我的错，你明知这个情况，却还以我有外心而向魏齐告发。第二，当魏齐处罚我，把我打得死去活来扔到厕所时，你不该不出来劝阻。第三，我被扔到厕所以后，你不该和众人一样，在我身上撒尿，你怎么如此狠心呢？说完，范雎叹息一声，说，你有三罪而我不打算处死你，是因为再次见面时，你良心发现，赠予我绨袍。一番数落之后，范雎还不解恨，他大摆宴席，遍请各国诸侯使节，“而坐须贾于堂下，置莝豆其前，令两黥徒夹而马食之”。他让须贾坐在堂下，在他面前放着喂马的草和豆，再命令两个囚徒夹着他，像喂马一样喂他，这是有意作弄、侮辱须贾。对付完须贾，下来就该对付魏齐了。范雎让须贾捎话给魏国：“为我告魏王，急持魏齐头来！不然者，我且屠大梁。”替我转告魏王，速拿魏齐的头来，如其不然，我就要血洗魏都大梁。魏齐闻听，吓得失去了主张，不敢在魏国待，慌不择路地投奔到赵国。秦昭王的确待范雎不薄，也一心要帮范雎报仇，就威胁赵王交出魏齐。魏齐不得已，只好自杀了事。范雎做到了“一饭之德必偿，睚眦之仇必报”。

司马迁由衷悲叹道：“怨毒之于人甚矣哉!”（《史记·伍子胥列传》）恩怨仇恨的故事，自古及今，不知有几何。伍子胥和范雎，称得上是有仇必报、有怨必申的人。至如吕后，怨毒何其深也，以人为彘，暴虐残忍至极。这个人心地狭隘，残酷无情，一旦大权在握，就能做出这样恶毒的事来。可以想见，一个社会，此类人如果掌握了生杀大权，就会灭绝人性，荼毒生灵，社会就会暗无天日。非人的手段只有非人才能做出，对于善良人而言，不能仅仅满足于与人为善！

诗曰：

冤冤相报何已矣！

怒向刀兵苦不息。
发穴鞭尸昨未悔，
又谁江上漂鸱夷[1]。

①鸱夷：（伍子胥）自刭死。吴王闻之大怒，乃取子胥尸盛以鸱夷革，浮之江中。吴人怜之，为立祠于江上，因命曰胥山。（《史记·伍子胥列传》）

复仇之箭

人世间最可怕的力量莫过于复仇。受复仇心驱使，人可以聚集火山喷发般的能量，做出非理性的事端。吴越交战，吴王阖庐受伤，临死前，立夫差为王，对他说："尔而忘勾践杀汝父乎？"(《史记·吴太伯世家》) 夫差回答不敢忘记。为报父仇，他准备了三年，重用伍子胥、孙武理国治军，一举打败越国，包围越都会稽，逼得越王勾践俯首称臣。越王勾践不堪其辱，乃苦身焦思，置胆于座，坐卧即仰胆，饮食亦尝胆也，曰："女忘会稽之耻邪？"(《史记·越王勾践世家》，下同) 卧薪尝胆，是为了时刻提醒自己不忘国耻。为了达到复仇的目的，勾践"身自耕作，夫人自织，食不加肉，衣不重采，折节下贤人，厚遇宾客，赈贫吊死，与百姓同其劳。"勾践衣食住行极其俭朴，同老百姓一样耕作纺织，并能虚己待人，折节下士，对范蠡、文种的建议言听计从。所做这一切只有一个目的，就是复仇。一个君王能做到这一步，复仇就不是一件难事。后来越王勾践报仇成功，消灭了吴国。吴越两国真可谓冤冤相报，互为世仇。

古今中外，复仇的故事最能吸引人。《王子复仇记》《基督山伯爵》历久不衰，体现了人们对正义的追求、对邪恶的嫉恨。另外，在复仇的过程中，你可以看到人的破坏力量有多么强大。

古代人不赞成复仇，但对一些正义的复仇持默认态度，认为复仇应有法度。伍子胥当年因父兄被杀，逃亡于吴国。临走前，他对好朋友申包胥说："我必覆楚。"(《史记·伍子胥列传》，下同)

表示今后一定要灭楚复仇。申包胥却针锋相对道："我必存之。"后来，伍子胥果然带兵打到楚国，把楚平王从坟墓中掘出来，鞭尸三百。申包胥听说后，很不以为然："子之报仇，其以甚乎！吾闻之，人众者胜天，天定亦能破人。今子故平王之臣，亲北面而事之，今至于僇死人，此岂其无天道之极乎！"申包胥看不惯伍子胥的做法，认为他做得太过分，一定会受到天谴。此时伍子胥已经打到了楚国郢都，为了救楚，申包胥求救于秦国。秦哀公没有答应，他就站在秦王宫室前哭了七天七夜。秦王被感动了，"楚虽无道，有臣若是，可无存乎？"秦王认为楚王虽然无道，但有申包胥这样的忠臣，还是值得一救的。遂发兵击吴，救楚于未亡。在这里，申包胥就代表了春秋大义，负责矫正伍子胥违反天道伦理的做法。

春秋大义只对诸侯之国有效，而对蛮夷之国就无能为力了。匈奴单于有个太子叫冒顿（音墨渎），是王位继承人。老单于后来又得了个小儿子，就打算废掉冒顿，立小儿子为太子。为了除掉冒顿，老单于支派他到月氏国（音肉支）做人质。两个国家经常为争夺地盘厮杀，他想借刀杀人。冒顿去了以后，老单于立即出兵攻打月氏，月氏国王一怒之下，想要杀掉冒顿。冒顿很机灵，偷了一匹马又逃回了匈奴。老单于看到冒顿如此勇敢，就交给他一万骑兵。父子间的恩怨就这些。按道理，远远没有到你死我活的地步，但这个冒顿却由此深埋下复仇的种子。为了实现复仇计划，也为了争夺失去的王位继承权，他开始训练部下，为他日报仇做好准备。冒顿制作了一种响箭，命令部下，"鸣镝所射而不悉射者，斩之"（《史记·匈奴列传》，下同）。响箭所向就是大家射箭的目标，响箭发出之后，士卒必须众箭齐发，没有这样做的，一律斩首。之后，残酷的训练就一步步展开了。起初，他用打猎来训练士兵。后来，就把响箭射向自己的坐骑。他对准这匹马射了一支响箭，大部分人都能遵守号令，但还有少数人心存顾虑，下不了手，他就把这些人杀了。接着，他又把响箭射向自己的爱妻。这次仍然有些人担心他秋后算账，手挽弓箭，颤抖而不敢发射，冒顿就把这些人也杀了。经过这样无情的训练，再也没有不遵守号令的人了。最后一次，冒顿在出猎时，发现有人放牧父亲的坐骑，他就对准这匹马射了一支响箭，左右随从不假思索纷纷搭弓射箭，这匹马就被射杀而死。冒顿由此知道训练告成，可以实现自己的复仇计划了。他终于找到了机会。一次，他的父亲行猎，吩咐他随行。打猎途中，他趁老单于不防，掏出响箭从背后射向自己的父亲，他的亲兵同时引弓放箭，连眼都不眨一下。老单于死了。冒顿领兵大开杀戒，清除一切异己，自立为单于。冒顿以父亲为目标的训练计划成功实施，这个训练的残酷性足以让一切为人父者闻之胆寒。

冒顿继立为单于后确实也不同凡响。他不只专横跋扈，亦还有些领袖的见地和谋略。冒顿刚上台时，东胡（匈奴的又一支）还比较强盛，他们对冒顿的领地垂涎欲滴，试探性地派人来，说想得到老单于的千里马。冒顿召集群臣商议，大家都说千里马是宝马，不要轻易给他们。冒顿却说，何必为了一匹马惹得邻居不高兴？便把千里马送出去了。东胡以为冒顿弱小，害怕自己，就又提出想得到单于身边的美女。冒顿又召集群臣会商，群臣们听说后都怒火万丈，认为东胡无礼，请求发兵攻打。冒顿又不同意，他沉着地说，何必为了一个美女而伤害邻居？就又把美女送给东胡了。这样一来，东胡王有些飘飘然，随即产生了非分之念。他派人对冒顿说，我们两国交界处有一块废地，你们也不常去，索性送给东胡。冒顿征求群臣意见。大家揣摩冒顿的心思，既然单于连千里马和美女都不在乎，这块废地值得什么。于是有人就说："此弃地，予之亦可，勿予亦可。”意思是：你愿意给也行，不愿意给也行，反正不过是一块废地。大家根本不把这块地当回事。冒顿这一次大怒，道：“地者，国之本也，奈何予之！”冒顿并不是没有原则的人，他认为千里马、美女都不足珍贵，可有可无，唯独土地是根本所在，一寸也不能失去。东胡索要千里马、美女，对他来说并不构成威胁，而索要土地却事关部族尊严。冒顿拍案而起，把那些同意给予东胡土地的大臣悉数杀掉，然后上马带领骑兵袭击东胡。东胡太小瞧冒顿了，根本没有防备他会反击，一下就被消灭了。

冒顿单于训练他的臣子，也像训练他的士兵一样，都有一个终极目标。不同的是，前者的目标是他的父亲，后者的目标是土地。凡是触忤他终极目标的人，都杀无赦！

从冒顿单于复仇之事可以看到，复仇未必都是正义的。冒顿射向自己父亲的那支响箭，与其说是复仇，毋宁说是射向王位，这样的复仇之箭就非常邪恶。然而这还不是最可怕的。最可怕的是，在冒顿的死亡威逼下，那些训练有素的士兵集体射出的一束束箭头。

诗曰：

一枕恩仇梦乍回，
剑光遥指向寒灰。
少年盛气消磨尽，
螳螂捕蝉知是谁？

管鲍之交

一个人一生可以有许多朋友，但称得上知己的，应该不多。伯夷、叔齐痛心于商纣王无道，又耻于做周之臣，宁愿饿死首阳山，也不食周粟。这两人志同道合，可以称得上同志交。贾谊慕屈原之为人，怜屈原之怀才抱屈，凭江而吊，引为知己，是之谓忘年交。人多羡高山流水者，以知音稀少也。刘向的《列仙传》中记载了一个美丽的故事：秦穆公时，一个叫萧史的人善于吹箫。当他吹箫时，孔雀、白鹤就会闻声而来，盘桓在他周围。穆公有个女儿，名弄玉，听到箫声后就喜欢上了萧史。穆公知道后，把弄玉嫁给了萧史。小夫妻成婚后，萧史每日教弄玉吹箫。几年以后，弄玉的吹箫水平大进，声音好似凤鸣一般。终于有一天，他们的箫声引来了凤凰。穆公知道后很高兴，建造了一座凤台供他们居住。又过了数年，他们的乐声不但招来了凤凰，而且吸引了神龙。最后，夫妻俩一人乘龙、一人御凤飞升而去。

管仲和鲍叔牙称得上知己之交。这两个人都是齐国大夫，管仲辅佐齐襄公之子公子纠，鲍叔牙辅佐公子小白。齐襄公死后，两公子为争夺王位，发生了火拼。公子小白得胜，坐上了王位，是为齐桓公。齐桓公为王，并没有饶了兄弟，结果公子纠被杀，管仲被抓。这时候，齐桓公一心要杀了管仲，以解心头恨。鲍叔牙不同意，他对桓公说："君将治齐，即高傒与叔牙足也。君且欲霸王，非管夷吾不可。夷吾所居国国重，不可失也。"（《史记·齐太公世家》）管夷吾就是管仲。古有伯、仲、叔、季的长幼次序。管仲在家里排行老二，所以叫这个名字。鲍叔牙对管仲的才干了如指掌，他劝说桓公道，若满足于治理齐国，用高傒和我就足够了。如果你还想成就霸王大业，那就非用管仲不可。管仲对国家而言实在太重要了，他在哪个国家，哪个国家一定会强盛。齐桓公是胸怀大志的人，欣然接受了鲍叔牙的劝谏，拜管仲为大夫，委任他主持国政。管仲不负众望，为相四十余年，齐国大治。齐桓公做了春秋五霸之一，可以号令诸侯。管仲对鲍叔牙感恩戴德，他说："吾始困时，尝与鲍叔贾，分财利多自与，鲍叔不以我为贪，知我贫也。吾尝为鲍叔谋事而更穷困，鲍叔不以我为愚，知时有利不利也。吾尝三仕三见逐于君，鲍叔不以我为不肖，知我不遭时也。吾尝三战三走，鲍叔不以我为怯，知我有老母也。公子纠败，召忽死之，吾幽囚受辱，鲍叔不以我为无耻，知我不羞小节而耻功名不显于天下也。生我者父母，知我者鲍子也。"(《史记·管晏列传》)意思是：从前我穷困的时候，曾和鲍叔牙合伙做生意。分钱的时候，我给自己多分，鲍叔牙并没有认为我贪财，他知道我贫穷需要钱。我曾替鲍叔牙出主意，致使他更加穷困，鲍叔牙不认为我愚笨，他知道这是机会不好的缘故。我曾三次出仕，三次被罢斥，鲍叔牙不认为我没有才能，他知道我时运不济。我曾三战三败，鲍叔牙不认为我怯懦怕死，他知道我家有老母。公子纠争夺君位失败，召忽自杀，我受辱被囚，鲍叔牙不认为我失败可耻，他知道我不以小节为耻，而以功名不显扬于天下为耻。父母虽然生我养我，但真正了解我的人，却是鲍叔牙。由此可以看到，鲍叔牙有博大的胸怀、容人的雅量。他没有因为管仲失败而小觑于他，也没有胜利者的骄姿，而是以国事为重，荐贤推能，使管仲的才能得以施展。管仲有幸，鲍叔牙堪为知己。

百里奚和蹇叔也可以称得上是知己之交。百里奚原是虞国大夫，晋军灭虞之后，就把百里奚送给秦穆公夫人为奴。到了秦国以后，百里奚趁机逃跑，却在楚国边境被人抓住了。秦穆公听说百里奚是个贤能之人，就打算把他购回秦国。恐怕给的钱财多会引起楚国的警觉，秦穆公只用五张羊皮，以一个家奴的价格把百里奚换了回来。秦穆公与他经过一番交谈之后，发现他满腹经纶，就委任他主持国政，并赐他“五羊大夫”官职。这时，百里奚已是年届七旬的人了。所以说，人只要有本事，不愁无用武之地，姜太公也是耄耋之年才被周王重用的。

百里奚还有一段离奇的故事。传说他被晋人抓走以后，妻子就辗转逃难，最后来到了秦国，以做浣妇度日。后来听说丈夫做了秦相，她就到相府做工。苦于夫妻不能相认，又不知丈夫变心与否，情急之下，她唱起一首歌，试图勾起丈夫旧忆，歌曰：“百里奚，五羊皮，忆别时，烹伏雌，炊扊扅，今日富贵忘我为！”意思是说，百里奚，五羊皮呀，还记得当初离别时，我把咱家唯一的母鸡炖了给你吃？那时没有木柴，我只好把门闩劈了当柴烧。今天你富贵了，难道连这些都忘了吗？百里奚听到歌后，慌忙跑出门外，一看，果然是多年未谋面的妻子。遂夫妻相认，抱头痛哭。

百里奚做了大夫之后，就向秦王推荐朋友蹇叔：“臣不及臣友蹇叔，蹇叔贤而世莫知。臣常游困于齐而乞食铚人，蹇叔收臣。臣因而欲事齐君无知，蹇叔止臣，臣得脱齐难，遂之周。周王子颓好牛，臣以养牛干之。及颓欲用臣，蹇叔止臣，臣去，得不诛。事虞君，蹇叔止臣。臣知虞君不用臣，臣诚私利禄爵，且留。再用其言，得脱；一不用，及虞君难，是以知其贤。”（《史记·秦本纪》）百里奚说，我不如我的朋友蹇叔贤能，蹇叔不为世人所知。我曾在游历齐国时，因困窘不得不向人乞食，蹇叔在这种情况下收留了我。后来，我想为齐君无知效劳，被蹇叔劝住了，我才得以在齐乱时不受牵连。到了周室后，周王子颓好牛，我以养牛的身份参与政事，颓想起用我，蹇叔又阻止，我听了他的话离开周，因此没有被诛杀。时我在虞国任职，蹇叔又劝我不要干，我也知道虞君不会重用自己，却贪图私利爵禄，勉强留了下来。此后听从他的建议，才得以脱身。我只一次没有听从他的话，就遭遇了虞国之难，因此知道他的远见胜过一般人。从百里奚的叙述中，可知蹇叔聪颖智慧，有超常的洞察力和预见性，几番救百里奚于危难中，可称得上是他的诤友。两个人经历各种患难，互相推重，堪称知己。秦穆公任用这两个人主政后，秦国渐富强兴旺，从此可以逐鹿于中原。

诗曰：

知己之交古来稀，
先生乌有笑子虚①。
遭逢厄难方知贵，
绕树三匝②杨柳依③。

---

①“先生乌有”句：乌有先生、子虚是司马相如《上林赋》中假托的两个人物。
②绕树三匝：绕树三匝，何枝可依？（《曹操·短歌行》）
③杨柳依：昔我往矣，杨柳依依。今我来思，雨雪霏霏。（《诗经·小雅·采薇》）

同窗反目

孔子不仅懂周公之礼，对人情世故也不外行。关于交友他有几句著名论断，他说：“益者三友，损者三友。友直，友谅，友多闻，益矣。友便辟，友善柔，友便佞，损矣。”（《论语·季氏》）意思是说，同正直的人交友，同诚信的人交友，同见闻广博的人交友，对自己有益无损。而同谄媚奉承的人交友，同当面恭维、背后毁谤的人交友，同夸夸其谈的人交友，则对自己有损无益。和其他事情一样，交友也是一门大学问。与君子在一起，如入芝兰之室，可以使人受益。如果不慎结交小人，误入歧途，就会遗患无穷。所以古人提倡慎交友、交益友、交诤友，因为朋友一旦反目，比真正的敌人还可怕，这可怕的地方在于——他了解你的弱点。

同窗好友，情感自是非同一般，本来应该意气相投，互帮互学，成就一番事业。但一经功名利禄诱惑，同学就可能成为最可怕的敌人。孙膑与庞涓、苏秦与张仪、李斯与韩非，就是这样的三对“好”同学。

孙膑是孙武的后代，年轻时与庞涓曾在一起学兵法。庞涓事魏，受到惠王重用，拜为将军。人一发达，心眼就多了。他自认为才能不及孙膑，就把孙膑也请到魏国。在眼皮底下可以放心了吧，庞涓犹恐孙膑受重用而超过他，找了个理由，把孙膑打入牢中，砍断了他的双脚。沦为残疾的孙膑艰难地逃到了齐国，被齐威王的大将田忌重用，养为食客。田忌和齐国公子赛马，孙膑教他把马分为上、中、下三等，用上马与对方的中马，用中马对付对方的下马，而用下马应付对方的上马。这样比赛下来，田忌两胜一负，赢得了比赛。这本来是指挥三军作战的战术，孙膑把它用在了赛马上，田忌由此知道孙膑有真才实学，就把他推荐给了齐威王。孙膑在著名的围魏救赵一役中尽显身手。魏国伐赵，赵求救于齐，齐王任命田忌为将、孙膑为军师。田忌本来想引兵赴赵，孙膑建议，不如直取魏都大梁，魏国闻听必然回师，赵国之围自然解除。后来果如其言。

十三年之后，魏与赵联合攻韩。这三家本来一体，都是分晋以后成立的新诸侯国，现在却打得不亦乐乎。韩国无法招架，向昔日的霸主齐国求救，齐君便又派田忌和孙膑带军前往。这次他们还是直扑大梁，而庞涓率领的魏军也从韩国撤了回来，齐、魏两军便在魏地展开了决战。孙膑巧用减灶法诱庞涓上钩。头一日埋灶十万，第二日减为五万，第三日减为三万，使庞涓误以为齐军死亡大半，轻敌骄傲。庞涓急于寻找孙膑一决胜负，也一步步陷入孙膑为他设计的圈套中。齐军诱敌深入，在一个叫马陵的地方埋下伏兵，等待轻装冒进的魏军。这场战斗中魏军全军覆没，庞涓慌不择路，来到那棵写有“庞涓死于此树之下”的树前，愤而拔剑自刎。临死前他很不服气地说：“遂成竖子之名。”（《史记·孙子吴起列传》）这句话后来变为成语。

苏秦与张仪也是一对同窗好友，他们都师从鬼谷先生，学帝王之术。这一门学问现在失传了，很可惜，他们是专凭两排伶俐齿、三寸不烂舌吃饭的。苏秦出道早，游说秦不行，转而游说六国，主张合纵抗秦，被齐国聘为相。时间不长，他又先后被其他五国聘为国相。张仪却不那么幸运，初游楚就被当成贼打了一顿。伤病好了之后，他受不了穷困，就去求见苏秦。其时苏秦正在赵国办公，听说张仪来了，猜到他所为何事，想打打他的锐气，激发他的斗志，就拒不接见，让底下人把他草草安顿，给他吃的饭都是奴仆所用的粗饭，最后还指责他“以子之才能，乃自令困辱至此。吾宁不能言而富贵子，子不足收也”(《史记·张仪列传》)。苏秦讥刺张仪，以你的才能，却混到如此困顿不堪的地步，怎么能让人瞧得起？我是不会向赵王荐举你的,你不值得做我的手下！张仪本以为他俩是同学、故人，苏秦应会善待他，给个官做做，却没想到受此奇辱。一怒之下，他去了秦国，被秦惠王任用，做了秦相。张仪的主张是用连横破解合纵，与苏秦倒行而逆施之。一对同学反目，以离间为事，玩国家于股掌之中，以实现个人的荣华富贵，也只有在战国这个特殊时期才有这种事。

苏秦与张仪的学说本没有正义可言，洪迈说：“苏欲六国合从以摈秦，故言其强。谓燕地方二千余里，带甲数十万，车六百乘，骑六千匹；谓赵地亦方二千余里，带甲数十万，车千乘，骑万匹；谓韩地方九百里，带甲数十万，天下之强弓劲弩，皆从韩出，韩卒之勇，一人当百；谓魏地方千里，卒七十万；齐地方二千余里，临淄之卒，固已二十一万；楚地方五千里，带甲百万，车千乘，骑万匹。至于张仪，则欲六国为横以事秦，卒不过二十万；临淄、即墨非齐之有；断赵右肩；黔、巫非楚有；易水、长城非燕有。然而六王皆耸听敬从，举国而付之，未尝有一语相折难者。”(《容斋随笔》卷二）两人的主张大概如此。

李斯和韩非子的故事有些像学兵法的那二位。他们两个人都是荀子的学生，喜刑名、法术之学。李斯自认为才能不及韩非子。他被秦始皇重用，做了秦相，明法度，定律令，书同文，为秦国勾画一切，事业处于巅峰。韩非子因为口吃（杨雄也口吃)，不能说，长于写。他是韩国公子，看到国家微弱，就向韩王进言，出了很多主意。但韩王并没有重视。他只好闭门著述，做了《说难》

《孤愤》《五蠹》等几篇时论。未曾想却被秦始皇看中了，秦始皇认为他的主张符合秦国实际，与自己的想法不谋而合，喜不自禁地说："嗟乎！寡人得见此人，与之游，死不恨矣。"（《史记·申不害韩非列传》，下同）他打听到韩非子在韩国，为了招致人才，不惜以武力进攻韩国。韩王不得已把韩非子送了来，但秦王不知道怎么用他，只能如"琏瑚"宝器一样供养起来。李斯一直怕韩非子抢了自己的风头，一看秦始皇把韩非子束之高阁，就趁机离间："韩非，韩之诸公子也。今王欲并诸侯，非终为韩不为秦，此人之情也。今王不用，久留而归之，此自遗患也，不如以过法诛之。"他说，韩非是韩国公子，现在君王要吞并诸侯，韩非心在韩而不在秦，这是人之常情。现在君王不打算重用他，他迟早要回到韩国，为韩王出力，这是君王自留后患，不如随便找个错把他杀掉算了。秦王默认后，李斯马上把韩非子下狱，送去毒药，逼迫韩非子自杀。秦王答应李斯后有些后悔，毕竟韩非子没有犯死罪，就派人赦免韩非子，使者到来的时候，人已死矣，可见动作之快！

司马迁在为这两人作传的时候，着实费了些脑子。他为李斯立专传，因为李斯对秦的统一贡献很大，无论如何不能抹杀。韩非子没有大的事迹，但是他有著述，有一套较为完整的体系。司马迁没有如常例把韩非附于李斯传后，而是另立《老子韩非列传》。此传由老子而庄子，由庄子而申不害，又由申不害而韩非，把黄老刑名之学的历史渊源及其演变，交代得清清楚楚。韩非子作为法家的著名人物，他的历史地位不言而喻。

三对同学因名利而忌刻，乃至互相残害、仇恨，令人叹惋。然而事实毕竟如此，尽管残酷无情，却也实实在在地发生了。

诗曰：

良禽择木拣枝栖，
善自待时比翼飞。
百鸟同林春气象，
凤凰浴火几只回！

功名富贵

功名富贵者，人所共求，趋之若鹜。秦始皇游会稽，项羽见到后，不以为然。“彼可取而代之”（《史记·项羽本纪》）。刘邦纵观秦始皇，喟然叹息曰：“嗟乎，大丈夫当如此也！”（《史记·高祖本纪》）司马迁塑造人物往往有传神之笔，以项羽的性格，说出这种话丝毫不奇怪，话里话外透着一股霸气。性格决定命运，他给自己一点儿余地也不留。相比之下，刘邦要老到得多，话中绵里藏针，有觊觎之心、必得之志，而讳莫如深。后人评价说，闻二人此言则可预知以后结果。

秦汉之际天下纷攘，人人自以为得时。苏秦从学于鬼谷先生，学成后，有必得之志。出游数年，大困而归。兄弟、嫂妹、妻妾都讥笑他，认为他不务正业。苏秦也有些自惭形秽，遂闭门不出，遍览群书。又得周书《阴府》，揣读二年，自负道：“此可以说当世之君矣。”（《史记·苏秦列传》）张仪初游诸侯受挫。有一次，他与楚相共饮，结束后楚相发现玉璧不见了，大家都怀疑张仪，说张仪贫而无行，一定是他偷去了。于是就把张仪捉起来打了几百竹板，他没有招认，也就被放掉了。回到家里，妻子看到他这副狼狈相，怜惜地劝他：你再不要出去游说了，免得受辱。张仪不以为然，谓其妻曰：“视吾舌尚在否？”（《史记·张仪列传》，下同）其妻笑曰：“舌在也。”仪曰：“足矣。”再游，一举成功。

李斯从荀子学帝王之术，学已成，辞别荀子道：“斯闻得时无急，今万乘方争时，游者主事。今秦王欲吞天下，称帝而治，此布衣驰骛之时而游说者之秋也。”“故诟莫大于卑贱，而悲莫甚于穷困。久处卑贱之位，困苦之地，非世而恶利，自托于无为，此非士之情也。”（《史记·李斯列传》，下同）诸侯争雄，李斯看到了机会，他不像苏秦、张仪，有奶就是娘，而是有自己的理想和抱负。李斯选中了秦国，他要帮着秦国完成帝王大业。李斯认为，人最大的悲哀莫过于卑贱、穷困，不愿意久处贫贱困苦之地，活脱脱袒露出驱逐名利之心，而且欲望十分强烈，须臾不可待。其人西出说秦，为秦吞并天下献计献策，居然成功，位居丞相，贵极人臣，荣华富贵一时。连李斯自己都有些承受不起，叹道：“夫斯乃上蔡布衣，闾巷之黔首。上不知其驽下，遂擢至此。当今人臣之位无居臣上者，可谓富贵极矣。”一介布衣能贵为卿相，位极人臣，对于自己取得的成就、地位，李斯十分满足。

汉武帝时有一个叫主父偃的，是齐之诸生，学过鬼谷子的长短纵横术，以及《易》《春秋》和百家之言，可称杂家。这个人早先游于齐、燕、汉、中山等地，处处受人排挤，穷困潦倒。后上书汉武帝，言九事，八事为律令，一事谏伐匈奴，受武帝赏识。汉武帝亲自召见，高兴地说：“公等皆安在？何相见之晚也！”（《史记·平津侯主父列传》，下同）一年提拔了他四次。主父偃有两个建议在当时影响很大，一是关于削封诸侯的问题。吴楚之乱以后，各诸侯王成为影响朝廷安危的一个主要隐忧。汉武帝一直想出击匈奴，解决边患，但内部问题没有解决，他迟迟下不了决心。文帝、景帝时，贾谊、晁错等都看到诸侯王国尾大不掉，建议削封。景帝按照晁错的计划，强行削封，结果激起事变，遭到七国强烈反抗。景帝不得已，听从袁盎意见，杀晁错以谢天下，但也没有阻止叛乱。七国之乱虽然平定，但这一问题没有得到彻底解决，而且更加敏感。主父偃总结晁错削封的教训，提出实行“推恩令”，即把较大的诸侯王国的封地，再行分封给各自的子弟，使一个封国变成许多个小封国，这样虽然诸侯增加了，但封地小了，而且在诸侯内部分封，他们也比较乐意，使他们和朝廷的矛盾变成他们自己的矛盾，朝廷可以乐观其变。这无疑是一个好办法。汉武帝马上同意，并于元朔二年（前 127 年）全面推行。推恩令施行后，原来的大诸侯国变为一个个小国，有的甚至只有一个县的大小，国无后或作奸犯科都可以免封，汉朝从此无诸侯之患。

诸侯坐大则朝廷不安，然而削封之后，固无内争之虞，却出现了一个新问题。刘邦当初遍封刘姓子弟，是为了防异姓篡夺，稳固江山。当诸侯微弱，一旦天下有变，朝廷再无外援，这是一个问题解决以后引起的另一个问题。可惜汉武帝和主父偃都未虑及此问题。以后王莽篡国，虽有个别刘姓诸侯抵抗，但丝毫不能撼动局面。时势已去，眼睁睁看着国祚移于人而不能救。所以，凡事不能急功，急功则得之一隅，失之满盘。

二是关于移民茂陵一事。大规模移民从秦朝开始。秦统一后，秦始皇把六国贵族迁往长安，以绝后患。汉武帝时，天下安定，但地方豪强依然存在，一些富人兼并土地，为富不仁；一些剑侠横行乡里，杀人越货，成为地方治安的大害。因此，主父偃建议：“茂陵初立，天下豪杰并兼之家，乱众之民，皆可徙茂陵，内实京师，外销奸猾，此所谓不诛而害除。”茂陵是武帝的陵寝，在他活着时就开始修建。帝王坟茔大多如此，秦始皇的骊山直到他死都没有修好。主父偃让武帝把但凡危害地方的奸猾之徒迁往茂陵，名之曰守陵，实际上等于变相看管。迁徙令施行后，对地方影响很大。游侠郭解等也在名单上。郭解没有钱，就托大将军卫青向武帝说情。由此可以知道一些富户如果愿意出钱，就可以免于迁徙，迁徙令同时也使朝廷发了一笔小财。武帝还为茂陵移民专门设县，以县令领之，高出一般县的规格。以后，这似乎成为一种定制，昭帝平陵、宣帝杜陵、元帝渭陵等都设县。汉武帝从茂陵移民中尝到甜头。后来打败匈奴，他把很多外夷迁到内地，想使汉、夷同化，却并不理想。“非我族类，其心必异”。

主父偃既为武帝宠信，做事便不计后果，以揭发别人阴事为能。因为曾经在燕、赵受辱，就伺机报复，他以事告发燕王，燕王论死。后来做齐相，又举报齐王姐弟私通，齐王忧恐自杀。有人劝说他“太横矣”，主父偃说：“臣结发游学四十余年，身不得遂，亲不以为子，昆弟不收，宾客弃我，我厄日久矣。且丈夫生不五鼎食，死即五鼎烹耳。吾日暮途远，故倒行暴施之。”主父偃年轻时遭遇坎坷，对于世态炎凉耿耿于怀，一旦东山再起，即使身受五鼎烹，也要满足个人欲望。为了追求功名富贵孤注一掷，主父偃可让同侪相比失色矣。

诗曰：

富贵穷愁本来空，
功名场上闹哄哄。
江河依然东流去，
只见微澜不见风。

以鼠为师

老鼠这种东西，本为人不齿，但就有人从老鼠身上学到了求生之道。李斯年轻时，做郡小吏，见到官府茅厕里老鼠于粪便中滚爬，处在这种卑劣的环境中，一旦看见人或犬，犹不自安，慌忙逃窜。随后，他又见到粮仓的老鼠，身处高屋大厦，心安理得，有吃有喝，养得肥肥胖胖，见了人也丝毫不畏惧。李斯两相比较，不禁叹道："人之贤不肖譬如鼠矣，在所自处耳。"（《史记·李斯列传》，下同）善于在生活中学习的李斯，发现了一个人生哲理：人之生也有术，与其做一只茅厕中的老鼠，不如做一只朝廷的仓鼠。

李斯以鼠自譬，其人可知，其术可得而闻。李斯初从荀子学帝王之术，学成后，看到天下大势为秦强而诸侯弱，后辞别荀子西行。初为秦用就碰到逐客一事，李斯遂上《谏逐客书》，逐客令得以不行。他以舌辩取得丞相之位，却建议秦始皇禁绝百家，说诸子百家"入则心非，出则巷议，非主以为名，异趣以为高，率群下以造谤。"天下读书人从此结舌。之后，他又对秦二世说："明主灭仁义之涂，绝谏诤之辩，荦然行恣睢之心。"提出要杜绝谏诤。假使秦不受李斯谏，则斯不得为秦用，至于位极人臣而杜人口。前后反复如是，明其为仓鼠也。

李斯与韩非子是同学，秦王欲用韩非，李斯嫉妒，竟伺机杀死韩非子。此鼠机也。

沙丘之变，赵高挟一己之利，欲扶胡亥而拒公子扶苏。与李斯谋，以势利诱之，李斯赞成其事，秦以之亡。此鼠迹也。

赵高得势，隔绝李斯、秦二世，用计倾陷，致李斯腰斩于咸阳，灭三族。李斯之亡何异于鼠？

汉武帝时，有一个酷吏叫张汤。其幼时，他的父亲做长安县丞。有一天，父亲外出，让他在家看门，却不留意让老鼠把肉偷走了。父亲以为是他偷吃，就打屁股以示惩戒。张汤迁怒于老鼠，一气之下把老鼠和肉都从鼠洞里掏出来，像狱吏惩治囚犯一样，对老鼠用刑，治老鼠的罪，并且依他所定律条把老鼠施以“磔”刑。他的父亲发现后，以为是治狱的人才，就让他做了狱吏。张汤后来官至廷尉、御史大夫，此人用心刻深，成了朝廷的有力爪牙，人人避之犹恐不及。

以人为师，即无成，犹未远于人；以鼠为师，纵业成，也难脱鼠目鼠迹。诗曰：“相鼠有皮，人而无仪。人而无仪，不死何为？”（《诗经·鄘风·相鼠》）其是之谓欤！

诗曰：

庙堂之上有青蝇[①]，
社鼠居然侧九卿。
覆手为云翻手雨，
偷天换日学雕虫。

①青蝇：营营青蝇，止于樊。恺弟君子，无信谗言。（《诗经·小雅·青蝇》）

狡兔死，走狗烹

李斯被赵高以谋反罪下狱，他在狱中给秦二世上书，有如自辩状，书曰："臣为丞相，治民三十余年矣。逮秦地之狭隘，先王之时，秦地不过千里，兵数十万，臣尽薄材，谨奉法令，阴行谋臣，资之金玉，使游说诸侯，阴修甲兵，饰政教，官斗士，尊功臣，盛其爵禄，故终以胁韩弱魏，破燕、赵，夷齐、楚，卒兼六国，虏其王，立秦为天子，罪一矣。……"（《史记·李斯列传》，下同）意思是：我做丞相，代君治民三十多年了。起初，秦国版图不过千里，士兵也只有数十万。我倾尽所能严明国家法令，暗中派遣谋臣，带着金银珠宝游说诸侯，同时训练军队，整饬政令，奖赏勇士，敬尊功臣，提高他们的爵位和俸禄。以上种种实行以后，终于逼迫韩国胁从，魏国示弱，并打败了燕、赵，夷平齐、楚，最后吞并了六国，俘虏了他们的国君，使秦如周王一样做了天子，这是我的首罪。……李斯书中，历数其"罪"，以至于"罪七"，实功七也。读此书，足以令人心寒。假使胡亥见书，李斯当不至于死。但赵高扣下了这道上书，称："囚安得上书！"李斯父子以腰斩问刑。临死前，他对儿子说："吾欲与若复牵黄犬，俱出上蔡东门逐狡兔，岂可得乎！"李斯此时的心情，大概百味杂陈，难以具言吧。位为三公，落得如此下场，足可让人为之拉泪。

功绩卓著，功成而身死人手的不只李斯一个。比他更早的还有越国大夫文种。越王勾践被吴国打败后，卧薪尝胆，依靠范蠡、文种辅佐，不但灭掉了吴国，而且一跃成为春秋五霸之一。胜利之后，范蠡头脑清楚，他知道帝王的一般规律，对外杀戮之后，接下来就要清除异己，尤其是那些功高难封的大臣，君王为之寝不安席。于是范蠡逃到齐国，发财致富，做起了陶朱公。他劝文种也能像他一样隐居起来，说："飞鸟尽，良弓藏。狡兔死，走狗烹。"（《史记·越王勾践世家》，下同）认为越王为人只可与其共患难，不可与其共富贵，建议文种早走为上。文种认可了范蠡的意见，却没有离去，他心里还有些疑犹，准确地说，是对越王仍抱有幻想，就装病不去上朝。越王却没有文种想象的那样善良和温情，他一直在伺机除掉文种这样的心腹之患。恰巧有人告文种谋反，越王就抓住机会，借题发挥，赐文种自杀。他赤裸裸地对文种说："子教寡人伐吴七术，寡人用其三而败吴，其四在子，子为我从先王试之。"意即，你教给我七策打败吴国，我只用了其中三策就实现了宿愿。另外四策还在你那里，请你到阴曹地府去教给我的父王吧。越王担忧的是文种深藏的智慧和计谋。致文种死的，不是无功、无能，而是能耐太大，让别人时刻惦记、提防。能耐太大也会死人，这给了我们一个新的启迪。

淮阴侯韩信其人，于刘邦定汉，功不可没。韩信的重要性在楚、汉对峙时就被双方所看重，楚王项羽也拉拢过韩信。是时，楚、汉虽不两立，但项羽已呈衰势，想与刘邦以荥阳鸿沟为界，东、西分治，并且离间韩信，以期弱化汉军。他派人劝韩信："今足下虽自以与汉王为厚交，为之尽力用兵，终为之所禽矣。足下所以得须臾至今者，以项王尚存也。当今二王之事，权在足下。足下右投则汉王胜，左投则项王胜。项王今日亡，则次取足下。足下与项王有故，何不反汉与楚连和，参分天下王之？"（《史记·淮阴侯列传》，下同）项羽的说客叫武涉，和韩信的谋士蒯通一样，都是当时著名的游士。他对韩信分析道：足下自以为与汉王交情深厚，所以甘愿为他拼命打仗，最后也难逃被擒灭的下场。之所以把你留到现在，是因为项王尚在，还需要你出力。目前楚汉相争，谁败谁胜关键在你，你倾向于西则汉王取胜，倾向于东则项王取胜。项王一旦被灭，接下来就轮到你了。论起来，你和项王旧交较早，为什么不能联手反汉，三足鼎立？项羽的使者也是够厉害，他看到韩信的力量足以扭转乾坤，并且预见到韩信以后的结果。他认为项王若亡，后继者就是韩信，建议其与项羽联手抗刘。不然，至少保持中立，三分天下，各有其地。这话既为项羽，也为韩信着想，有很强的诱惑力。韩信此时刚被刘邦封为齐王，对汉王感恩戴德，忠信不移，完全不理会项羽的拉拢。

此时天下大势不仅武涉看到，很多人也都看到了。蒯通也如此劝说韩信："……当今两主之命悬于足下。足下为汉则汉胜，与楚则楚胜。臣愿披腹心，输肝胆，效愚计，恐足下不能用也。诚能听臣之计，莫若两利而俱存之，参分天下，鼎足而居，其势莫敢先动。"意思是说，如今楚王、汉王的命运掌握在你手里，你站在汉王一边汉王就会取胜，站在楚王一边楚王也会取胜。我想向你敞开心扉，发自肺腑地献出计策，又担心你不会照办。果真能听我的话，不如保持中立，不倾向任何一方，这样天下就变成三个人的天下，形成鼎足之势，谁也不敢轻举妄动。蒯通和武涉说的一模一样，英雄之见略同。但韩信断然拒绝："吾闻之，乘人之车者载人之患，衣人之衣者怀人之忧，食人之食者死人之事，吾岂可以向利背义乎？"他说，我听说过这样一个道理，坐别人的车就要和别人一起承担风险，穿别人的衣服就要担忧别人是否受饥寒之苦，吃人家的饭就得为人家卖命，我难道可以唯利是图而不顾忠义吗？实际上，韩信的心里很矛盾，表面对汉忠贞不贰，内心也担心功成身死。刘、项争雄，韩信的力量骤然间成为决胜因素，他对此尚难以接受，表现得有些首鼠两端。在这种情势下，他虽然忐忑不安，仍心存侥幸，不愿意相信可能发生的事情。但武涉、蒯通的预测不幸而言中，汉灭楚后，刘邦随即对韩信下手，这回的理由仍然是谋反。可能会有人质疑：昔日两强相争，韩信举足轻重，彼时不反而待此时反耶？周勃被诬造反，汉文帝的母亲薄太后说："绛侯绾皇帝玺，将兵于北军，不以此时反，今居一小县，顾欲反邪！"（《史记·绛侯周勃世家》）说的就是这个道理，文帝听后就把周勃放了。韩信却没有这样幸运，更没有人替他解脱。明眼人都知道，刘邦功成之后，决心要清除这些昔日与他讨价还价的大将了。面对死亡，韩信只有自己发发感慨了："果若人言，'狡兔死，良狗亨；高鸟尽，良弓藏；敌国破，谋臣亡。'"（《史记·淮阴侯列传》，下同）看来，他对范蠡、文种的故事知之甚详，唯独没有想到这件事能发生在自己身上。他和文种一样，性格上都有致命的缺陷，即妇人之仁，不忍之心。勾践和刘邦没有这么多顾虑，他们的特点是：该用就用，该杀就杀。

李斯、文种、韩信堪称千古豪杰，不世出的才能之士。他们都死在了自己一手创建的江山社稷祭坛上，是所谓"我以我血荐轩辕"。无疑，这给后人提供了足够多的教训。但诚如韩信所言，"食人之食者死人之事"，从一开始他们就被套着枷锁、戴着镣铐跳舞，功成被诛，身死人手，不也是一种必然吗？

诗曰：

治乱安邦赖群雄，
中原逐鹿建奇功。
良弓藏处高鸟尽，
狡兔穷搜走狗烹。

选贤任能

观看一个社会有没有活力，主要应该看它的用人制度，是否能够做到人尽其用。中国数千年君主制度得以延续，首先得力于稳固的政体，其次就应该归功于用人制度和监察制度。三者互为补充，国家就能够维持运转。关于用人方面，古人给我们留下了丰富的遗产。春秋战国是用人的时代，各国都有较成熟的荐举制度，有别人荐，有自己荐，只要才识卓越，就不会被埋没。到了汉朝，郡县给朝廷荐举人才是为官职责，每年都有数量规定，刺史到郡县巡察，采风和发现人才也是职责所在。推荐的人才有孝廉、通经博士等。汉朝以孝治天下，格外重视孝廉，荐举后一经核实，一般都会任为郎职。而博士却需要特殊考试，皇帝以国家要事出题，即策问，让他们引经据典，出谋划策，拿出策对。凡应对如流、条理分明或文采华丽者都会被录用。郡县对所推举人才负有连带责任，推举不实或犯法，都要有所牵连。

关于用人，古代流传下来很多佳话，所谓举人不避亲，用人不避仇；举直错诸枉，举枉错诸直；等等。古代君王自鸣得意的天下大治，往往在于“得人”，其意有二：一是得民心，二是得人才。做到了“得人”，就是繁荣气象，否则就会衰败，气数难以久长。关于这个问题，司马迁感触至深，他告诫说：“国之将兴，必有祯祥，君子用而小人退。国之将亡，贤人隐，乱臣贵。”（《史记·楚元王世家》）一个国家即将兴起时，一定有吉祥的征兆，这时君子被重用，小人被斥退。相反，一个国家即将灭亡时，正人君子会隐退，而乱臣小人将被重用。这是他总结历史的深刻体会，也是一条铁的规律。但浮云遮望眼，能认识及此，并以此衡量而身体力行的君王总不是很多，否则，古今何来那么多隐士？

齐威王与魏梁惠王闲谈。魏王问齐国有什么宝贝，齐王说没有。魏王就有些不屑，说像魏国这样的小国，“尚有径寸之珠，照车前后各十二乘者十枚”（《史记·田敬仲完世家》，下同），以齐之大何言无宝？齐威王就回答说：“寡人之所以为宝与王异。吾臣有檀子者，使守南城，则楚人不敢为寇东取，泗上十二诸侯皆来朝；吾臣有盼子者，使守高唐，则赵人不敢东渔于河；吾吏有黔夫者，使守徐州，则燕人祭北门，赵人祭西门，徙而从者七千余家；吾臣有种首者，使备盗贼，则道不拾遗。此四臣者，将以照千里，岂特十二乘哉！”齐威王解释道，寡人所珍爱的宝物和魏王认为的有所不同：我有位名叫檀子的大臣，派他守南城，楚国就不敢侵袭，泗水流域十二个诸侯国都来朝贡。又有一位叫盼子的大臣，派他镇守高唐（今山东禹城县附近），赵国人便不敢到东边的黄河捕鱼。我又有个叫黔夫的大臣，让他镇守徐州，燕国人就到北门祭祀，赵国人就到西门祭祀，恐怕受到攻击。因为他有这样高的声名，自愿跟随他的百姓竟有七千户之多。我还有个叫种首的大臣，派他防备盗贼，则路不拾遗。这四个大臣，就是我的国宝，他们的光辉可以照耀千里，十二车珠宝怎么能与之相比呢？齐威王以人才为重，对自己手下的才能之士视若珍宝，有了这些人辅佐用命，齐威王才能号令天下。

齐威王不仅以人为宝，而且明于察人。他即位之初，齐国已走向衰败，乱象丛生。他决心重振齐国。他深知治国之要在于治吏，就以此为突破口整顿吏风。他了解各地官员的表现，听人说即墨（今山东平度县东南）大夫无能，阿城（今山东阳谷东）大夫贤良，就派人分别下去了解情况。掌握情况后，他先后把两人召来，对即墨大夫说："自子之居即墨也，毁言日至。然吾使人视即墨，田野辟，民人给，官无留事，东方以宁。是子不事吾左右以求誉也。"齐威王表扬道：自从你到即墨上任，每天都有人说你的坏话，但我派人到即墨视察，发现田野都辟为耕地，人民富足，官衙没有拖着不办的公事，齐国东境因此康宁。之所以有人诬告，大概是因为你不巴结我的左右近臣的缘故吧。齐威王对即墨大夫予以重奖，封给他食邑万户。之后，他对阿城大夫说："自子之守阿，誉言日闻。然使使视阿，田野不辟，民贫苦。昔日赵攻甄，子弗能救。卫取薛陵，子弗知。是子以币厚吾左右以求誉也。"齐威王指责说：自从你镇守阿城以来，每天都有人赞美你，但是我派使者视察后发现，田野没有开垦，人民生活贫困。从前赵国攻占甄城，你不能解救；卫国攻占薛陵，你连消息都不知道。但是你却有好名声，这大概是用钱贿赂我周围的近臣的缘故吧。齐威王当即命令对阿城大夫施以烹刑，并把身边曾赞美阿城大夫的近臣也都杀了。对官员一番整治之后，齐威王出兵攻打赵国、卫国、魏国，夺回了失地，其他诸侯国闻风丧胆，二十余年不敢对齐国用兵，齐国由此中兴强盛。

刘邦取得天下，与群臣总结成功经验，"吾所以有天下者何？项氏之所以失天下者何？"（《史记·高祖本纪》，下同）大家众说纷纭，但都没有说到点子上。刘邦说你们只知其一，不知其二。成大事者用人是关键，张良、萧何、韩信这三个人"皆人杰也，吾能用之，此吾所以取天下也。项羽有一范增而不能用，此其所以为我擒也。"刘邦不愧有帝王之才，他简明扼要地指出了成败之要害。其实，项羽不善用人这个致命的缺点也被很多人看到。当初项羽强盛时，挟楚怀王以令天下，没有一方能够与之抗衡，刘邦也被赶到了汉中，烧毁栈道，以示无意于中原。当此之时，汉军人心涣散，兵逃将亡，连韩信这样的人都因为没有被重用，看不到希望而逃之夭夭。幸亏萧何识人，月下千里追韩信，才为刘邦挽回了一个可以奠定汉家基业的大将。也幸亏刘邦是一个识才的明君，肯礼贤下士，“择良日，斋戒，设坛场，具礼”（《史记·淮阴侯列传》，下同），拜韩信为大将。韩信不愧为韩信，他在刘邦低潮时就预见到了楚败汉胜的结局。他说：“项王喑恶叱咤，千人皆废，然不能任属贤将，此特匹夫之勇耳。”这是其一。其二，“项王见人恭敬慈爱，言语呕呕，人有疾病，涕泣分食饮。至使人有功当封爵者，印刓敝，忍不能予，此所谓妇人之仁也。”韩信认为项羽只具备匹夫之勇，空有妇人之仁，不足以成大事。

刘邦不仅敢于用人，而且不惜以显位擢拔才能之士。陈平投汉，刘邦与他交谈后大悦，就问陈平在楚任何职，陈平说任都尉，刘邦“是日乃拜平为都尉，使为参乘，典护军”（《史记·陈丞相世家》，下同）。这下众将哗然：“大王一日得楚之亡卒，未知其高下，而即与同载，反使监护军长者！”众将纷纷提意见说，大王刚刚得到楚军的逃兵，还不了解他的才能如何，就与其同坐一车，派他监护军中资历深的将军，这样做太过分了！周勃、灌婴这些大将也都不服，他们拼命诋毁陈平：“臣闻平居家时，盗其嫂；事魏不容，亡归楚；归楚不中，又亡归汉。今日大王尊官之，令护军。……平，反覆乱臣也，愿王察之。”意即，听说陈平在家时，和他的嫂子有苟且之事，后来投奔魏国不被留用，就逃到了楚王那里，又对楚王不满，这才投奔汉军。现在大王重用他，给他高官，让他监军，很不合适……陈平是一位反复无常的乱臣，请求大王明察。这么多人反对，刘邦就有些狐疑不定。陈平是魏无知这个人推荐的，他就咨询魏无知。魏无知毫不避讳地说：“臣所言者，能也；陛下所问者，行也。今有尾生、孝己之行而无益处于胜负之数，陛下何暇用之乎？楚汉相距，臣进奇谋之士，顾其计诚足以利国家不耳。且盗嫂受金又何足疑乎？”意思是：我所介绍的是陈平的才能，而陛下所听到的是他的品行。假使他具有尾生和孝己那样的品行（尾生与孝己都是古代传说中的人物，尾生以信义著名，孝己以行孝著称），却无助于战争的胜负，那么陛下有必要用他吗？如今楚汉相争，我向大王推荐的是有奇谋的人才，首先考虑他的谋略对汉是否有利，至于偷嫂受贿的事，是他的个人行为，对大局又有什么妨碍呢？魏无知这一番话，说得振振有词，理由充分，刘邦无言以对。但他还有些拿不定主意，又把陈平叫来，将大家的意见告诉陈平，陈平回答：“臣事魏王。魏王不能用臣说，故去事项王，项王不能信人，其所任爱，非诸项即妻之昆弟，虽有奇士不能用，平乃去楚。闻汉王之能用人，故归大王。臣裸身来，不受金无以为资。诚臣计画有可采者，大王用之；使无可用者，金具在，请封输官，得请骸骨。”意思是：我侍奉魏王，魏王不能采用我的意见，所以才去投奔项王。项王对人不能信任，他所任用的，不是姓项的，就是他的戚属，即使你有奇谋也不能用，因此我离开楚王。听说汉王善于用人，所以才来投奔。我来时只身一人，不接受贿赂就无法生存。如果大王觉得我的建议可行，就任用我；如果觉得我一无所用，就请把这些金钱封存，上缴府库，放我走就行了。此言坦率直白，顺便拍了刘邦的马屁。听了这话，刘邦不由得窃喜，对陈平信用不疑。

人才之于国家，关乎成败兴衰。秦国历代君王二十余，大多奋发有为，拣选天下英才为我所用，一代代累积下来，使秦由一个西鄙小国发展成诸侯豪强。秦穆公任用百里奚、蹇叔、由余，秦得以强盛，加兵晋、楚，与强国匹敌。秦孝公信用商鞅，变法修刑，内劝耕稼，外赏行伍，国富民强，周天子封以为伯爵。秦惠文王用一张仪，游说诸侯与盟。游说不行，辅以金钱购买，购买不行，辅以大兵压境。诸侯恐怖，日夜不安。秦昭王聘用范雎、蔡泽为相，以三王霸业为上，内整肃纲纪，使秦国权威归于一人；外图谋诸侯，确定兼并六国谋略。此时六国于秦，不异于案上俎肉。至于秦始皇，信从李斯、韩非子之说，明法度，定律令，同书文，构建起新帝国的框架，二十余年，一统天下，周祚移而为秦所有。秦国历代君王爱惜人才，广为搜求人才，他山之石为我所用，才使其能够鸟瞰列强，鹰击燕赵。洪迈说："七国虎争天下，莫不招致四方游士。然六国所用相，皆其宗族及国人，如齐之田忌、田婴、田文，韩之公仲、公叔，赵之奉阳、平原君，魏王至以太子为相。独秦不然，其始与之谋国以开霸业者，魏人公孙鞅也。其他若楼缓赵人，张仪、魏冉、范雎皆魏人，蔡泽燕人，吕不韦韩人，李斯楚人，皆委国而听之不疑，卒之所以兼天下者，诸人之力也。燕昭王任郭隗、剧辛、乐毅，几灭强齐，辛、毅皆赵人也。楚悼王任吴起为相，诸侯患楚之强，盖卫人也。"(《容斋随笔·卷二》)此诚如李斯所言："夫物不产于秦，可宝者多；士不产于秦，而愿忠者众。""是以太山不让土壤，故能成其大；河海不择细流，故能就其深。"(《史记·李斯列传》)

用一件事可以说明秦国是如何购揽人才的。西戎和秦国毗邻，听说秦穆公治国有方，就派了谋臣由余去看看，顺便了解秦国的虚实。可能有些瞧不起外夷，由余来了之后，秦穆公带着他参观了宫室、国库，夸耀秦国的富有。由余却丝毫看不上眼，反而挖苦道："使鬼为之，则劳神矣。使人为之，亦苦民矣。"(《史记·秦本纪》，下同）意思是：这些成果，如果是鬼神完成的，则太使鬼神劳苦了；如果是人完成的，也太使百姓劳苦了。没有想到，由余根本没有把这些看在眼里。秦穆公一听，就知道碰上内行了。秦国数代君王都有好大喜功的毛病，他们由甘陇四次迁都，每到一处都大兴土木，死后人殉也是秦开的先例。秦始皇最甚，大兴土木，建未央宫、甘泉宫及骊山生冢等。由余这句话确乎切中秦国之弊。秦穆公不死心，打算试探由余，就问他说，我们这些文化比较发达的国家，为政讲究诗、书、礼、乐、法度，就这样还不一定能治理好，西戎蛮夷之地，靠什么治理国家呢？由余笑着回答："此乃中国所以乱也。"礼乐、法度这些东西，就是圣人运用，也只能达到小治。一般君王只注重威权，昏庸之君又骄奢淫逸，对下索取无度，以致君民关系紧张，内乱就发生了。"夫戎夷不然，上含淳德以遇其下，下怀忠信以事其上，一国之政犹一身之治，不知所以治，此真圣人之治也。"戎夷虽然不懂治国之道，但他能以仁义之心待人，子民也以忠信回报，君臣一心，一个国家团结得就像一个人一样，这样的为政之道不也是圣人追求的大治吗？

这是由余的观点，有黄老的味道，不能不承认他讲得有些道理。其实很多事情都这样。叠床架屋，就会失去它的本原，而最原始的也可能是最有效的。法律亦如此，法宽则民不觉有法，法疏则民重法；法重则民不畏法，法愈密而民愈生逃心。秦穆公彻底佩服了。他是一个遇见高人绝不放过的人，这事之后，他马上和大臣们商量如何才能得到由余。臣子给他出主意，由余来不来的关键在戎王。戎王身处塞外，不懂享乐，如果送给他女乐，相信他很快就会沉溺于美女歌舞之中，而置国事于不顾，由余就没有什么用。我们一方面邀请由余，一方面从中离间，由余在西戎不得志，只能投奔秦国了。秦王高兴地照办了。这一计不太光明正大，却务实管用，不出所料，由余不久就投奔到秦国来。此前，西戎动不动侵扰中原，秦国腹背受敌。由余来了之后，献以伐戎之策，西戎很快就臣服了。

凡是有志向的君主，无不以人才为重。燕昭王继立，正是燕国岌岌可危之时。齐国伐燕，燕国士卒不战，城门不闭，国家弱不禁风。燕昭王决心重整河山，他办的第一件事就是招贤纳士，“卑身厚币以招贤者”（《史记·燕召公世家》，下同）。他对郭隗先生说：“齐因孤之国乱而袭破燕，孤极知燕小力少，不足以报。然诚得贤士以共国，以雪先王之耻，孤之愿也。先生视可者，得身事之。”意思是：齐国趁燕国内乱而打败我们，我深知燕国国小，力量薄弱，难以报仇，但我诚恳地希望得到贤才，与我一起治理国家，以雪先王被打败的羞耻，这是我的衷心愿望。先生如果认为我还值得辅佐，请让我亲自侍奉你。话说得很诚恳，情真意切。郭隗先生给燕昭王出了一个好主意：“王必欲致士，先从隗始。况贤于隗者，岂远千里哉！”意即，大王如果一定要招致贤士，可以先从郭隗开始，况且还有比我更贤能的人，他们难道会因为道路遥远而不来吗？他毛遂自荐，倒是很有勇气。燕昭王也很痛快，马上就拜郭隗为师。这样做的结果是：“乐毅自魏往，邹衍自齐往，剧辛自赵往，士争趋燕。”乐毅、邹衍、剧辛之类能人异士纷纷投奔于燕。一时间，燕国人才济济。尤其是这个乐毅甚是了得，他被燕任为将军，率军伐齐复仇，一鼓作气，连下齐国七十余城，唯聊、莒、即墨三城仅存，其他都为燕国所有。燕昭王报仇雪恨，扬眉吐气。

人才难得，是人人尽知的道理，然而如何广开门路招致人才，却是一门大学问。在现代社会，建立灵活的用人制度应当最为关键。制度是个好东西，但最容易陷入僵化，一旦僵化，就会讲究论资排辈。资格履历那一套，任你有孙猴子般上天入地的本领，也只能从头开始，先做一个弼马温。如此，任人唯亲、任人唯上这些东西就会乘虚而入，从而侵蚀、败坏制度。所以制度要灵活，要敢于打破陈规陋习，敢于识人，勇于用人。当政者不能满足于“不拘一格降人才”，还要不拘一格用人才。一个社会有没有生气，很大程度上表现在人尽其才方面。一个朝气蓬勃的社会，应该人才辈出，后浪推前浪。

诗曰：

英雄气短恨苍茫，
猎猎西风卷草黄。
勒马横刀关山外，
李陵至今怨咸阳。

用人的艺术

一

知人者明，自知者强。汉高祖刘邦以知人善用卒取天下，“运筹帷幄之中，决胜千里之外。”(《史记·高祖本纪》，下同）信用张良。“镇国家，抚百姓，给馈饷，不绝粮道。”凭用萧何。“连百万之军，战必胜，攻必取。”祗任韩信。刘邦“三不如”成就了自己千古名君的地位。知人善用，是刘邦的看家本领，但刘邦的能耐绝不仅于此。他具有常人所不备的洞察能力。班彪说：“盖在高祖，其兴也有五：一曰帝尧之苗裔，二曰体貌多奇异，三曰神武有征应，四曰宽明而仁恕，五曰知人善任使。加之以信诚好谋，达于听受，见善如不及，用人如由己，从谏如顺流，趣时如响赴。”“当食吐哺，纳子房之策；拔足挥洗，揖郦生之说；悟戍卒之言，断壮士之情；高四皓之名，割肌肤之爱。举韩信于行阵，收陈平于亡命。英雄陈力，群策毕举。此高祖之大略，所以成帝业也。”(《王命论》）此言对刘邦说得比较全面。集数十年征伐混战，刘邦独具慧眼，他视别人为猎骑、鹰犬，韩信、英布、魏豹、彭越一个个都被他轻松击垮，平乱治世的经验练就了他见微知著、探赜索隐的超人本领。刘邦死前，吕后问：“陛下百岁后，萧相国即死，令谁代之？”(《史记·高祖本纪》，下同）刘邦说：“曹参可。”问其次为谁，说：“王陵可，然陵少憨，陈平可以助之。陈平智有余，然难以独任。周勃重厚少文，然安刘氏者必勃也，可令为太尉。”刘邦对他这几个大臣十分了解，认为王陵虽然可以继曹参为相，缺点是有些憨直，缺少心计，陈平正好可以弥补。陈平虽然多智，却威望不够，难以独立支撑局面。周勃持重宽厚，却缺少学问，但能安保刘姓天下，以后可以让他做太尉。吕后复问其次，刘邦说："此后亦非而所知也。”刘邦这段话，如果非司马迁臆猜，足可令吕后及我们大跌眼镜，真神人也！以后曹参、王陵、周勃、陈平先后为相，大概就是遵刘邦遗嘱。“然安刘氏者必勃也”这句话很让人费解，难道刘邦预知吕后之乱乎？刘氏有所不安乎？“此后亦非而所知也”这话大可玩味，言外之意颇多。

知事之所向，见事之未发。周公所以为《易》传，孔子所以作系辞，是古代先贤最推崇的智慧。刘邦能做到这点，不啻为千古不易之明君。

关于荐贤任能，《史记》中又记一事。齐名相管仲死前，齐桓公问谁可继任。管仲说：“知臣莫如君。”（《史记·管仲列传》）桓公倾向于三个人，即易牙、开方、竖刁，说他们对自己忠心耿耿，可托付大事。管仲皆以为不可，认为这三个人都是桓公的近臣，靠自己的小聪明赢得欢心，但比之于栋梁之臣甚远。易牙把自己儿子杀了烹肉，献给齐桓公，桓公以为忠，管仲以为其“杀子以适君，非人情”（《史记·齐太公世家》，下同）。竖刁这个人为接近桓公，自阉而入宫，管仲以为其“自宫以适君，非人情”。开方则“背亲以适君，非人情，难亲”。这个人如何背亲适君，《史记》没有详说，无从得知，大约在君亲的选择上，缺乏忠孝节义吧。管仲死后，齐桓公一意孤行，任用了这三个人。三人交互为乱，以致齐桓公被困于宫中，病饿而死，两个月未葬，尸虫流于户，惨然！

此段对话，足可见管仲狡猾。“知臣莫如君”，实在是顾左右而言他。大概管仲眼里齐国无人可相，虽否认了易牙、开方、竖才，却也未推举哪个。齐国之乱，管仲理应担责，所以孔子并不喜欢他。

和刘邦相比，齐桓公、管仲之高下彰然矣。

二

汉宣帝对人说，与我共治天下者，其唯良二千石乎！很多人都感叹人才难得，这是因为在他们眼里，人才就应该是完人，完美无瑕，而他们所见到的人，不是有这样的缺点，就是有那样的缺点，很少能称心如意。对人如此挑剔，最后只剩下一个人才，那就是自己。要知大千世界，万物各有所长，各有所短，善于搏击长空的鸟儿叫声不必动听，鸣啭如铃者却短于翱翔，鱼儿只能在水里游弋，猛兽只可在山林称霸。人的智慧正在于用其长，避其短。在智者眼里，人皆有可用之处；在蠢材面前，人多一无是处。这就出现了两种不同的阵营：一方面，人才济济，纵鸡鸣狗盗之徒也乐为所用；另一方面，门庭冷落，经天纬地之才屈居人下。当初项羽起事时，各路豪杰并起，尽归于项羽掌握，叱咤风云，号令天下，锋芒所向，无不披靡。然而最终人心不固，各奔东西，要么坐地为王，割据一方，要么反目为仇，倒戈相向。张良、韩信、英布、彭越、魏豹等人尽为刘邦所有，昔日效命帐前，今日围困垓下，命悬人手。项王尚且不悟，乃叹："天亡我，非用兵之罪也。"（《史记·项羽本纪》，下同）令后世英雄为之击节叹惋。

项羽之所以失败，固然有很多原因，但不能用人却是最主要的。不能用人是因为不了解人，人非所用，用非其人，英雄豪杰纷纷弃他而去，"唯有一范增而不能用"。这样就丧失了人心，只剩下自己孤家寡人，不败云何！

刘邦帐下张良出身最高，是韩相之子，其余人中，陈平是游士、樊哙是狗屠、周勃是吹鼓手、灌婴是布贩、娄敬是车夫、韩信是侠士，这些人都成为大将。文臣方面，大多都是追随他起事的沛县官吏，萧何是沛主吏掾、曹参是狱掾、任敖是狱吏、周苛是泗水卒史，等等。所以有人说刘邦用沛县吏治国，一县之吏也能把国家治好。赵翼总结道："其君既起自布衣，其臣亦多自亡命无赖之徒，立功以取将相，此气运为之也。天之变局，至是始定。"（《廿二史札记》）一个亭长带着一群亡命无赖之徒就能夺取天下，事情也未免太简单了。刘邦取天下，是大势所趋，有一定的历史必然。但这只是一个条件，更重要的在于他能得人，人也能乐为其所用。天下英雄尽入刘邦"彀中"，何患大事不成？

所以用人的关键，首先在于识人，要能慧眼识英雄。其次在于用人，要驭人有术。这方面，刘邦深谙其道，因此能成就大业。

三

吕公逃避仇家，到了沛县。他和沛县县令关系不一般。当地官员富绅听说后，都去拜谒。因为人来得太多，萧何就主动当起职司，执掌账房，登记贺礼，并且负责安排座次。他把贺礼千钱以上的人安排在堂上，其余的安排在堂下。刘邦此时做着亭长，也去拜谒。他没有掏一文钱，却大喊大叫"贺钱万"，大摇大摆就进去了，一副泼皮模样。贺礼万钱的人很少，吕公听见后，慌忙出迎。他学过一些相术，看到刘邦状貌，觉得不是一般人，就慌忙迎接到上座。萧何对刘邦比较了解，看到此景，提醒吕公说，刘二这个人好说大话，不足成事，你大可不必对他这样敬重。吕公却不以为然，始终陪在刘邦身边，酒席间，还不住地打量着刘邦。刘邦大模大样地喝酒吃菜，丝毫没有难为情，很快就把自己灌醉了。客人走了之后，吕公把刘邦留下来，对他说，我阅人无数，喜欢给人相面，但没有一个人像你这样富贵，你要善自珍重。我有一个女儿，我意欲把她嫁于你。刘邦走后，吕公夫人埋怨吕公，你常说女儿命运贵重，不愿轻易许人，就是沛令求亲也没有答应，怎么能这么轻率地答应许配给刘邦呢？吕公说："非儿女子所知也。"(《史记·高祖本纪》) 意即，这不是妇道人家所能明白的。随后，吕公就把女儿嫁给了刘邦，这就是著名的吕后，以后帮助刘邦成就了帝王业绩。

陈平自小家境贫寒，随兄嫂生活。到了要嫁娶的年纪，也没有人上门提亲，富人嫌弃他，穷人他嫌弃人家，就这么不上不下地吊着。当地有一富翁叫张负，他的孙女克夫，嫁了五户人家，丈夫都先后死掉，吓得没有人敢娶她。陈平看上了人家的家境，又喜欢张负孙女的美色，满心希望能成就这一门婚事。恰巧这时有乡邻办丧事，陈平给人家帮忙。张负吊唁的时候，看到了陈平，觉得他相貌不凡，就格外留意。陈平回家的时候，张负在后面悄悄跟着。他发现陈平家一贫如洗，以破席为门，虽然如此，门前却"多有长者车辙"(《史记·陈丞相世家》，下同)，显然和陈平来往的人都非同一般。回去后，张负就和儿子商量，打算把孙女嫁给陈平。儿子说，陈平既穷又懒，全县的人都看不上他，你为什么要把孙女嫁给这人？张负说："人固有好美如陈平而长贫贱者乎？"张负坚信像陈平这样相貌堂堂的人，不会久屈人下，就义无反顾地把孙女嫁了过去，而且嫁妆等一切花费用度全由己出。办喜事之前，张负告诉孙女："毋以贫故，事人不谨。事兄伯如事父，事嫂如母。"他担心孙女因为夫家贫穷，看不起人家，便加以叮嘱。这就十分难能可贵了。

吕公和张负可谓独具慧眼，不因为刘邦无赖、陈平困顿而小瞧于他们，反而能撩云拨雾，于两人失意的背后发现他们不凡的能力，甚而至于毅然决然以女相嫁。两个老人的胆识过人，眼力超人，他们待人的达观远非常人可比。若非他们的提携、鼓励，刘邦、陈平要成就以后的大业，恐怕还要两说。

四

识人是前提，用人才是根本。用人是一门艺术，对人才不仅要用得其所，而且要善于调动人才的积极性。齐国伐鲁国，孔子鼓励弟子们出来救鲁。子路自告奋勇，孔子没有准许，子张、子石挺身而出，孔子仍然没有答应，等到子贡请行，孔子就答应了。子贡使出浑身解数游说五国，调动诸侯互相杀伐，“存鲁，乱齐，破吴，强晋而霸越”（《史记·仲尼弟子列传》），搅得天下十年不安，孔子可谓知人善用。刘邦是用人的好手，善于调动部下的积极性，他的办法一是对人信用不疑，二是能够委人以重任，由此下属乐为其用、各尽所能。这样做需要胆略和胸怀，项羽失败的原因也就在这里。孔子说：“君子易事而难说也。说之不以道，不说也；及其使人也，器之。小人难事而易说也。说之虽不以道，说也；及其使人也，求备焉。”（《论语·子路》）说的就是这个道理。

吴起是春秋战国时期著名的大将，他的带兵之术在于亲善士卒。“起之为将，与士卒最下者同衣食。卧不设席，行不骑乘，亲裹赢粮，与士卒分劳苦。”（《史记·孙子吴起列传》，下同）身为大将而能官兵一致——衣食住行与士兵同甘共苦，没有任何特殊待遇，这样的官长谁不爱戴？谁不为之浴血奋战？不仅如此，士兵有病，他还亲自照料。有一个士兵身患脓疮，吴起竟然为他吸脓。这个士兵的母亲听说后大哭起来，别人很不理解，就问她，你的儿子不过是个普通士兵，得了病后将军不惜屈尊，亲自为你儿子疗疾，你不感恩戴德则罢了，为何还哭哭啼啼？这个士兵的母亲解释道："非然也。往年吴公吮其父，其父战不旋踵，遂死于敌。吴公今又吮其子，妾不知其死所矣。是以哭之。"这个妇人的丈夫，为了报答将军，拼命杀敌，不久就死于疆场。如今这一幕在儿子身上又重演，老妇人担心儿子的下场与乃父一样，因此不觉得荣幸，反而忧从中来。这就是吴起的带兵之道，他用仁爱之心激发士兵的忠诚，这样的一支队伍所向无敌就不是什么新鲜事。

带兵之道因人而异，不一而足。同为汉将，李广和程不识就完全不同。与吴起相似，李广宽厚爱人，"广廉，得赏赐辄分其麾下，饮食与士共之。""广之将兵，乏绝之处，见水，士卒不尽饮，广不近水；士卒不尽食，广不尝食。宽缓不苛，士以此爱乐为用。"（《史记·李将军列传》，下同）李广爱兵如子，不仅能甘苦与共，而且吃苦在前，享乐在后，体现了长者风范。他的带兵风格是"宽缓不苛"，宽厚为怀，不拘小节，这种风格和程不识完全不同。"程不识故与李广俱以边太守将军屯，及出击胡，而广行无部伍行阵，就善水草屯，舍止，人人自便，不击刁斗以自卫，莫府省约文书籍事，然亦远斥候，未尝遇害。程不识正部曲行伍营陈，击刁斗，士吏治军簿至明，军不得休息，然亦未尝遇害。"李广带兵没有章法，随意散漫。打仗的时候，各自为战，不讲究纪律约束，也不善于排兵布阵；不打仗的时候，就随地在水草边扎营，晚上也没有布置防卫，连巡逻示警也懒得设，甚至帅府竟然缺乏文书档案，所做这些简约无章，竟然没有遇险。而程不识的军队纪律严明，队伍整齐，巡逻防卫戒备森严，军中士兵登记、功劳簿等文书档案一应俱全。他带兵打仗不允许半点儿马虎，所以部下显得很忙碌，叫苦连连。两相比较，"士卒多乐从李广而苦程不识。"

李广和程不识采用的是两种不同的带兵之道。李广关心、爱护士兵，善于调动部下的主观能动性；程不识治军严谨，不喜欢冒险，在军纪的约束下，士兵们也能够冲锋陷阵。李广重视个人的作用，程不识重视集体的作用。这两种风格各有利弊，无所谓孰高孰低，都能够达到预想的效果。

明于识人，勇于用人，善于调动各方积极性，是一个领导者必须具备的潜资。擅长对弈者就是擅长用子者，马踏炮轰，车走象卫，即使一个卒子都不肯轻弃。掌握主动的人能够调动全局，盘活一片，处处呈现生机与活力。善战者胸有成竹，指挥若定。领导者对部属要充分了解，如数家珍，对人才要倍加珍惜关爱，用其人所具之长，用其于不得不用之时。更重要的是领导要有胸怀气度，敢于包容，敢于承担，如此，就会长驻不败之地，无人与之争锋。否则，将帅无能，累死三军，天怒人怨，乱象丛生，自顾尚且不暇，何谈一致对外！

诗曰：

蛟龙非是池中物[1]，
生不逢时对鬼哭。
维鹊有巢鸠居上[2]，
杜鹃泣血洒苍梧。

---

① “蛟龙”句：刘备以枭雄之姿，而有关羽、张飞熊虎之将，必非久屈为人用者……恐蛟龙得云雨，终非池中物也。（陈寿《三国志·吴书·周瑜传》）

② “维鹊”句：维鹊有巢，维鸠居上。（《诗经·召南·鹊巢》）

选相的标准

古语云：家贫思良妻，国乱思良将。春秋时，置相至关重要。齐用管仲，晋用赵衰，郑用子产，楚用吴起，赵用相如，吴用子胥，越用文种，诸侯称强。秦用百里奚、商鞅、范雎、李斯而秦霸。然君之择相，也难矣哉！魏文侯欲置相，选中两人：翟璜、魏成，拿不定主意，问于大臣李克。李克未正面回答，只提供了几条标准：“居视其所亲，富视其所与，达视其所举，穷视其所不为，贫视其所不取。”（《史记·魏世家》，下同）即平居生活看他和谁亲近，富足之后看他和哪些人交往，做官发达后看他荐举哪些人，困厄时观察他哪些事不做，贫穷时观察他哪些钱财不取，是之曰“五视”。他认为按照“五视”标准选择，相臣就很容易确定了。魏文侯恍然大悟：“先生就舍，寡人之相定矣”。李克离开魏文侯，遇见翟璜，翟璜问：听说君王召先生问择相之事，不知道你选中谁？李克回答是魏成。李克是一个有持守的好大夫。他在魏文侯面前谨遵臣节，没有指明谁可以做相，却在翟璜面前直言不讳，不怕得罪人，难怪魏侯信赖他。翟璜闻言色变，历数自己的功绩：“西河守吴起，臣所进也。君内以邺为忧，臣进西门豹。君欲伐中山，臣进乐羊。中山已拔，无使守之，臣进先生。君之子无傅，臣进屈侯鲋。臣何负于魏成子？”他不无自豪地说，西河郡守吴起，是我最初荐引的。君王忧愁邺郡不治，我推荐西门豹。魏王打算讨伐赵国中山，我推荐乐羊为将。中山即被攻破，没有合适的人守政，我推荐了先生您。君王的公子没有老师，我推荐了屈侯鲋。这些都是您亲眼目睹的事，我怎么不如魏成？翟璜认为吴起、西门豹、乐羊、屈侯鲋这些才具之臣都是自己推荐进用的，于国有功，于人有恩，从私而论，连李克都是他推荐的，仅凭这一点，谁能比得上他呢？翟璜很委屈，自己位居元老，重如股肱，公忠体国，未尝有失，以如此大的功劳，还比不上魏成？面对翟璜的不平与指责，李克平静地说："所以知君之必相魏成者，魏成食禄千钟，什九在外，什一在内，是以东得卜子夏、田子方、段干木。此三人者，君皆师之；子所进五人者，君皆臣之。子恶得与魏成比也！"意思是：我之所以知道君主选择魏成为相，是因为他把千钟的俸禄，十分之九用在了别人身上，仅十分之一为自己所用。就拿荐举人才这件事来说，他也为国家推荐了不少，诸如卜子夏、田子方、段干木等。这三个人，国君都以师事之，国家大事都和他们商量，属于社稷之臣。而你所推举的这些人，君王只能把他们作为干臣来用，仅凭这一点，你怎么能跟魏成相提并论呢？翟璜听后，立刻推服。

魏文侯死后，他的儿子武侯立，武侯遇到了和他父亲同样的问题。一个是吴起，一个是田文，都具备相才，武侯却很有主意，他用田文为相。之所以这样选择，魏王也有他的苦衷，田文不但家族势力很大，而且握有兵权。相位决定之后，吴起有些愤愤不平，他没有向魏武侯诉怨，却找田文论理。他对田文说，我可以和你比比功劳吗？田文同意。吴起就问："将三军，使士卒乐死，敌国不敢谋，子孰与起？"（《史记·孙子吴起列传》，下同）意即，统帅三军，能让士卒不顾生死，奋勇杀敌，使敌国不敢侵犯，这一点，您与我谁强？田文回答："不如子。"吴起二问："守西河而秦兵不敢东乡，韩赵宾从，子孰与起？"即镇守西河，秦军不敢进攻东方，韩、赵两国都宾服于魏，这方面谁更适合？田文仍答："不如子。"吴起又问："治百官，亲万民，实府库，子孰与起？"

即治理百官，亲附百姓，充实府库钱粮，这些事谁的能力更强？田文再次回答："不如子。"吴起不明白了，这三者都不如我，你为什么能位居卿相？田文这时候才冷静地反问："主少国疑，大臣未附，百姓不信，方是之时，属之于子乎？属之于我乎？"意即，君上年少继位，国人疑虑不安，大臣不肯诚心归附，百姓不愿为国所用，当此之时，国相一职是您做比较合适，还是我做比较合适？魏武侯当国，有三个严峻的形势摆在他面前："主少国疑"，"大臣未附"，"百姓不信"。此时魏武侯置相的标准就远远不是李克所论"五视"能解决的了，他需要一个能辅助他应对当务之急、渡过难关的相臣，这个人既要有资历，又要有威望，而且能够善于团结各方势力，综合这些因素，最适合的无疑只有田文，而不是吴起。只要有田文这样的强臣拥护，国家至少可以偷得一时之安。田文洞观魏国形势，对这一点他非常自信，在他眼里，吴起只能称得上是才具之臣，而自己才是抚国之臣。两人的差距不仅于此，吴起以为自己积功以迁，位得卿相自然而然，想法有些幼稚。而田文洞明国家大势，深知武侯忧虑所在，只此一点，也高出吴起这个勋臣许多。无怪吴起黯然良久，不得不称许道："属之子矣"。

魏文侯接受李克的观点，以"五视"为择相标准，然而这个标准并非唯一。时移事易，择相标准也须因地制宜，能抚国安国才是摆在武侯面前的唯一标准。用兵之道不一而足，用人之道也应如是。魏文侯也好，魏武侯也好，用得其人才是最终目的。翟璜、吴起的误区在于：他们只看到了自己的功劳，把资历作为晋升的标准，却没有想到自己是否具备相才，更没有想到这里边有复杂的政治因素。魏成、田文之所以位得为相，恰恰由于他们深谋远虑，政治上十分成熟，二人得用，不亦位得其人乎！

今之人则不然，以竞进为务，以既得为能，既不忖度功劳政绩，也不思量才具能力，一味得陇望蜀。一朝得志，则小人气象，器宇轩昂，视他人为无物；稍不如意，则怏怏气沮，指天画地，抱怨生不逢时，瞿璜、吴起尚不屑与之为伍，况魏成、田文得与相提并论乎！

诗曰：

东边下雨西边晴，
杨柳不必怨东风。
莫道黄钟早毁弃，
须知孺子已成名[①]。

①孺子已成名：庞涓自知智穷兵败，乃自刭，曰："遂成竖子之名！"（《史记·孙子吴起列传》）又，（阮籍）尝登广武，观楚汉战处，叹曰："时无英雄，使竖子成名！"（《晋书·阮籍传》）

政治家的眼光

决胜千里之外，运筹帷幄之中，是刘邦成功的两大法宝。刘邦之所以取得天下，除了拥有韩信之类的军事家外，还有张良等一批政治家。

一个政治家，需要具备很多素质，诸如胸怀、器识、胆略，对时势的判断，对机会的把握，对决策的选择等。

张良就是一个天生的政治家。张良年轻的时候，曾经从黄石公学习《太公兵法》。兵法是谋略，掌握了兵法只能称得上军事谋略家，就这一点也很厉害。项羽也曾学过“万人敌”的兵法，但只学会了攻城略地。陈胜起事之后，张良以韩国贵族子弟的身份，怀着复仇的愿望，集合百余少年投奔，路上遇见了沛公刘邦，抱着姑以往之的态度加入沛军。经过几次交谈，张良抛出了他的《太公兵法》，为刘邦出谋划策。张良以前也这样讲给别人，别人都不甚了解和接受，但刘邦一听就懂，这让他感觉很惊讶。由此，他判断“沛公殆天授”(《史记·留侯世家》)，便铁了心跟随刘邦。善于谋略是一回事，为谁谋略是另外一回事，这需要眼光，政治家的眼光。

选准了对象的张良，从此开始了他辉煌的政治生涯。纵观他一生的事迹，足可称道者有以下数端：

解鸿门危局

项羽消灭秦主力章邯队伍，大军直指秦都城咸阳。到达函谷关时，听说沛公已破咸阳，怒火中烧。他生气的是自己一路披荆斩棘，好不容易大功垂成，却让刘邦争夺了胜利果实。就这样，项羽重兵攻下函谷关后，马不停蹄打到了关中，驻扎戏下（今陕西临潼），大兵压境，对刘邦虎视眈眈。回过头来再说刘邦。当初他趁项羽与章邯激战之际，悄悄带领部队走另一条路，由南出武关，过蓝田，没有遭遇大战，轻松地占领了咸阳。项羽来到时，他已经接受了秦王子婴之降，掠走了秦宫有价值的财物及资料档案。听说项羽来到，遂封府库还军霸上。当时，刘、项的实力相差悬殊，刘邦有兵十万，而项羽有兵四十万，加上新破秦军，士气昂扬。两军陈兵相向，刘邦就有些心虚。既不能打，只好求和。刘邦壮着胆，身赴楚营谢罪，于是就有了险象环生的鸿门宴一局。此前，张良替刘邦做足了功课，他曾经救过项羽的季父项伯，项伯担心刘、项一旦交战，于张良不利，就提前来知会张良。张良一看机会难得，就说服刘邦会见项伯，又是安排酒宴，又是结儿女姻亲，托项伯在项羽面前多多美言。项伯这个人也实在，一高兴就给刘邦出主意："旦日不可不蚤自来谢项王。"（《史记·项羽本纪》，下同）回到营地，项伯就着手做项羽的工作，把刘邦"吾入关，秋毫不敢有所近，籍吏民，封府库，而待将军。所以遣将守关者，备他盗之出入与非常也。日夜望将军至，岂敢反乎"的意思说了，而且说服项羽："沛公不先破关中，公岂敢入乎？今人有大功而击之，不义也。不如因善遇之。"说得项羽心里很舒服，答应善待刘邦。项羽既存不杀之心，"项庄舞剑，意在沛公"就无法进行。刘邦在宴会中逃亡后，张良又上下打点，送给项羽白璧一双，送给亚父范增玉斗一双。戏下之争就这么被张良化解了。

烧绝栈道，蓄势待发

灭秦之后，刘邦被封为汉王。赴汉中就封途中，张良建议："王何不烧绝所过栈道，示天下无还心，以固项王意？"（《史记·留侯世家》，下同）刘邦一听，心领神会，马上依计而行，以此麻痹项羽。张良怕项羽不明白其中用意，又在项羽面前吹风："汉王烧绝栈道，无还心矣。"项羽信以为真，遂放心离开关中，东向击齐。烧绝栈道是张良韬光养晦之计，为刘邦赢得了时间。刘邦在汉中，拜韩信为将，汉军又拥有了一个军事家、战略家。

经过重新整合，汉军实力大增，汉王不复是昔日的沛公。

建立巩固的联合战线

毛泽东说："谁是我们的敌人，谁是我们的朋友，这是革命的首要问题。"他把各阶级、各阵营的人分为左、中、右三派，确定了方针，最大可能地发展壮大自己，团结一切可以团结的力量，从而孤立敌人。为此，他号召建立一个统一的革命阵线，这个统一阵线何其了得，抗日战争中甚至可以把蒋介石统一在内，国内战争中又影响、拉拢中间派、反战派而孤立蒋介石，三年时间就把蒋委员长变成了"独夫民贼"。这就是策略！毛泽东说："政策和策略是党的生命"。毛泽东用策略来斗争，而蒋介石把兵力和武器作为决胜的资本，谁更懂得取胜之道呢?！

张良也明白这一点。楚、汉彭城之战，刘邦不敌，逃窜中他领悟到自己的力量过于单薄，单凭一己之力难于打败强大的楚军。于是刘邦向张良请教："吾欲捐关以东等弃之，谁可与共功者？"张良就向刘邦推荐了英布、彭越。其时，英布是九江王，彭越是齐王大将，二人都拥有一定实力。而且，这两个人都和楚王有矛盾，稍加拉拢就可以和刘邦一致对付项羽，再加上韩信，足以抗衡楚军。刘邦言听计从，马上就派人说服英布、彭越。这两个人从此成为汉联军，伺机袭扰，使楚军前后受敌。

楚汉战争第四年，汉王连败之后，召集彭越和韩信联合抗楚，但这两个人都以各种原因拒绝出兵。此时彭越占据魏地，韩信占据齐地，都有了稳固的地盘。刘邦无可奈何问计于张良，张良分析道，这两个人在势力壮大之后，都想拥有自己的势力范围，割据一方。“君王能出捐此地许二人，二人今可致；即不能，事未可知也。”(《史记·魏豹彭越列传》) 他说服汉王分封二人为王。刘邦照此办理，封韩信为齐王，彭越为魏王。这个办法十分灵验，两人受封后，随即就领兵前来和刘邦会战项羽。这下，楚、汉的实力对比和当初相反，刘邦拥有绝对的优势。项羽被围垓下，陷于穷途末路。

韩信受封还有一个有趣的故事。刘邦派韩信攻打齐王田广，韩信一战就打败了齐王主力，平定了齐地。拥地一方的韩信，此时想法就多了起来。他派人向刘邦汇报，齐地虽然被占领了，但齐人狡诈多变，如果再拥戴一个齐王出来，就会无法收拾，希望任命他为假齐王，临时代管。刘邦闻言大怒：“吾困于此，旦暮望若来佐我，乃欲自立为王！”（《史记·淮阴侯列传》，下同）话刚出口，张良、陈平慌忙踩了刘邦一脚，向他俯身陈述厉害。刘邦反应委实是快，马上改变了态度：“大丈夫定诸侯，即为真王耳，何以假为！”遂封韩信为齐王。

谋定而后动

刘邦为了对付项羽煞费苦心。荥阳之围，好不容易脱身出来，他向郦食其（音丽亦集）讨教如何才能阻挡楚军的凌厉攻势。郦食其出主意，让他仿效汤、武的做法，把被秦灭掉的六国重新恢复，封六国的后代为王，这样项羽就会到处碰壁，天下就是刘邦的天下了。刘邦一听不错，就吩咐下边从速治印，准备让郦食其赴各国行封。恰在这时，张良面谒刘邦，刘邦就把郦食其的主意和盘托出，面露得色。张良听后却说："谁为陛下画此计者？陛下事去矣。"（《史记·留侯世家》，下同）刘邦懵了，很是不解。张良对曰："臣请藉前箸为大王筹之。"曰："昔者汤伐桀而封其后于杞者，度能制桀之死命也。今陛下能制项籍之死命乎？"曰："未能也。""其不可一也。武王伐纣封其后于宋者，度能得纣之头也。今陛下能得项籍之头乎？"曰："未能也。""其不可二也。武王入殷，表商容之闾，释箕子之拘，封比干之墓。今陛下能封圣人之墓，表贤者之闾，式智者之门乎？"曰："未能也。""其不可三也。发钜桥之粟，散鹿台之钱，以赐贫穷。今陛下能散府库以赐贫穷乎？"曰："未能也。""其不可四矣。殷事已毕，偃革为轩，倒置干戈，覆以虎皮，以示天下不复用兵。今陛下能偃武行文，不复用兵乎？"曰："未能也。""其不可五矣。休马华山之阳，示以无所为。今陛下能休马无所用乎？"曰："未能也。""其不可六矣。放牛桃林之阴，以示不复输积。今陛下能放牛不复输积乎？"曰："未能也。""其不可七矣。且天下游士离其亲戚，弃坟墓，去故旧，从陛下游者，徒欲日夜望咫尺之地。今复六国，立韩、魏、燕、赵、齐、楚之后，天下游士各归事其主，从其亲戚，反其故旧坟墓，陛下与谁取天下乎？其不可八矣。"张良用筷子比画起来，他说，从前商汤伐夏桀成功之后，给夏桀的后人分封杞地，考虑到这样可以预防夏人东山再起，现在陛下能置项羽于死地吗？这是第一条。周武王伐商纣王，封殷商的后代于宋，希望得到殷纣王的头，现在陛下能得到项羽的头吗？这是第二条。周武王攻入殷都，把商容的里门标示出来，表示不可侵犯，把箕子从监牢放出来，整修比干的坟墓，以示敬仰，现在陛下能做到这点吗？这是第三条。周武王攻占殷都朝歌，把纣王存积在钜桥的粮食、储积在鹿台的钱货拿出来散发，陛下能做到这样吗？这是第四条。伐殷成功，周武王把战车改为敞轩，把兵器倒置，蒙上虎皮，昭示天下不再用兵，现在陛下可以息武行文吗？这是第五条。周武王下令把战马放于华山之南，告诉天下人不再征战，现在陛下可以这样吗？这是第六条。放牛于桃林塞之北，告诉天下人不再输送田赋，陛下可以做到这点吗？这是第七条。况且天下的谋士舍家弃身，自愿追随于您，不过是想得到立足之地，现在您打算恢复诸侯旧制，立六国的后人为王，致使远道而来的谋士都去侍奉各自的主子，返回故土，还有谁来帮大王取天下呢？这是第八条。张良侃侃而谈，把否定分封的道理历历说来，一直说了“八不可”。说得刘邦满头冒汗，“辍食吐哺”，骂郦食其道：“竖儒，几败而公事！”

刘邦差点儿办了一件蠢事，葬送掉自己的千秋大业，这给后人留下了深刻印象。书载：“石勒不知书，使人读《汉书》。闻郦食其劝立六国后，刻印将授之，大惊曰：‘此法当失，云何得遂有天下？’至留侯谏，乃曰：‘赖有此身！’”（《世说新语·识鉴》）石勒武夫，竟也知道封立六国是失策。

张良的头脑十分清醒，他对形势了如指掌。周朝实行分封制，诸侯做大之后，周朝处处受制于人，到了春秋战国，周王朝仅仅成为一个象征。秦统一六国，取周而代之，遂吸取周朝教训，取消分封制，实行郡县制，这个办法较为先进，以后为历朝历代所袭用。但当时，秦以暴力取得天下，天下人本就不服，加之又施行暴政，使矛盾更趋激烈。刘邦此时扶立六国，看起来可以帮着抗楚，但恃强凌弱是一般规律，六国敌不住楚军，就会成为楚的附庸，刘邦等于给自己树敌。从另一方面讲，天下英雄志士都各赴其国，各随其主，“陛下与谁取天下乎”（《史记·留侯世家》，下同）这一点，张良最有发言权。

之后，刘邦定汉，借鉴周、秦的经验，一方面，大封刘姓诸王，如堡垒一样安插各地；另一方面，沿用秦制，实行郡县制，使西汉一统天下。这种设置，未始不是张良的谋划。

妙除封赏风波

天下平定，刘邦面对的最大问题是论功行赏。这次封赏，因为没有标准，实施起来十分混乱。刘邦认为功劳最大的是萧何、韩信、张良三人，理应封侯。功臣们不同意，尤其对萧何不服，认为他没有上前线攻城略地，论战功谁都比他强。刘邦用“功人”“功狗”的理论，好不容易才把大家说服。到排位次的时候，又有不同意见，大家认为曹参按功应排第一，反对把萧何排第一。总之，这一次封赏乱得一塌糊涂。大功臣确定之后，轮到众将时，每个人都觉得自己功劳大，日夜争吵不休。刘邦发现这些人三五成群，聚在一起窃窃私语，就警惕了。他问张良，这些人在议论什么？张良此时已被封为留侯，他了解将官们在想什么，遂一语道破：这些人打算谋反。刘邦不解，天下初定，正要给他们论功行赏，为什么要反呢？张良解释道：“陛下起布衣，以此属取天下，今陛下为天子，而所封皆萧、曹故人所亲爱，而所诛者皆生平所仇怨。今军吏计功，以天下不足遍封，此属畏陛下不能尽封，恐又见疑平生过失及诛，故即相聚谋反耳。”意思是说：这些人既怕行封轮不到他们，又担心自己是外人，被刘邦算计，心理活动很复杂。刘邦觉得张良的分析有道理，就询问接下来该怎么办。张良有办法，他向刘邦建议：这些人中，大家都知道你最讨厌谁，人人都以为你不会封赏他，如果优先对他封赏，大家就心安了。这无疑是一个行之有效的好办法。刘邦按此实施之后，群臣们都喜出望外，一场风波就此平息。

献计立嫡

刘邦晚年，给自己找了个麻烦。他喜欢一个姓戚的姬妾，这个女人为他生了个儿子叫如意，封为赵王。戚夫人经常在他耳边吹风，刘邦就起意废太子，立赵王如意。这个想法刚一产生，就遭到大臣们的反对，他们敏感地联想到刚被推翻的秦朝，秦王没有早早立长子扶苏，被次子胡亥篡位，招致江山异姓。这事刚过去不久，刘邦怎么能重蹈覆辙呢？但无论大臣们怎么反对，都打消不了刘邦的念头。最着急的是吕后，她是太子的生母，自然不能坐观其变。吕后很有眼光，她一看大臣们反对无效，就找到已经隐居一年的张良，恳求他出面阻止。张良推辞不掉，只好给出了一个主意，说当今有四个贤人，即东园公、角里先生、绮里季、夏黄公，被称为商山四皓，高祖曾想招致帐下，没有成功，假如吕后能请出来辅助太子，高祖可能不会轻易废长立幼。果然，高祖见到四老后，大为惊奇，他质问四老："吾求公数岁，公辟逃我，今公何自从吾儿游乎？"四老说："陛下轻士善骂，臣等义不受辱，故恐而亡匿。窃闻太子为人仁孝，恭敬爱士，天下莫不延颈欲为太子死者，故臣等来耳。"他们极力称扬太子仁孝，值得辅佐。这时候的刘邦已经非常老成练达，一听就明白怎么回事，只好对戚夫人无奈地说："我欲易之，彼四人辅之，羽翼已成，难动矣。"

凭借自己的政治智慧，张良又一次帮助汉帝国化解了权力交接的危机。

刘邦是一个政治家，张良才会竭尽所能，发挥作用。项羽不是一个政治家，所以范增只好与之分道扬镳。

司马迁对张良推崇有加。他曾设想，以张良的丰功伟绩应该是一个气盖云天的伟丈夫。后来见到画像，才知道张良貌似妇人，看不出有什么过人之处。

在刘邦的带领和影响下，汉初几个著名功臣也都成为出色的政治家。沛公的军队进入咸阳后，别人都在忙着分抢金帛财物，萧何"独先入收秦丞相御史律令图书藏之"（《史记·萧相国世家》，下同）。不要小看了这件事，以后"汉王所以具知天下厄塞，户口多少，强弱之处，民所疾苦者，以何具得秦图书也"。律令图书之类，是治理国家所用。这时候，沛公的力量相当微弱，做帝王对他来说只是梦想而已，他之率先攻入咸阳，不过为了争得头功，扩大影响。但萧何这么做，不是心血来潮，他看到刘邦不是碌碌之辈，早晚能够成就大事，便默默地为这一切做着准备。他具备超乎常人的政治预见。

汉立国后，丞相萧何位极人臣，如何自保成为首要问题。似乎一夜间，萧何变成两个人，从原来那个老成持重、克己奉公的厚道人，一下变成了贪婪自私、物欲无餍的守财奴。他大肆索贿，广买田地，抢占民宅，把自己扮演成京城最大的贪官污吏。不仅如此，他还怕高祖不知道自己的所作所为，竟然请求把上林苑送给他。这下刘邦被激怒了。萧何成功了，他巧施谋略就把自己保护了起来。在刘邦心目中，萧何从此不再是对江山构成威胁的人。

萧何病重期间，时已继任的孝惠帝亲自来看望，他们之间有一段对话，十分精彩。"孝惠自临视相国病，因问曰：'君即百岁后，谁可代君者？'对曰：'知臣莫如主。'孝惠曰：'曹参何如？'何顿首曰：'帝得之矣！臣死不恨矣！'"一句"知臣莫如主"，让人玩味不已。虽然行将弃世，但萧何头脑十分清醒，不愿轻易表明态度，但又不能不说，这句"知臣莫如主"最为机智，逼得孝惠帝亮出底牌。曹参一直以来就是萧何的宿敌，他们之间的矛盾从开国初就产生了。刘邦评定功臣位次，大将们都拥护曹参，推荐萧何的仅有刘邦等少数人，从此刘邦的朝廷就有了派别。让昔日的对手接替自己，一般人不能通过，但萧何却抛弃个人恩怨，不假思索地赞成，这需要气度！

曹参不负众望，把孝惠帝辅佐得很好，国家安康平稳。但孝惠帝的母亲吕后，却不安分守己，时刻想控制儿子，插手国家的事情。国家经不住吕后的折腾，孝惠帝也经不住，他执政七年，早早就死掉了。曹参辅佐孝惠帝，所用办法一遵萧何，不稍加改变，被后人称为“萧规曹随”。老百姓歌颂道：“萧何为法，觏若画一，曹参代之，守而勿失，载其清净，民以宁一。”（《史记·曹参世家》）曹参与萧何一样，没有因为个人恩怨而影响国家，体现了他的政治风度。他推崇萧何、谨遵旧制也是大势所趋，适应了时代的要求。吕后之后，文帝、景帝继位，沿袭曹参的传统，清静无为，与民休息，造就了汉初鼎盛的局面。从这个意义上说，曹参的政治眼光确实不同凡响。

曹参之后，王陵、陈平、周勃相继为相，都是汉初有名的贤相，为稳固和发展汉朝基业做出了卓越的贡献。汉朝以后很少有这样的盛况。

诗曰：

圯上黄石伴我游，
千里骐骥傲君侯。
林泉辟谷学松鹤，
且待他年泗水流[1]。

---

①泗水流：汴水流，泗水流。流到瓜洲古渡头，吴山点点愁。思悠悠，恨悠悠。恨到归时方始休，月明人倚楼。(《白居易·长相思》)

时势造英雄

春秋战国，是中国思想、文化史上无与伦比的制高点，人文荟萃，才能之士迭出，可与古希腊文明相媲美。历史常常让人惊叹，人类文化一经产生，就占据了思想的高峰，后代人只能沿着前人的路子延续和发展，再也无法超越。那个时代一如井喷之势，涌现出了孔子、老子、庄子、墨子等杰出人物，而西方也前赴后继地产生了苏格拉底、柏拉图、亚里士多德等一批哲人。他们像奥林匹斯山上的诸神一样，每个人身上都焕发着思想的光辉，在各自的领域里拥有至高无上的权威。这些人一旦出现，使人类与史前蒙昧时代握手道别，他们向宇宙证明了：人才是众生之灵。

时势造英雄，春秋战国是需要英雄，更是造就英雄的时代。追求信仰的人有之，追求名利的人有之，鸡鸣狗盗之徒有之。更有一般人凭借胆略智慧、如簧巧舌，渔于帝王之家，猎于诸侯各国，沽名钓誉，赚取功名富贵，成就一番风云事业。如苏秦、张仪、李斯、韩非子、范雎之流是也。想当初，苏秦游说秦国不行，转而游说燕、赵、韩、魏、齐、楚诸国，辨白天下大势，成败利害，约纵抗秦，各国君王无不为之倾服，以国相托。苏秦聘为六国卿相，天下响应如答，权何其大，贵何极也！苏秦成功凯旋，“行过洛阳，车骑辎重，诸侯各发使送之甚众，疑于王者。周显王闻之恐惧，除道，使人郊劳。”（《史记·苏秦列传》）苏秦当初穷困时，妻不下炊，嫂不为食，如今见了侧目不敢仰视，俯伏侍候，前倨后恭，足见世态凉热。

纵横家之流，游戏诸侯，玩弄天下于股掌之中，左右逢源，大行其道。他们所导演之闹剧，高潮不断，其中故事不少堪称经典，谓之艺术可也。

张仪怀揣连横术，佑秦离散诸侯，奔走于各国，以三寸不烂之舌下城略地，所向披靡，挫刀兵所不能。其游说楚怀王一节，尤为精彩。齐、楚两大国是秦国劲敌，势力足以抗秦。听说两家合纵，秦王立刻派张仪赴楚离间。张仪以厚利诱惑楚王，答应把商於六百里地送给楚国，秦国的美女也一并送给楚怀王，条件是与秦交好，与齐断绝关系。楚怀王贪婪好色，就答应了。可是张仪压根儿就没想着要兑现。回到秦国，他假装从车上摔下来，赖在床上，躲了楚使者三个月，待到楚王与齐国闹翻才出来见楚使者。楚使者急着要交割答应的六百里地，张仪却矢口否认，称只说过给六里地，没有六百里地那回事儿。楚怀王大怒，发兵攻打秦国，却失败而归，还割让了两座城池求和。过了一段时间，秦王又生一计，想和楚怀王换地。楚怀王余怒未消，回复道，不愿换地，只愿得到张仪。张仪听说后，就请求秦王赴楚。秦王心有不忍地打发他去了。他一去就被楚怀王抓起来，准备杀掉。张仪和楚臣靳尚有私交，就托这个人求助于楚王的宠姬郑袖。靳尚对郑袖说，秦王宁愿割地献美女，都不愿意失去张仪。如果秦国美女到了楚后宫，首先会危及您的尊宠地位，为您自己着想，也应当把张仪救出来。郑袖很以为是，就给楚怀王吹起了枕边风。楚怀王也不争气，就把张仪放出来了，而且“厚礼之如故”，压根儿忘记了以前的事。张仪两次赴楚，搅得楚国不得安宁。他行骗成功，使齐、楚断交，而且履险如平地，毫发无伤，只可惜了楚怀王，受人摆布，愚弄而不自知。

如果张仪使楚还称得上精彩，那么子贡之行就让人眼花缭乱了。事情是这样的：齐国勋臣田常把持朝政，想要伐鲁。鲁国是孔子的家乡，孔子听说后曰："夫鲁，坟墓所处，父母之国，国危如此，二三子何为莫出？"（《史记·仲尼弟子列传》，下同）他发动弟子出面救鲁。于是子贡请行。子贡到了齐国，对田常说，你不应该伐鲁，而应该伐吴。"今君破鲁以广齐，战胜以骄主，破国以尊臣，而君之功不与焉，则交日疏于主。是君上骄主心，下恣群臣，求以成大事，难矣！夫上骄则恣，臣骄则争，是君上与主有隙，下与大臣交争也。如此，则君之立于齐危矣！故曰不如伐吴。伐吴不胜，民人外死，大臣内空，是君上无强臣之敌，下无民人之过，孤主制齐者唯君也。"意思是：现在你要攻破鲁国来扩充齐国，打胜了，只能使齐王更骄傲，大臣更尊贵，这里却没有你的功劳，相反你和君主的交情只会一天天疏远。这样，对上你使君主骄傲，对下使群臣放肆，想因此来成就大事，难上加难。凡主上骄傲，他就会任意妄为；臣子骄傲，就会争强好胜。若到这个地步，你在齐国立足就危险了，所以不如去打吴国。鲁弱而吴强，击鲁则胜之不武，而吴是当今强国，打败它却能提高齐国及你个人的地位。退一步讲，即使打不赢，人死国空，就没有强臣和你对抗，老百姓也不能怪罪你，反而能取得孤立主上，专制齐国的意外之喜，何乐而不为呢？这一番道理似通非通，强词而夺理，但是用来说服田常却足够了。田常虽然同意，却还有些顾虑。他说，我已加兵鲁境，现在弃鲁而击吴，君臣都会产生疑心。子贡说，你且按兵不动，我再到吴国说服吴王救鲁而伐齐，那时你就可以迎击吴军了。

子贡来到吴国，对吴王说："臣闻之，王者不绝世，霸者无强敌。千钧之重加铢两而移。今以万乘之齐而私千乘之鲁，与吴争强，窃为王危之。且夫救鲁，显名也；伐齐，大利也。以抚泗上诸侯，诛暴齐以服强晋，利莫大焉。名存亡鲁，实困强齐，智者不疑也。"意思是：王者不会坐看诸侯被灭，霸主不能容许强敌出现。现在强齐打算攻打弱鲁，如果得胜，天平就会向齐国一方倾斜，吴国的霸主地位将会不保。如果救鲁伐齐，情况就不一样了，既可以扬名，又可以获利。不只如此，连强晋都会慑服于吴国的威名，还有什么比这更有利的事呢？聪明人都会这么干。齐伐鲁本与吴国无干，子贡这么一说，关系就很大了。吴国此时国势强盛，正欲问鼎中原，子贡很不费力地就把吴王说服了。但是吴王担心越国黄雀在后，趁火打劫。子贡了解到吴王的顾虑，就承诺去安抚越国。

这样，子贡就来到了越国。他对越王说，听说吴王打算救鲁伐齐，可是担心越国渔翁得利。“如此破越必矣。且夫无报人之志而令人疑之，拙也；有报人之志使人知之，殆也；事未发而先闻，危也。三者举事之大患。”意即，吴王既然担心越国，就会先灭掉越，然后伐齐，这样，越王就面临灭顶之灾。越王此前已有会稽之辱，国力不振，听子贡这么说，惊慌失措，急忙请教子贡该如何应对。子贡告诉越王勾践，吴出兵伐齐，相当于自残，你不如顺其自然，支持他这么做。不但派兵支援，而且送钱财珠宝，讨吴王的欢心。如其伐齐不胜，自然是越之福；如其得胜，必然向晋国请战。我现在就去晋国，说服晋君助齐击吴，吴军一旦受挫，越国出头之日就会到来。越王对子贡言听计从，一一都做到了。

之后，子贡来到了晋国，对晋君说：“臣闻之，虑不先定不可以应卒，兵不先辨不可以胜敌。今夫齐与吴将战，彼战而不胜，越乱之必矣；与齐战而胜，必以其兵临晋。”意即，计策没有预先确定，就无法应付突发事件，军队不明晓敌情就不能取胜。现在齐国要和吴国开战，吴若不胜，越国就会趁机偷袭；如果胜齐，必然率领得胜之师加兵于晋，你还是早做准备为好。晋君还不知道会发生这么大的变故，一点儿思想准备也没有，惊恐地询问子贡该怎么办。子贡胸有成竹地说，你组织好军队，随时准备应战。

一切部署妥当，子贡才回到了鲁国，向老师交令。接下来戏剧开演，正如子贡预料的那样：吴军打败了齐军，以兵临晋。晋军大败吴军，越王闻之，乘虚直入，三战之后，灭掉了吴国。“故子贡一出，存鲁，乱齐，破吴，强晋而霸越。子贡一使，使势相破，十年之中，五国各有变。”

无论是苏秦、张仪，还是子贡，一个人的作用竟然可以发挥到这样大，简直匪夷所思。司马迁说：“夫张仪之行事甚于苏秦，然世恶苏秦者，以其先死，而仪振暴其短以扶其说，成其衡道。要之，此两人真倾危之士哉！”（《史记·张仪列传》）在这些人的导演下，一位君王、一个国家就像棋子样被随心所欲地摆布，这是什么样的权谋！难怪古往今来很多人都对春秋战国时代热衷向往，信然之！信然之！

诗曰：

胸藏百万甲兵来，
锦绣河山我辈裁。
时世本由英雄造，
扫除天下遗余怀。

知识分子在乱世

秦亡之后，历代人都在总结秦亡的教训，最为知名者，当数汉代贾谊的《过秦论》、唐代杜牧的《阿房宫赋》。这两篇文章发论深刻、锋芒犀利、振聋发聩。“灭六国者，六国也，非秦也。族秦者，秦也，非天下也。嗟乎！使六国各爱其人，则足以拒秦；使秦复爱六国之人，则递三世可至万世而为君，谁得而族灭也？秦人不暇自哀，而后人哀之；后人哀之而不鉴之，亦使后人而复哀后人也。”（《阿房宫赋》）纵横恣肆，一泻千里，金声玉振，至今犹有余响。

秦之亡，有很多原因，但不管怎么讲，陈胜也应居功第一，为其发端之嚆矢。司马迁撰《陈涉世家》，把陈涉列入世家，一方面固然有否定秦治的态度，另一方面也对陈胜的首功表示肯定。《太史公自序》说：“桀纣失道而汤、武作，周失其道而《春秋》作。秦失其政，而陈涉发迹，诸侯作难，风起云蒸，卒亡秦族。天下之端，自涉发难。”阐述的就是这个道理。

关于世家的选择标准，司马迁说：“二十八宿环北辰，三十辐共一毂，运行无穷，辅拂股肱之臣配焉，忠信行道，以奉主上，作三十世家。”（《史记·太史公自序》）他提到两个标准：一是股肱之臣，二是忠信行道。《吴太伯世家》《孔子世家》《外戚世家》《绛侯周勃世家》应该都符合这个标准，就是这个《陈涉世家》有些不伦不类。唐人司马贞表示坚决反对，他在《史记索隐》中有一个议论：“胜立数月而死，无后，亦称‘系家’者，以其所遣王侯将相竞灭秦，以其首事也。然时因扰攘，起自匹夫，假托妖祥，一朝称楚，岁历不永，勋业蔑如，继之齐鲁，曾何等级，可降为列传。”他认为陈胜的身份、事迹与齐鲁诸侯不能等量齐观，应当降《陈涉世家》为列传。按通常理解，世家除诸侯外，起码应指那些门第高贵且积世相袭的豪门望族。陈胜出身于田亩，渔阳起事时不过是一个戍卒的屯长，后来虽然自立为王，按正统观点，也只能算僭越，不能被承认。

司马迁把推翻秦政视作如周代商一样，是历史上划时代的革命，陈涉所起的“发迹”“发难”作用无人可以替代，也是不容忽略的。没有其为天下先，则秦之亡无从说起。不提陈涉，这一段历史就不完整。楚汉之争，西汉建立，都和陈涉发端密不可分，离开了陈涉，就无法说明历史何以如此走向。陈涉、项羽、刘邦是秦之后三个具有里程碑意义的人物。刘邦列入本纪自不必说。项羽列入本纪，钱穆先生认为，不如此，则子婴之后至西汉建立，这一段历史就属空白。陈涉列入世家，一是他确实做了王，尽管是自封的，但天下英雄承认，追随他的人也很多。以后楚怀王、项羽也都自封为王，乱世之际，不能用正统与否讨论这件事。二是基于陈涉的影响。《史记》把《陈涉世家》列在《孔子世家》之后，这是一件很有意思的安排。孔子的意义在于他的影响，陈涉也如此。因此，司马迁说：“周失其道而《春秋》作，秦失其政而陈涉发迹，诸侯作难。”（《史记·太史公自序》）周失其道而有孔子作《春秋》，秦失其道而陈涉发难，他们都具有时代的象征意义。既立《孔子世家》，那么《陈涉世家》就说得过去，这是司马迁的历史观，也是他的微言大义。今天我们仍然面临这个类似的问题，讲中国共产党的历史就不能不提到国民党历史，讲毛泽东就不能不讲蒋介石，客观地传述中国共产党的历史、毛泽东的历史作用，就不能不客观地传述国民党的历史、蒋介石的历史作用。不讲国民党，清亡之后至中华人民共和国成立这一段历史就成为空白。不正确评价国民党及蒋介石，对中国共产党的历史就不负责任，也不能说清历史何以如此走向。一党代替另一党执政，有其历史必然性。回顾历史就要克服成见和偏见，树立大历史的胸怀。就这一点，中国古代有良好的传统：唐灭隋，治《隋书》；元代宋，治《宋书》；清胜明，治《明史》。也因此，中华文明、文化才有了很好的传承。

洪迈说："陈涉不可轻"，"陈胜出于戍卒，一旦奋发不顾，海内豪杰之士，乃始云合响应，并起而诛之。数月之间，一战失利，不幸陨命于御者之手，身虽已死，其所置遣侯王将相竟亡秦。项氏之起江东，亦矫称陈王之令而度江。秦之社稷为墟，谁之力也？且其称王之初，万事草创，能从陈馀之言，迎孔子之孙鲋为博士，至尊为太师，所与谋议，皆非庸人崛起者可及，此其志岂小小者哉！"（《容斋随笔》）认为陈胜的所作所为及历史贡献不容轻视，他绝不是一个头脑简单的"草头王"。

陈胜说过几句经典的话，如"苟富贵，无相忘""燕雀安知鸿鹄之志""王侯将相宁有种乎"（《史记·陈涉世家》，下同），他以此来挑战世袭社会。尤其是"王侯将相宁有种乎"这句话，在当时可谓石破天惊，具有划时代的意义。此前的历史是王侯将相的历史，然从陈涉开始，布衣平民向王侯将相发起挑战。刘邦做天子，就是这种思想潮流和历史趋势的集中体现。但就是这个陈胜，在做了陈王之后，与自己曾经的"伙颐"反目，再也记不起当初的承诺了。陈胜死后，汉高祖没有忘记他，"为陈涉置守冢三十家砀，至今血食"。在陈胜身死的砀山，刘邦为他修了座陵墓，置三十户人家守冢，岁腊月祭，香火不断（至少在司马迁生时仍然如此）。

在陈胜起义的大军里，有一个人很特别，他的加入是一个标志，这就是孔子的八世孙孔鲋。孔鲋作为孔子的传人，儒学正宗，恢复王道、拨乱反正是他的使命。他怎么也加入“乱军”了呢?司马迁这样解释:“陈涉起匹夫,驱瓦合适戍,旬月以王楚,不满半岁竟灭亡,其事至微浅,然而缙绅先生之徒负孔子礼器往委质为臣者,何也?以秦焚其业,积怨而发愤于陈王也。”(《史记·儒林列传》)缙绅先生之流对秦行暴政不满,对秦焚书坑儒不满,遂起而抗秦。尽管陈胜只称得上是一个匹夫,尽管他的周围都是乌合之众,不是抗秦的最佳选择,但孔鲋的加入使其变得更具政治意义,至少表明了知识分子对时世的态度。以儒家为代表的“士”阶层,历来讲究“良禽择木而栖,良臣择主而事”,但在抗秦这件事上,已来不及做更多的选择,也无须观望、等待,挺身而出就是了。可以想象,孔鲋的加入对“诸生”有着非常重要的影响,是另一种意义上的“振臂一呼”。

中国知识分子,自从有这么一个阶层,有这么一类人开始,就寄生于王权之下,从来没有独立过。诸子百家——儒、墨、道、法、名、阴阳、纵横,各执所见,虽然道术不同,但无一不为“王道”服务。这些流派共同组成了思想的盛宴,供奉于帝王,任其选择。各家锐意诋毁对方,抬高自己,也不过是为了诱使帝王任用而已。孔子周游列国,墨子摩肩继踵,胼胝其体,纵横家前赴后继,无一不是说服君主尊用其人其道。经天纬地,救世济民,说得再怎么好听,总要借助王权才能得以实施。《六经》《墨子》《韩非子》《老子》《庄子》《荀子》等,无非帝王治世之学。《春秋》《史记》欲倡明者,无非是王道。《资治通鉴》是此前中国思想的集大成者,体现了知识分子惩乱世、兴盛世的智慧。司马光在《进〈资治通鉴〉表》中,对宋神宗恳切地说:“每患迁、固以来,文字繁多,自布衣之士,读之不遍,况于人主,日有万机,何暇周览!臣常不自揆,欲删削冗长,举撮机要,专取关国家兴衰,系生民休戚,善可为法,恶可为戒者,为编年一书。使先后有伦,精粗不杂……”（《进〈资治通鉴〉表》）意即，考虑到司马迁、班固及其以后的史书卷帙浩繁，终人一生也难以遍读，何况人主日理万机，无暇遍览，所以就把历史上有关国家兴衰，可资借鉴的内容摘取出来，以编年体的形式贯穿成册，以供宋朝皇帝治国之用。司马光想得十分周到。他历时十九年，精心为君主编写了这部史书。从此，中国历史上有了一份内容齐全的帝王之学。张居正为明神宗侍读日讲，朝夕不离手的就是这本《资治通鉴》。

知识分子无法脱离王权，思想无法脱离政治，这也是中国特色的文化现象。

百家之学的命运如此，儒、释、道三教的命运也如此。历史上，在不同时期，儒、释、道都有过自己的辉煌史，此消彼长，各有千秋。汉文帝、汉景帝之活用老庄，佛教在南朝影响甚巨，儒学于宋、明发扬光大，但掌握三教命运的唯有君主。如此，三家之教随着时势变迁，不断进行自我改造、自我完善，屈从于帝王的需要。就这点也可以得出一个结论，即中国从来不曾有过独立的宗教，宗教历来被政治御用。西方中世纪曾有过皇权与宗教之争，甚至发起了轰轰烈烈的十字军东征。这种情况在中国根本没有可能发生。因为自三皇五帝开始，主宰中国人命运的只有帝王，舍此无他。辛亥革命后的“五四”运动的意义，在于试图从思想上改变这种现状：推翻“孔家店”，打倒帝王思想，呼唤“德先生”“赛先生”，重新缔造一个民主、自由的国度。在这个新的国度里，知识分子具有绝对的独立，不再是王权的附庸。陈寅恪先生进而提出，树立“独立之精神，自由之思想”，并以之为信条恪守终生。新文化运动的精神无疑具有划时代的意义，其影响前此无双。作为一个运动，其作用只能起到一个运动的效果，数千年根深蒂固的文化不是几句口号就能颠覆得了的。推翻之后所建设者又苍白空洞，其结果是没有彻底地推翻，也没有真正地建设。

王权政治在中国历史上一尊独大，宗教、文化、民主、自由全部服从、服务于它的专制。天子是天之子，代表上天意志，拥有不二法权和绝对统治。宗教是王权政治下的宗教，文化是王权政治下的文化。可以想象，在这么一种架构下，民主、自由的空间何其逼仄。陈寅恪先生的一生注定孤独。

王权是绝对的，由谁来行使王权却是相对的。这里有一个底限，要使天下苍生活得下去。活不下去有两种情况：一是执法太严，用法太密，百姓动辄触法，触法则死，使人惶无宁处；二是赋敛太重，搜刮净尽，百姓无以为活。要说中国百姓忍耐力委实大，刀剑不加于顶，不生反心，不至人相食，不起反心。正因如此，帝王常常会无所顾忌，肆意妄为。这是一种恶性循环。秦之亡应该属于第一种情况。陈胜、吴广被征发服役，“会天大雨，道不通，度已失期。失期，法皆斩。”（《史记·陈涉世家》）不顾实际情况，迟到了就要砍头，这样的法规也实在过于苛刻。除了谋篡王位，古代人造反大多属于这种被逼而反、不得不反的情况。

为了维护统治，实现长治久安，古代知识分子竞相为君王出谋划策。墨子主张“非攻”的和平主义，治国如治家一样俭约；老子主张师法自然，行不言之教；法家主张重刑立威；等等。孔子的理论最为系统，也最为温和。他主张行仁政，重教化，发挥诗、书、礼、乐的作用，君臣子民各安其道、各安其生。孔子的办法尽管见效慢，不如法家立竿见影，却较为长久，务实管用。相比之下，老子的学说就有些大而无当，难以付诸实施。经过历史检验，历代帝王也都沿用孔教，其他学派逐渐式微。夏曾佑说：“孔子一身直为中国政教之原，中国历史孔子一人之历史而已。”（《中国古代史》）虽然绝对了些，却也不无道理。

“陈涉之王也，而鲁诸儒持孔氏之礼器往归陈王。”（《史记·儒林列传》）以孔氏后人为代表的鲁诸儒，拿着代表孔子王道思想的礼器投奔陈胜，这种现象十分严重。说明不只是社会底层的陈胜、吴广们要推翻秦王朝，纵社会中坚的“士”阶层也站在了对立面。孔子的礼器代表了周礼，是王权的象征。现在归为陈王所有，天下不复是秦的天下了。

陈胜振臂一呼，如河之决堤，天下响应，风起云涌，星星之火，顷刻呈燎原之势。“遍地尽是黄金甲”。各路英雄在楚王和项羽的旗帜下，万众一心摧垮秦的统治。秦亡后，楚王被项羽派人杀掉，天下又陷入群龙无首，诸侯割据，鹬蚌相争的混乱局面。这种情况与东汉末年、宋朝末年及民国时军阀混战的场景十分相似。

乱世出英雄，乱世造英雄，乱世需要英雄。在秦末英雄辈出的时代，知识分子干什么呢？

郦食其

秦末诸生中，郦食其个性最为鲜明。这个人洒脱不羁，又十分自负，时人称为“狂生”。他是陈留（今开封地区）人。沛公驻兵陈留郊外，属下一个骑士探家，碰见了郦食其，郦食其请求他把自己荐于沛公。“吾闻沛公慢而易人，多大略，此真吾所愿从游”。（《史记·郦生陆贾列传》，下同）他觉得沛公与众不同，正是自己心仪的那一类人，希望可以追随沛公。他之自荐也非常有趣。他对骑士说：“若见沛公，谓曰：‘臣里中有郦生，年六十余，长八尺，人皆谓之狂生，生自谓我非狂生’。”他大概津津自得于“狂生”这个外号，觉得这样说才能吸引刘邦注意。骑士不懂这一套，反而给他泼起冷水，道：“沛公不好儒，诸客冠儒冠来者，沛公辄解其冠，溲溺其中。与人言，常大骂。未可以儒生说也。”刘邦是一个流氓无产者，他对儒生的态度无异于泼皮无赖。有儒生拜会，他动辄就把人家的冠帽摘下来，在里边撒尿，以羞辱对方。

刘邦需要的是战无不胜的武夫，他的个性导致他讨厌儒生之类的正人君子，讨厌繁文缛节。解冠溲溺之类的荒唐举动，除了刘邦谁也做不来。这些传闻丝毫不能吓退郦食其，他胸有成竹。

关于郦食其自荐于刘邦，有几种说法，无论哪一种，都颇具传奇色彩。

郦食其初次见到刘邦，刘邦正坐在床上，让两个女子给他洗脚。这种场面无礼仪可言，刘邦存心不把儒生当一回事。郦食其也没有客气，“长揖不拜”，以礼对抗。他开门见山道：“足下欲助秦攻诸侯乎？且欲率诸侯破秦也？”没有称“公”“将军”，而称“足下”，郦食其表现得不卑不亢。这两个问题也属明知故问，意欲激怒刘邦。刘邦果然被激怒，道：“竖儒！夫天下同苦秦久矣，故诸侯相率而攻秦，何谓助秦攻诸侯乎？”骂儒生为“竖儒”，刘邦是第一个。郦食其知道刘邦有此一骂，丝毫不为所惧，反而步步进逼，“必聚徒合义兵诛无道秦，不宜倨见长者”。他以长者自居，意在杀杀刘邦的威风。刘邦之聪明、狡黠少有人比，他马上听出了话外之音，“于是沛公辍洗，起摄衣，延郦生上坐，谢之”。刘邦意识到，眼前这个人非一般腐儒可比。

郦食其建议刘邦占领陈留，培植力量，以图再举。虽然是权宜之计，但对刘邦来说，却是当务之急。刘邦此时兵不满万人，势力单薄，还不能争霸一方。而陈留是要冲之地，四通八达，粮食富足，居之以临南北，招致英雄豪杰，壮大队伍，有百利而无一害。郦食其之所以这样说，也是有备而来，他把陈留作为见面礼送给了刘邦。

郦食其正式加入了沛军。他学过纵横术，长于游说，凭借三寸不烂之舌，游走于诸侯之间，为沛公招兵买马，拉拢同盟。他首先把弟弟郦商拉进沛军，因为弟弟手下有支数千人的队伍。

但是郦食其更乐于做一个高级谋士，在沛公需要的时候，为他出谋划策。荥阳是楚汉争夺的重镇，它不仅是军事要地，而且秦朝的两个粮仓之一——敖仓就在这里。汉三年，项羽打败了刘邦，占据荥阳。汉王刘邦觉得荥阳是个麻烦，前后受敌，打算放弃，把战线收缩到洛阳一带。郦食其阻止汉王这么做。为了消除来自东北齐地的威胁，他向刘邦请求亲赴齐地，去说服齐王田广成为汉的邦国。郦食其说服齐王的办法，简直就是张仪说服楚怀王的翻版，仿佛设身处地为齐着想，却一步步把齐王引向他预设好的圈套。和楚王一样，田广被郦食其左右，任由他摆布。“田广以为然，乃听郦生，罢历下兵守战备，与郦生日纵酒。”齐王对待郦生像贵宾，放心地把齐国的命运交给他。郦食其唯一蒙在鼓里的，就是汉王派他舌战齐王的同时，又派韩信攻打齐地。韩信本来是去救赵，赵王张耳彼时被项羽打得支持不住。赵之围解，汉王又逼着韩信击齐。韩信刚进入齐境，就听说郦食其已用口舌把齐地拿下来了。韩信有些不服气，加之又有谋士蒯通煽风点火，于是不顾郦生和齐王达成的协议，出兵攻打，在齐地纵横驰骋，犹入无人之境。齐王大惊失色，他认为这一切都是汉王的阴谋，先派郦食其结好，说服他放弃防御，既而又乘虚而入。他觉得自己上了个大当，是郦食其出卖了自己，就把郦食其抓起来，威胁说：“汝能止汉军，我活汝；不然，我将烹汝！”郦食其此时已无话可说，任何辩解都成为多余。被烹之前，郦食其的表现颇像一个大丈夫，他磊落地对齐王说：“举大事不细谨，盛德不辞让。而公不为若更言！”他本来长于算计，现在却被人算计，除了埋怨自己事先考虑不周外，还能说什么呢？

郦食其死得十分慷慨，很像个壮士的样子。高阳酒徒、狂生郦食其傲然走完了他传奇的一生，如流星一样闪烁而过。他生非其时，没有处在列国时代，无法成就像苏秦、张仪一样的事业。他以死宣告了纵横家的没落。

陆　贾

和郦食其一样，陆贾也是一个辩士，他之得名稍晚一些。汉高祖派他到南越（岭南，今广东、广西、越南一带），封尉他为南越王。尉他实名赵他（音驼），秦时为南越尉官，一直盘踞在此地。《史记》称呼人名时多前置官职，如王僚即是吴王僚，有时索性只称官职，如太仓公。岭南与华夏长久隔绝，音信不通，尉他对中原发生的变故不甚了解，对汉高祖取得天下也不以为然，因此对陆贾表现得很傲慢。他问陆贾："我孰与萧何、曹参、韩信贤？"（《史记·郦生陆贾列传》，下同）这是个令人啼笑皆非的问题，陆贾实在难以回答，只好含糊其辞，"王似贤"。不料尉他不甘心，接下来又问："我孰与皇帝贤？"简直有些夜郎自大，不知天高地厚。

夜郎自大的故事尚在这以后。汉武帝时，张骞出使西域，他到达大夏国的时候，见到有人使用蜀布、邛竹杖（都是中国的东西）。就问这些东西从何而来，对方回答由东南身毒国（音捐毒，一名天竺，即今印度）而来。西域归来，张骞汇报出使经过，就把这件事向汉武帝说了，建议武帝派人交通身毒。此后便数次发使，但似乎都没到达。当时，长安至身毒有两条路可以选择。一条由河西走廊经西域南下，这条路比较畅通，但绕路太多，行经万里之遥。另一条，也是比较近的一条路，是由西南经羌地（今藏南一带）至身毒，这条路是捷径，但风险很大：一是羌人与汉没有使节来往，二是西南夷人也与中原隔绝。西南少数民族以夜郎、滇最大，也各自独立，互不往来，所以他们对汉朝尚没有一个基本的概念。西汉使者借道西行，"滇王与汉使者言曰：'汉孰与我大？'及夜郎侯亦然。以道不通故，各自以为一州主，不知汉广大。"（《史记·西南夷列传》）夜郎自大的故事由此而来。

陆贾于尉他，此前的谈话多以抚慰为主。但这个尉他不太知趣，竟把自己与汉皇帝相提并论，陆贾再也无法忍受，道："皇帝起丰沛，讨暴秦，诛强楚，为天下兴利除害，继五帝三王之业，统理中国。中国之人以亿计，地方万里，居天下之膏腴，人众车舆，万物殷富，政由一家，自天地剖泮未始有也。今王众不过数十万，皆蛮夷，崎岖山海间，譬若汉一郡，王何乃比于汉！"(《史记·郦生陆贾列传》)他说，汉皇帝丰沛起事以来，讨秦灭楚，成就了与五帝三王同功的大业。统一之后，人口以亿计算，辖地有万里之广，物产丰盛，车马滚滚，政令划一，这是天地开辟以来未曾有过的局面。而南越只不过统领数十万人，地处崎岖，偏居山海一隅，只比得上汉朝一郡。依照这个条件，怎么能和汉王相提并论？陆贾以压倒尉他嚣张气焰为目的，所说大致属实，却也不无夸大之处。据钱穆先生统计，至西汉平帝时，国家有居户也只1223万余，人口5959万余。(《国史大纲》)西汉初年，战争频仍，人口当不超过4000万。

尉他本没有把自己所说的话当实，一看陆贾认真起来，马上给自己找台阶下，道："吾不起中国，故王此。使我居中国，何渠不若汉？"(《史记·郦生陆贾列传》，下同)虽然他内心服气，但嘴还不饶，勉强受汉封，称臣。

陆贾出使不辱，高祖大悦，拜他为太中大夫。

身为公卿大夫，陆贾可以经常向刘邦面谏。他是儒生出身，总觉得刘邦治国无所遵循，凭着性子乱来，就经常劝谏，希望高祖借鉴《诗经》《尚书》治国。刘邦介于文盲与半文盲之间，哪里懂得这个，骂道："乃公居马上而得之，安事《诗书》！""乃公""而公"是刘邦的国骂，经常被他当口头禅吊在嘴边，意思相当于"你老子"，比较粗鄙。陆贾接着他的话反问道："居马上得之，宁可以马上治之乎？且汤武逆取而以顺守之，文武并用，长久之术也。昔者吴王夫差、智伯极武而亡；秦任刑法不变，卒灭赵氏。乡使秦已并天下，行仁义，法先圣，陛下安得而有之？”意思是：从战马上取得天下，难道能在马上治天下吗？汤武叛逆夏商取得天下，也懂得顺应民心，文武并用，这才是守天下的长久之道。以前吴王夫差、晋国大夫智伯，都因穷兵黩武而亡国；秦兼并天下仍以刑法治天下，然终至覆亡。假使秦能效法先圣，行仁义，哪里还有您的天下？！“马上得之，宁可以马上治之？”这句话现在很多人都耳熟能详，曾被很多开国君主引用，借以警醒上下。唐太宗李世民对这句话就很感兴趣。

刘邦被陆贾顶得反不出话，虽然不高兴，也不得不赞同。但他又不太甘心，就刁难陆贾说：“试为我著秦所以失天下，吾所以得之者何，及古成败之国。”他给陆贾布置了作业，让他把古今得失存亡的道理写下来，供人借鉴。陆贾不愧为饱学之士，胸中自有锦绣。他陆续著述十二篇文章，总结秦王失天下、汉王得天下的经验教训。“每奏一篇，高帝未尝不称善，左右呼万岁，号其书曰《新语》。”这本书后来大多亡佚，唐魏徵在其所编纂的《群书治要》中录了一部分，可以观览其中风采。

陆贾晚年倒也过得潇洒。其时吕后执政，对高祖旧臣着意防范，陆贾于是远离政治，过起逍遥游的日子。当初出使南越，尉他曾送给他千金，他把这些钱平均分给五个儿子，让儿子们轮流侍奉他，如同一个精明的田舍翁。陆贾经常坐着安车驷马，带着一队歌舞侍从，信马由缰，到处闲逛，享受悠闲的田园生活。偶尔他也去拜访几个老朋友，了解他们的处境。一天，他去看望右丞相陈平，陈平正为国事忧虑，深感孤掌难鸣，希望有人帮他出出主意，一见陆贾，喜出望外。陈平此时尚不知陆贾的立场，就试探性地问了一句，你知道我为什么发愁吗？陆贾毫不隐晦，单刀直入地回答，你“不过患诸吕、少主耳”。一句话说到陈平的痛处。他问陆贾应该怎么做，陆贾说："天下安，注意相；天下危，注意将。将相和，则士豫附；士豫附，天下虽有变，则权不分。"陆贾认为国家危难之际，仅凭丞相一己之力不能拨乱反正，只有将相联手，才可能掌控局势。他向陈平推荐了太尉周勃。周勃是大将，手下掌握军队，把他拉过来，就可以达到目的。对陆贾所献计策，陈平深以为然，于是拨给他奴婢百人，车马五十乘，钱五百万，恣其所用。陆贾又有钱花了。他日夜游走于公卿之门，笼络周勃在内的一批人支持陈平，安刘削吕。吕后死后，以周勃、陈平为首的汉臣们，起而清君侧，诛诸吕，恢复刘姓统治，一切都按照陆贾当初的计划实施。

刘　敬

刘敬原名娄敬，因为建议定都有功，被汉高祖赐姓刘，以示宠遇。

刘邦打败项羽，驻扎洛阳，准备在这里定都。娄敬听说后，觉得是自己建功立业、出人头地的好时机，便请求觐见刘邦。他当时穿着羊皮衣，又破又旧。别人建议他换上新衣服，显得庄重。娄敬却信心十足地说："臣衣帛，衣帛见；衣褐，衣褐见。终不敢易衣。"（《史记·刘敬叔孙通列传》，下同）之所以敢这样傲慢，是因为娄敬觉得凭着自己的真才实学，足可以打动刘邦，而不在于穿什么衣服。

见到刘邦，娄敬径直问道，你想建都洛阳，是要和周朝相比吗？得到肯定的回答后，娄敬就把自己的主张端了出来。他认为，应当仿效西周，建都关中，而不应当仿效东周，建都洛阳。他认为，迁都洛阳，于周虽说是迫不得已，但周朝从此衰弱，固然有其他原因，但和洛阳的位置、地形不无关系。洛阳位于华夏中心，一马平川，无山川地形可以凭险，易攻而难守。而“秦地被山带河，四塞以为固，卒然有急，百万之众可立具也。因秦之故，资甚美膏腴之地，此所谓天府者也。陛下入关而都之，山东虽乱，秦之故地可全而有也。夫与人斗，不搤其亢、拊其背，未能全其胜也。今陛下案秦之故地，此亦搤天下之亢而拊其背也。”他认为，关中披山带河，是形胜之地，对内既有关塞可守，又有天府可赖。一旦有急，可以闭关自守，扼天下项背要害之处，轻易就能控制全国。可谓骑天下而制要害，是建都的首选胜地。

说到建都问题，唐以前，历朝建都均围绕长安、洛阳而来。周有西周、东周，西周建都丰镐，属于关中，东周建都洛阳。自此以后，都城均在两地徘徊。西汉建都长安，东汉建都洛阳。南北朝时期，拓跋氏建北魏，最初建都平城，之后南迁到邺，但他们最渴望建都洛阳。太武帝拓跋焘举都南下，做了许多工作，费尽心思才达到这一目的。唐时虽以长安为都城，但同时在洛阳建宫，武后一生大多数时间都在洛阳。洛阳古称天下之中，在这里建都是帝王们的共同理想。唐以后，情况又发生了变化。宋建都开封，逐步向东延伸，但也没有偏离黄河流域，都在同一条纬度线上。就政治而言，建都长安与建都洛阳大致有一个历史趋向。今人周振鹤先生说：“若王朝进取则定都长安，若守则定都洛阳。”（《东西徘徊与南北往复——中国历史上五大都城定位的政治地理因素》）从历史上看，基本符合这个规律。

宋以后，基本抛弃了建都长安、洛阳、开封的考虑，长安、洛阳之辩变成了南京、北京之辩，历史由横向发展变成了纵向发展。一般情况下，建都北京，也属进势，建都南京，则成守势，所以明成祖执意要从南京迁到北京。北地可中原逐鹿，南地却是偏安一隅，这是一件十分有趣的现象。从东西之争到南北分制，建都原则不外两条：一是能够较好地御外，一是方便治内。元朝及其以后，疆域已经扩大至漠北，而长江流域自吴、蜀分治，宋、齐、梁、陈南迁，经济得到飞速发展，其舟楫之利远非北方可比，建都南京、北京属于事势必然。相对而言，御外仍是建都首先需要考虑的问题。建都长安则可以御西，因为汉唐的主要威胁是西夷、北胡。建都北京则可御北，因为元明清的主要威胁在北方。就治内而言，有一个形势的问题。周振鹤先生说："西安是以西驾东，而北京则是以北临南。""唐以前是东西力量的对峙，宋以后则是南北的对峙。东西对峙以西安为上，南北对峙则以北京为上。"

刘邦虽然承认娄敬所说有道理，但定都毕竟是一件大事，还有些拿不定主意，况且大部分将官都反对，就把两方面意见说给张良，让张良拿主意。恰好张良也同意定都关中，认为关中是"金城千里，天府之国"，劝高祖不要犹疑。刘邦这才打定主意，车驾西行。

定都是一件大事，事关千秋大业，这事定下来之后，刘邦心里一块石头落了地。他一高兴，就赐娄敬刘姓，拜为郎中，号为奉春君。

除此之外，刘敬还有一件事值得称道，它涉及汉初的国策，对后世影响很大。

这件事是关于匈奴的。边患问题困扰中国数千年，从周朝开始，这个问题就存在。哪个朝代解决得好，哪个时期就能相安；哪个君主暗昧不明，国势衰微，夷族就会乘虚而入。历朝历代，夷族对中原一直虎视眈眈，一俟有机可乘，就大举进犯。他们的存在，犹如一柄悬着的剑，让君主们时刻内自惕厉。从这个意义上说，中华文明绵延不断，与异族的威胁密不可分，甚至可以理解为，异族威胁成就了五千年文明史。

匈奴之患不是自汉朝始，周、秦固有之。战国时，秦、齐、赵、燕等国都建有长城，防备夷、胡东侵、南侵。秦命蒙恬屯兵十万于河套，并把诸国长城连为一体，也是为了预防北患。汉高祖时，匈奴强盛，尤以冒顿这一支为最，拥控弦之士三十万。当时，韩王信（汉初有两个韩信，一为齐王，淮阴侯，一为韩王，此乃韩王信也）反，刘邦亲自率领大军平叛，韩王信恐惧，叛逃匈奴，准备带领匈奴杀回中原。刘邦为了试探虚实，就派刘敬出使匈奴。刘敬回来告诉刘邦，匈奴狡猾，把实力都隐藏起来，似乎做好了准备，应当从长计议，暂时不要发动进攻。汉军此时已发动三十二万军队，正从各路往雁门关集中，战争不可避免。刘邦认为刘敬的建议足以扰乱军心，遂命人把他抓起来，待战争结束后发落。

平城之役，汉军大败，刘邦被围白登，七日之后才脱身。这次战役成为汉朝耻辱，直到汉武帝时方雪前耻。失败后的刘邦这时才不得不信服刘敬，亲自命人释放，并对其加官晋爵。之后，刘邦咨询刘敬：如何才能免除边患？刘敬献计和亲，他说："陛下诚能以适长公主妻之，厚奉遗之，彼知汉适女送厚，蛮夷必慕以为阏氏，生子必为太子，代单于。何者？贪汉重币。陛下以岁时汉所余彼所鲜数问遗，因使辩士风谕以礼节。冒顿在，固为子婿；死，则外孙为单于。岂尝闻外孙敢与大父抗礼者哉？"（《史记·刘敬叔孙通列传》）中心内容是：与匈奴结为姻亲，两国关系就变为父婿关系，从道理上讲，女婿不能和丈人开战，汉朝从此可安枕无忧。从表面上看，刘敬所说不错，但实际情况要复杂得多。汉民重视姻亲、血缘关系，但到了匈奴那里，情况就发生了变化。匈奴属于血食，弱肉强食是他们的生活准则，父子、兄弟之间经常火拼，何况父婿关系？即如冒顿，他把自己父亲猎杀了才做了单于。在王权面前，血缘关系变得无足轻重。

但对汉高祖而言，天下暂安是当务之急，况且一时胜负难料，与匈奴和亲就成了仅有之选。他就派刘敬出使匈奴缔结和亲之约。

从此，汉朝换得了十数年可贵的安定，一直延续到汉文帝时代。

刘敬的和亲政策对后世影响极大。一般而言，解决边患无非两条，或战或和，而在讲和问题上，和亲恐怕最为直截了当。

叔孙通

叔孙通最初仕于秦，做待诏博士。秦二世时，陈胜造反。消息传到朝廷，秦二世就把这些有学问的博士召集来，讯问对此事的看法。三十余人都回答，陈胜造反，罪在不赦，应当迅速派兵镇压。秦二世本没有当一回事，更不想大动干戈，听到先生们与自己意见相左，就有些不高兴，脸色也不太好看。叔孙通一看情况不妙，赶紧抢上前说，造反的都是些鼠窃狗盗之徒，不值得大惊小怪，让地方官对付他们就足够了。秦二世这才高兴，他把那些持镇压意见的儒生或贬职或罢黜，唯独对叔孙通赏官晋爵，拜为博士。散朝以后，大家都指责他言不由衷，面谀秦二世。叔孙通说，不如此，我也难脱虎口。

这件事之后，叔孙通觉得秦王难以辅佐，就溜乎者也，寻求托身。几经辗转，最后投奔到汉王刘邦麾下。这人善于察言观色，他发现刘邦讨厌儒生，反感人家身着儒服，就把自己的儒服裁得像楚人的服饰一样短。他不像一般的腐儒，固执己见，而善于伪装自己，适应别人。叔孙通就是这样一个机会主义者。

刘邦一直忙于打仗，叔孙通苦于没有机会表现自己。追随他的百余弟子很失望，在他面前抱怨起来，叔孙通一面安慰这些人，一面找寻机会。

机会最终被叔孙通找到。刘邦取得天下后，准备对功臣进行封赏，很多人都自以为功大，整天聚在一起喝酒、争功，醉后拔剑击柱，大呼小叫，闹得乌烟瘴气。刘邦对此十分不满，又束手无策。叔孙通有办法，他对刘邦说：“夫儒者难与进取，可与守成。臣愿征鲁诸生，与臣弟子共起朝仪。”他的办法是制定朝仪，也即后人所说的朝纲，用制度把人管住。“难与进取，可与守成”是叔孙通对包括自己在内的儒者的评价，这句话与司马迁“博而寡要，劳而少功”（《史记·太史公自序》，下同）的认识，一并成为贴在儒者身上的标签。

得到刘邦的同意后，叔孙通开始大显身手，他要为汉朝制定礼仪。礼仪本是儒家擅长，司马迁对儒者唯一肯定者在于此。“然其序君臣父子之礼，列夫妇长幼之别，不可易也。”比较难办的只有一点，刘邦讨厌繁文缛节。这也不要紧，折中、取巧是叔孙通的长项。他劝慰刘邦不要担心：“五帝异乐，三王不同礼。礼者，因时世人情为之节文者也。故夏、殷、周之礼所因损益可知者，谓不相复也。臣愿颇采古礼与秦仪杂就之。”（《史记·刘敬叔孙通列传》，下同）五帝不同乐，三王不同礼。这本是法家的思想，叔孙通把它拿来，变成了自己现实主义的认识论。为了迎合刘邦，他开始对周礼进行大刀阔斧的改革，一直改到刘邦认为“吾能为此”的程度。关于这一点，其他儒生有不同意见，他们讥刺叔孙通道：“公所事者且十主，皆面谀以得亲贵。”“吾不忍为公所为。公所为不合古，吾不行。公往矣，无污我！”他们对叔孙通的人品操行进行抨击，对他所改定的礼法嗤之以鼻。此类意见，叔孙通觉得不值一驳，讥笑他们：“若真鄙儒也，不知时变。”

儒家从春秋产生以来，就分为两大流派，即齐儒、鲁儒。这两派的观点、风格、处世态度都有很大区别。首先表现在对于儒家经典的认知上。两派对《诗经》《尚书》《仪礼》《易传》《春秋》等的理解、看法不同，所以讲诗有齐诗、鲁诗，《尚书》有今文、古文，《春秋》有《公羊传》《穀梁传》两传（《左传》兴起已经是东汉以后的事了），等等。两派的争论有时十分激烈，需要天子出来平息。汉宣帝于甘露三年（前 51 年），诏诸儒讲五经同异，太子太傅萧望之奏报两派意见，让汉宣帝评定谁是谁非。最激烈的一次是东汉章帝时，诸儒在洛阳北宫白虎观讨论五经同异，章帝称制临决，经过一番争论，基本统一了意见。班固把这次讲论记录下来，作了一本《白虎通义》。

除了思想不一致外，齐儒、鲁儒在处世态度上也有很大不同。一般而言，齐儒善于变通，随着时势的发展修正自己的观点，因此产生了很多术士、辩士。这一派人比较风光，往往会在朝野中得势。而鲁儒比较死板，恪守教条，谨遵圣训，一丝不苟，待人严，待己也严。他们一般都自命清高，不愿意同流合污，也不愿出来做官，多是门前冷落车马稀。也因此，人们把齐儒称作“俗儒”“小人儒”，而把鲁儒称作“腐儒”“君子儒”。叔孙通的做派有点像齐儒，连他的弟子们都有些不太服气他。

经过一年多的准备，朝仪于新落成的长乐宫隆重举行，胪传、警跸之后皇帝出宫，文武官员分班依次朝见奉贺。在礼仪进行过程中，个别不遵守仪法者都被执法者带走。“自诸侯王以下莫不振恐肃敬”，“无敢喧哗失礼者”。看到朝臣们如此中规中矩，汉高祖喜不自禁，高兴地说：“吾乃今日知为皇帝之贵也！”

在叔孙通的精心组织下，朝臣们都做得像个官员的样子，刘邦也体验到了无比尊贵的感觉，高兴之余，他赏给叔孙通黄金五百两，叔孙通全部都分给了大家。儒生们自然喜上眉梢，他们称赞叔孙通：“叔孙生诚圣人也，知当世之要务。”懂得权变的叔孙通让大家由衷佩服。你可以发现，礼仪是一件很可怕的东西，它很可能摧毁别人的信念、意志、行为准则等。

秦末汉初，由乱而治，郦食其、陆贾、刘敬、叔孙通等一批知识分子，以天下为己任，义不容辞投身乱世，奋不顾身追求治世，他们用自己的聪明才智成就了各自的精彩人生。司马迁感叹道："千金之裘，非一狐之腋也；台榭之榱，非一木之枝也；三代之际，非一代之智也。"洵然！他们积极的入世精神，影响了两汉及后代知识分子。

诗曰：

忍听鹤唳[①]故国声，
对酒一杯祭苍生。
三尺龙泉[②]陈万敌，
谁言诸子只读经！

①鹤唳：（苻）坚众奔溃，自相蹈籍，投水死者不可胜计，肥水为之不流。余众弃甲宵遁，闻风声鹤唳，皆以为王师已至，草行露宿，重以饥冻，死者十七八。（《晋书·谢万传》）

②龙泉：宝剑名，又称龙渊，相传由欧冶子、干将两人为吴王打造。李白有诗："金羁络骏马，锦带横龙泉。"（《留别广陵诸公》）

司马迁的名山事业

历史往往是这样形成的，它赋予一个人以事主的角色，通过他干预历史、造就历史。历史在这个人的随心所欲下成为我们现在了解的样子。这样，历史在某一个阶段，往往表现为一个人的历史。一部史书就是一个历史学家对其所还原的历史的认识。《史记》是司马迁的历史学观，《汉书》是班固的历史学观，《三国志》是陈寿的历史学观，等等。在司马迁笔下，历史由三类群体组成，即本纪、世家、列传，这是历史的主脉络。而表、书体现了时间线索和人文制度线索，其作用是为了让历史更为清晰，更为丰富和完满。纪传是空间性质的历史，表现为横的一面，这并不妨碍它按照时间顺序来表述。而表、书是时间性质的历史，表现为纵的一面。纪传与表、书结合，历史就变成纵横交错、体系完整的了，历史的立体感就这样构筑成功。司马迁对历史学的革命在于他首次把纪传，也就是人，推上了历史的舞台，这是对传统国史的反动。在《春秋》《左传》那里，历史是由时间概念设定的，时间是历史的生命线，时间贯穿历史的始终，史实只是时间那条线上的点状物。这有点儿像糖葫芦串儿，史实必须由时间来穿缀，它看起来才像一个完整的东西。既然史实无法左右历史和掌握历史，那么人在这个过程中就显得微不足道了。

人们习惯上把《史记》的体例叫纪传体，而把《春秋》的体例叫编年体。表现为时间概念的《春秋》，更多关注历史走向，不幸的是，历史距离孔子的标准愈来愈远。世道浇漓，人心不古，夫子无论怎么疾呼“太山坏乎！梁柱摧乎！哲人萎乎！”（《史记·孔子世家》，下同）也无法挽救颓世。他不得不承认：“天下无道久矣，莫能宗予。”这是历史的悲哀，也是试图赋予历史更多理想信念的孔子的悲哀。这种关于历史的痛苦，只有作为历史见证人的孔子才能体会到。孔子曾经周游列国，不单纯为了干国求政，而是试图通过居其位而行其政——兜售他的王道，从而挽救历史，干预历史的走向。

孔子为了自己的理想王国奔波，像一个殉道者一样，其结果却落寞一生，仅仅成为祭坛上的一只陈旧的法器。孔子欣赏弟子颜回，因为颜回最了解先生的志向与痛苦。孔子在处处碰壁之后，疑惑不解地问子贡：“吾道非邪？吾何为于此？”子贡曰：“夫子之道至大也，故天下莫能容夫子。夫子盖少贬焉？”夫子之道太大，所以不能为天下所容，即使如此，先生也不要太过自谦，这是子贡的回答。孔子以之问颜回，颜回曰：“夫子之道至大，故天下莫能容。虽然，夫子推而行之，不容何病，不容然后见君子！夫道之不修也，是吾丑也。夫道既已大修而不用，是有国者之丑也。不容何病，不容然后见君子。”颜回接过子贡的话头，很为老师打抱不平。他说，天下不容又有何伤，不容才见出君子。大道不修是我们的耻辱，大道已修而不为人用，那是国君的羞耻。不容又有什么，不容才见君子！两人的回答中心意思是一样的，不愧为阙里双杰。子贡聪明则聪明矣，一语中的，但略显应付差事，只解疑而未答惑。颜回则不同，他明白老师此时需要的不仅是打消顾虑，更重要的是鼓足勇气，树立信心，故而反复开导，并对当道者抱以强烈的不平之鸣。“孔子欣然而笑曰：‘有是哉颜氏之子！使尔多财，吾为尔宰。’”因为高兴，孔子不惜降低身段，连为颜回理财这样的俗事都愿意做。由此一段，可知子贡与颜回的高下。以后孔子问子贡：“汝与回也孰愈？”（《论语·公冶长》，下同）子贡油然而答："赐也何敢望回！回也闻一以知十，赐也闻一以知二。"信哉此言！似乎问题已经解决，但孔子"欣然而笑"的背后，掩饰了多少凄楚与悲凉！数十年来，每读此一段，我的心都不由自主地为之一紧，百感交集，从心底深处同情这样一个唯美的理想主义者。

有鲜明历史态度的孔子，和春秋许多史官一样，对待史实毫不隐晦自己的观点："董狐，古之良史也"（《左传·宣公二年》）；"直哉史鱼"（《论语·卫灵公》）。这是他对坚持真理的史官秉持操守的由衷褒奖。中国自有史官制度以来，就有可资遵循的传统，即国人自古就有敬畏历史的传统。尤为庆幸的是，即使王道沦丧，史官匡国正君的使命并没有委弃。他们站在王统、道德的制高点上，以舍我其谁的历史承当，担任历史及社会的大法官。任何历史事件都难逃法官的判决，作案者最为畏惧的乃是法官的判词。仅为着"崔杼弑庄公"五个字，齐太史兄弟二人先后被杀，表现了"其人可杀，其志不可夺"的凛然的史官精神。

最高官至鲁司寇的孔子，没有做过史官。至少在春秋时期及其以后，史官和爵位一样，具有明显的世袭特征。司马迁继承了父亲司马谈的衣钵，做了汉武帝的太史，他可以名正言顺地从事史志创作。孔子没有这个身份，没有资质做鲁史。所谓信史，要求拥有大量真实的史料，这个天然的优势仅史官具备。后人称孔子删《春秋》，"笔则笔，削则削"，推测孔子可能大量翻阅和参照了齐史、鲁史等诸国史。他还曾经拜访过老子。老子在周室担任图籍管理员的职务。孔子此行，主要是问礼。此外，他应该还参观浏览了周史资料，这对于他作史帮助不少。因为资质等法定原因，孔子所作史非王官之学，既不能称周史，也不能称鲁史，更不能命以其他诸国史。于是乎，他贯以一个很有意味的史名——《春秋》。《春秋》是一个时间概念。他是鲁国人，就以历代鲁国国君为经纬，把诸侯各国发生的重大历史事件编纪于鲁史这条线上，形成了一部既非周史又非鲁史的断代史。《春秋》这部书的本来面目今天已不复存在，我们能看到的是由《左氏传》《公羊传》《穀梁传》三传中还原而来的，大体可以把握它的脉络。孟子称《春秋》“其事则齐桓、晋文，其文则史。”孔子曰：“其义则丘窃取之矣。”这个评价可以说把握住了《春秋》的精神实质。

《春秋》这部非史官所作的史书，以正统的观点来看并非正史。但正是这部史书开辟了历史的新纪元，春秋大义也即春秋精神，成为后代史官们顶礼膜拜的典范。

不是史官的孔子为什么作《春秋》？董仲舒说：“周道衰废，孔子为鲁司寇，诸侯害之，大夫壅之。孔子知言之不用，道之不行也，是非二百四十二年之中，以为天下仪表，贬天子，退诸侯，讨大夫，以达王事而已矣。”（《史记·太史公自序》，下同）司马迁认为：“夫《春秋》，上明三王之道，下辨人事之纪，别嫌疑，明是非，定犹豫，善善恶恶，贤贤，贱不肖，存亡国，继绝世，补敝起废，王道之大者也。”既然孔子非为作史而作史，他之所以作史，就另外有一番寄托。他惘于周室衰微，愤于诸侯乱政，感于个人不遇，忧于王道不兴，起而为天下作一套义法，以图恢复君君、臣臣、父父、子子的社会秩序。故司马迁说：“有国者不可以不知《春秋》”，“为人臣者不可以不知《春秋》”。君臣之道即仁义之道。《春秋》之中“弑君三十六，亡国五十二”，“察其所以，皆失其本已”。这个“本”，指的是仁义之本。从另外一个角度分析，孔子作《春秋》，也是为了表达自己的治国理念和价值取向。和史官不同，他之作史是为了正史，这是他有别于一般史官并高于一般史官的所在。尽管那些史官也具备史识、史才、史法等标准，但缺乏一套系统的思想体系。拥有强烈正史欲望及治世冲动的孔子，在现实世界中遭到无情打击之后，把心志寄情于历史。孔子的后学可以讲既能入世，又能出世，辨难于“出处”“去就”“辞受”“取与”之间，既可以汲汲于庙堂之高，又可以优游于江湖之远。但孔子做不到，以他的命世激情和社会自觉，像老子一样洒脱地遁于世是很难做到的。《春秋》是孔子的理想王国，在这里他可以用自己的如椽之笔匡扶正义，抨击奸佞，用他的是非取舍修正历史、评判历史。“后世知丘者以《春秋》，而罪丘者亦以《春秋》。”（《史记·孔子世家》）这是孔子的心声。孟子可谓知《春秋》者，所以他说《春秋》一出，则乱臣贼子惧。乱臣贼子所惧者，在于孔子对于历史的评判，经由他定案的道义标准，就成为法式，为后人所遵从。孔子为历史学家们留下了一笔可贵的精神财富。

司马迁可以说是忠实的春秋精神继承人，虽然他崇信黄老，但丝毫不影响他秉承春秋遗风。在《史记》中，司马迁大量引用《春秋》，以之为标准，评定历史事件和历史人物。“孔子闻赵简子不请晋君而执邯郸午，保晋阳，故书《春秋》曰：‘赵鞅以晋阳畔。’”（《史记·赵世家》）“孔子言：‘太伯可谓至德矣，三以天下让，民无得而称焉。’余读《春秋》古文，乃知中国之虞与荆蛮句吴兄弟也。”（《吴太伯世家》）“管仲，世所谓贤臣，然孔子小之。岂以为周道衰微，桓公既贤，而不勉之至王，乃称霸哉？语曰：‘将顺其美，匡救其恶，故上下能相亲也。’岂管仲之谓乎？”（《史记·管晏列传》）可见，司马迁对孔子及《春秋》褒贬之推崇。司马迁以《春秋》继承人自居，打算作一部新《春秋》，故借鉴和发扬了春秋笔法，其史论成为《史记》最惹眼、最精彩的所在。“假令晏子而在，余虽为之执鞭，所忻慕焉。”（《史记·管晏列传》）“申子、韩子皆著书，传于后世，学者多有。余独悲韩子为《说难》而不能自脱耳。”（《史记·老子韩非列传》）“太史公曰：商君，其天资刻薄人也。”（《史记·商君列传》）“将率席中国广大，气奋，人主因以决策，是以建功不深。尧虽贤，兴事业不成，得禹而九州宁。

且欲兴圣统，唯在择任将相哉！唯在择任将相哉！”（《史记·匈奴列传》）“太史公曰”是《史记》最具鲜明特色的地方之一，后世史书论赞者无出其右。可惜这个传统逐渐式微。写作《后汉书》的范晔批评班固的《汉书》：“其论议常排死节，否正直，不叙杀身成仁之为美，轻仁义，贱守节。”（《后汉书·班固传》）读《史记》，其鲜活灵动中正有一司马迁在，至于《汉书》就显得拘谨理性多了。班固更多地用了“为王者讳”的笔法，一些志节之士在他笔下就成了“不量轻重，以陷刑戮”“义不量力，以覆其宗”的人，都属于自取其死之列，君王没有什么不对。这种不论是非曲直的观念，使《汉书》呆滞无华，《史记》那样痛快淋漓、一泻千里的酣畅文字再也不见。在此后官修的史志里更其如此，论人物而退褒贬成为常态。史书精神被狭隘地理解成“为尊者讳，为亲者讳，为贤者讳”的所谓春秋笔法。世界上的事情往往如此，一旦变成程式化的东西，史学原来所具有的指点江山的气质就归之于整齐划一，失去了它原本的意义，这是很悲哀的事情。范晔虽然能认识及此，但也无法挽救。

和孔子不同，司马迁做《史记》有更多便利条件。首先身为史官，其次世代承袭，再次资料丰富（用石室金匮之书较为方便）。拥有众多条件的司马迁，所作《史记》却不是官修，不像《汉书》是受命文字，这让人难以理解。同样让人难以理解的是，自《汉书》以后历代官修史志，再无一种能与《春秋》《左传》《史记》可以比肩。以一己之力竟超过任何庞大的史官队伍，常常让人怀疑人多是否力量更大？史志自从成为专门之学，《史记》就成为历史教科书，一如莎士比亚之于欧洲戏剧。不只如此，《史记》也成为文学的源头。唐代文学运动，明代复古运动，韩愈、柳宗元及前七子、后七子诸人，无不宗师于司马迁，在《史记》中汲取精华。哲学史上，对于阴阳、儒、墨、名、法、道家等诸子之学虽众说纷纭，然其基本态度则取法于太史公之《六家要旨》，已经无可争议。《史记》继体《春秋》，成为中华文化史的丰富宝藏，取之不尽，用之不竭。

司马迁自述其作《史记》乃受命于父亲。太史公嘱托："自获麟以来四百有余岁，而诸侯相兼，史记放绝。今汉兴，海内一统，明主贤君忠臣死义之士，余为太史而弗论载，废天下之史文，余甚惧焉，汝其念哉！"（《史记·太史公自序》，下同）《春秋》始于鲁隐公，迄于鲁哀公获麟。太史公感于《春秋》以来四百余年史无论载，认为这份重担历史性地落在了他们父子肩上，要求司马迁义无反顾地担当起来。这是道义的一面。为了更好地说服儿子，太史公还责之以孝："且夫孝始于事亲，中于事君，终于立身。扬名于后世，以显父母，此孝之大者。"在孝义面前，任何人也无法避匿，司马迁就这样秉承了父亲遗志。

春秋笔法于前，家世传承于后，司马迁开始了他辉煌的创作。因为受命于父亲，而不是王命，这本史书原名就是《太史公书》。没有以史命名乃因为它是私修。著书过程中，发生了一件对司马迁一生影响甚巨的事情，这就是众所周知的李陵之祸。司马迁为李陵辨过，汉武帝一怒之下处以幽刑，司马迁成为残余之人。众所周知，司马迁对李广、李陵爷孙的处境报以超常的同情。李广终生没有封侯，对这件事司马迁大肆渲染，不平之鸣溢于言表。对李陵投降匈奴，司马迁也有自己的看法。他认为李陵率孤旅深入敌后，应对数万大敌，英勇抵抗，功绩卓著。虽然不得已投降，论功也应当从轻发落他的家人，故而他仗义执言，为李陵抱屈。这件事反映了司马迁的性格，也表现了他的幼稚。一方面，汉武帝绝不允许叛变，他连自己的儿子都要杀掉（戾太子叛乱），何况是李陵！要知道李陵率领的是天子之师。另一方面，司马迁自觉身为太史官，就该进言谏诤。他错误地估计了形势。古之史官到了汉代，已经沦落为俸禄仅有六百石的从吏，属于太常的属官，矫正君王的职守已经成为过去。况且他面对的还是一个桀骜不驯的霸主，触怒而受刑就在意料之中。这件事无论在身体上抑或心灵上，对司马迁的打击都很大。在《报任安书》中，他道出了心中的愁苦怨恨。这种无处发泄、难以消弭的心理状态，对《史记》创作有多大影响，今天已无法一一指出，但无疑举足轻重，这一点，只看《史记·孝武本纪》就略知一二。司马迁视幽刑之辱为莫大之耻，创作《史记》的态度与此前发生了极大的转变。如果说，此前他作《史记》还是受父之托，此后就成为自觉了。他把《史记》看成如《诗》《书》《春秋》一样，是发愤之作，“皆意有所郁结，不得通其道也，故述往事，思来者”。

发愤是创作的动力，但也容易影响到创作的客观性、公正性，这是史家最为忌讳者。庆幸的是，司马迁没有为情绪左右，相反，他在身体残缺之后，却实现了思想境界上的升华和蜕变。他没有把《史记》作为发泄的对象，却寄托深重，产生了更深刻的认识。他要通过《史记》“网罗天下放失旧闻，考之行事，稽其成败兴坏之理”，“以究天人之际，通古今之变，成一家之言”（《史记·报任安书》，下同）。这是《史记》的思想脉络，立意很高。把握住这几句话，读懂《史记》就不难，可以说它是《史记》的灵魂。历来讲《史记》不离这几句话，在这几句话上做文章的人很多，把它做成了章句之学，弄得很玄虚。大家都想弄清“天人之际”和“古今之变”是什么意思，“究”的什么，“通”的什么，结果越搞越糊涂。实际上，司马迁讲得很明白：“网罗天下放失旧闻，王迹所兴，原始察终，见盛观衰，论考之行事，略推三代，录秦、汉，上计轩辕，下至于兹，著十二本纪，既科条之矣。”十二本纪记录的就是古今之变，上推三代，下迄秦汉，于盛衰更替中“原始察终”，就可以通晓古今兴亡的道理。“礼乐损益，律历改易，兵权山川鬼神，天人之际，承敝通变，作八书。”（《史记·太史公自序》）八书反映了天人感应的变化历程，这里边有很大一部分唯心的成分，反映了古人的世界观。在古人看来，天、地、人是一个浑然的整体，人事陵替即反映于礼乐隆杀。所谓“治世之音安以乐，其政和；乱世之音怨以怒，其政乖；亡国之音哀以思，其民困。”（《礼记·乐记》）也反映于天地律历的消长更张。所谓“天之历数在尔躬”（《尚书》），“天下有道，则不失纪序；无道，则正朔不行于诸侯”（《历书》）。国家盛衰及政治晴明与否，会纤毫分明地感应于天地星历变化之中，同样星象纪序、地震灾异可以探知人事缺失，这就是“究天人之际”。总之，十二本纪承担着“通古今之变”的任务，八书承担着“究天人之际”的任务，这就是司马迁的一家之言。

据此可知《史记》的体例，其成书结构也由此而来。十二本纪及八书是《史记》的脊干，起着主要的支撑作用。三十世家如二十八宿拱卫北辰，车三十辐辏共环毂轮一样，围绕十二本纪而来，是对本纪的必要补充和辅助。列传也如此，扶义俶傥，爰立功名，是对本纪、世家的补充。《史记》的纪传体结构由本纪、世家、列传这三个层面组成，分别代表着王廷的三个群体，即天子、诸侯、列臣。至于表，则是为了解决“并时异世，年差不明”的问题，使史传更为清晰，踪迹可寻。了解这一点，我们对《史记》完整的结构就有了深刻的认识。

司马迁接着说：“自周公卒五百岁而有孔子。孔子卒后至于今五百岁，有能绍明世，正《易传》，继《春秋》，本《诗》《书》《礼》《乐》之际？意在斯乎！意在斯乎！小子何敢让焉。”（《史记·太史公自序》）其言外之意，显而易见。周公卒五百岁而有孔子，孔子著《春秋》成为五百年开代之作，孔子至今恰五百岁，确需要一部新《春秋》。这不是纯粹的时间上的巧合。司马迁冥冥之中感觉到一种时代重任，这个历史重任需要司马迁担当起来。

这里涉及一个关于五百年的命题。周太史曾对秦献公说：“始周与秦国合而别，别五百载复合，合十七岁而霸王者出焉。”（《史记·老子伯夷列传》）主要讲天下合而必分、分而必合的道理，暗示秦国要承担起统一天下的重任，而且要产生一位命世的霸主。之后孟子提起这个命题，他说：“由尧、舜，至于汤，五百有余岁，若禹、皋陶，则见而知之；若汤，则闻而知之。由汤至于文王，五百有余岁，若伊尹、莱朱，则见而知之；若文王，则闻而知之。由文王至于孔子，五百有余岁……”（《孟子·尽心下》）“五百年必有王者兴，其间必有名世者。由周而来，七百有余岁矣！以其数，则过矣；以其时考之，则可矣。夫天未欲平治天下也，如欲平治天下，当今之世，舍我其谁也？”（《孟子·公孙丑章句下》）儒家诸子里，孟子是集大成者，最具入世精神。他有一个论断，即“五百年必有王者兴”。这个王者非指一般帝王，而是指像周王一样的名王。孟子认为，周至今七百余岁，按照五百年的规律是过了，但根据时势，则未可言已过，如果上天还想治平天下，那么命世者（名世者）除了自己，还有谁能担当呢？

孟子没有把孔子考虑进去。他这句“五百年必有王者兴”的话也许是随便说说，但司马迁却认真了。孟子之后的邹衍也认真了，他发明了一套学问，叫五德推移，把这个五百年定律也囊括在内。司马迁虽然推崇黄老之学，也能平心对待诸子之学，但实实在在是一个儒者。他把孟子的话拿来一套，在时间上恰恰有两个五百年，中间有一个孔子，孔子身为一个政治家作了一部《春秋》，被后世名为素王。做一个素王恐怕不敢想象，但以《诗》《书》《礼》《乐》为本，正《易传》，继《春秋》，做一个五百年仅出之命世者，司马迁认为自己的承担既属本分，也为当然。以这样的心志作出的《史记》，就不单纯是一部史书，而是如《春秋》一样，担当着“为后世传”的责任。

孔子作《春秋》，贬天子，退诸侯，讨大夫。司马迁作《史记》，“究天人之际，通古今之变，成一家之言”。他们都有明确的主张和立场，是史与义的结合。作为士大夫，受强烈的历史意识驱使，他们用史传承担起了一份属于自己的历史责任与使命，以存亡继绝，补敝兴废。兹后，很少有这样形而上的历史自觉了。

诗曰：

列国碰壁一念痴，
拼做此身帝王师。
玉振金声余韵在，
《春秋》大义几人知？

附录／《〈史记〉札记》的札记

王仲生

一、《〈史记〉札记》是一本什么样的书？

《〈史记〉札记》(以下简称《札记》)如书名所示，是读《史记》写下的笔记结集。

在阅读浅表化、碎片化的当下，《札记》一书为我们提供了另一种阅读态度、阅读方式，这也是传统的正确的读书态度和方式。

孔子说："学而不思则罔，思而不学则殆。"告诉我们，读书和学习，不用心思考、揣摩，则昏昏然而失去方向；不从实际出发，又不读书、学习，整天胡思乱想，更是危害不浅。《札记》践履了学而思、思而学的治学之道。

《札记》是宝成几十年来酷爱《史记》，反复阅读《史记》，从个人生命体验和转型时代特定语境出发，对《史记》进行的一次有深度的理解和阐释。围绕《史记》，宝成广泛涉猎了包括《汉书》《后汉书》《三国志》《资治通鉴》等大量史籍，这为宝成深入理解、阐释《史记》提供了一个广阔的视阈。这种广泛涉猎下的重点深入，绝不是为读书而读书。宝成关注社会，联系现实，从民族复兴社会转型的复杂问题切入，在《史记》中寻求启迪，体现了经世致用的当下关怀和历史承担。这不仅让宝成一步步深潜到《史记》这座我国经典宝库的无限风光里，寻幽探胜，有了他自己的发现、自己的收获；更为他以此为起点，对我们民族文化传统展开学术性研究，打下了坚实的基础。

二、从对《史记》的总体把握出发

文本的阅读，是理解和阐释的过程。只有经过了理解和阐释的文本，才是真正完成的文本，也就是阐释学所说的“第二文本”。

而理解与阐释是从部分开始的，只有通读了文本的所有组成部分，我们方始可能形成对文本的整体把握；反过来，也只有从整体上把握了文本，我们才可能对文本的所有组成部分，有恰当的理解与阐释。这构成了理解与阐释的循环与吊诡。

叔本华早就说过：整个思想通过各个部分而显明，而不预先理解全部，也不能彻底了解任何最细微部分。

这也是深层阅读的必然命运。《札记》的压卷之作《司马迁的名山事业》是宝成对《史记》的整体理解与阐释。

在汗牛充栋、浩如瀚海的《史记》研究中，《札记》之所以呈现出了宝成的独特风姿，拓开了学习《史记》的一片新的天地，从这篇文章里我们不难找到答案。

在宝成看来，《史记》是司马迁历史学观的文字呈现。正如《汉书》之与班固，《三国志》之与陈寿。

从历史学观来把握《史记》，显然是高屋建瓴的理性烛照。前人研究早已指出。

宝成认为，正是在《史记》里，司马迁把“人”推到了历史的前台，这当然具有划时代的意义。

不错，在《史记》之前，我们有过《春秋》，有过《左传》一类的断代史，但，那是以时间为轴线展开的。时间是历史的生命线，所有的史实只是时间链条上的点状物。史实只有经了时间的穿缀，才能获得它存在的意义。既然史实无法左右历史，那么，人在历史中的地位就更微不足道了。

《史记》改变了这一切。

人的活动被司马迁突显为历史的主角，历史叙述的重头戏。此说，甚有新意。

人们习惯把《史记》的体例称之为纪传体，而把《春秋》《左传》称之为编年体，不是没有道理的。它透露的消息，耐人寻味。

《史记》中的篇目由五个部分结构而成，即本纪、世家、列传及书与表。

这是司马迁的首创。

不要忘记，《史记》是一部具有世界眼光的史书。《史记·朝鲜列传》《史记·东越列传》《史记·南越尉佗列传》《史记·西南夷列传》《史记·大宛列传》及其他篇章，记述了司马迁时代中华民族所知道的那个世界历史。朝鲜、越南、印度及中亚、西亚各国的历史出现在司马迁的笔下。《史记·大宛列传》记载了中国人得到的关于西方世界的信息。

司马迁眼界之开阔，足以与西方的“历史学之父”希罗多德媲美。

也许，司马迁的地理的空间统一性是以中国作为天子之国的文明中心展开的，他不可能脱离时代的局限。

显然，无论是本纪、世家、列传，我们看到，历史人物始终被司马迁放在了中心位置。而且，《史记·货殖列传》篇章中，司马迁第一次将经济活动、生产与交换等等置于他历史叙述的视野，更卓越地显示了司马迁眼光的深邃和独具。

宝成认为，本纪、世家、列传主要建构了空间性质的历史面目，它常常是共时性的；而书与表，则从时间角度考察了人文制度变迁，考察了人与自然、与社会的关系，具有历时性。当然，《史记·日者列传》《史记·龟策列传》等不仅涉及筮，更涉及“方辩天地之道，日月之运，阴阳吉凶之本”，从数术与方技而提升为一种哲理性、本源性的思考，寻求一种经典依据。

所谓“究天人之际，通古今之变，成一家之言”的司马迁的历史抱负和担当，在《史记》的篇章布局、字里行间，不是可以找到对应与落实吗？那是时空交错、阡陌纵横的多层次、多侧面的立体世界，包括帝王将相、平民百姓、典章制度、风俗民情、异域风光、天文地理、水利交通、历律、礼乐、封禅、祭祀……是司马迁书写时代的我们民族历史的一部百科全书。《史记·十二本纪》记录的是古今之变，上推三代，下迄秦汉，于盛衰更替中“原始察终”，以通晓古今兴亡之理。“礼乐损益，律历改易，兵权山岳鬼神，天人之际，承敝通变”。司马迁自己就表明，八书承担着“究天人之际”的玄机。

这成了司马迁的一家之言。

司马迁绝不是横空出世，司马迁所来有自。

司马迁是《春秋》精神继承者。《春秋》为孔子所整理。

孔子是谁？

在宝成眼里，孔子是一个唯美的理想主义者。

这在流行的诸种对孔子的评价中是一个富有诗意的阐释。

宝成说孔子周游列国，不单纯为了干政救国，而是试图通过居其位而行其政——兜售他的王道，从而挽救历史，干预历史的走向。

历史自有它运行的轨迹？

孔子为了自己的理想王国奔波，像一个殉道者，其结果却落得落寞一生，仅仅成为祭祀时一只陈旧剥落的法器。宝成似乎不忍心说如丧家之犬。

知其不可为而为。是什么支撑着孔子？

“仁”是孔子的终极关怀。

春秋原是一个时间概念，孔子整理删定《春秋》，有孔子的春秋大义在。

《春秋》的本来面目，今已不可得。我们只能从《春秋·左氏传》《春秋·公羊传》《春秋·穀梁传》中窥其脉络。

孔子是鲁国人，以鲁国国君为经纬，把诸侯各国发生的重大历史事件串编于鲁史这条线上，形成了既非国史又非鲁史的春秋断代史。

宝成认为，拥有强烈正史（“正”是整理、整顿）和治史冲动的孔子，在现实世界四处碰壁，将心志寄托于历史叙述。在这个意义上，《春秋》是孔子的理想王国。

孔子以他的如椽之笔，匡扶正义，抨击奸佞，在他的是非取舍、修正判定下，《春秋》给历史留下了它的“春秋”大义——仁义与王道。

孟子称《春秋》：“其事则齐桓、晋文，其文则史。孔子曰：‘其义则丘窃取之矣。’”

《史记》不是《春秋》《左传》的简单继承，而是予以了创造性的推进和提升。正是秉承了孔子删定《春秋》的精神而将其又发扬光大，司马迁才完成了一部不朽的经典。

三、《史记》是史书，也是文学巨著

历史是什么？

我以为是我们与“昨天”的对话。

这个“昨天”是过去，是我们民族、国家、人类的过去。换一句话说，是“今天”与“昨天”的对话。

历史，不仅指历史博物馆里的文物——那些古迹，那些以往岁月的文字记载、器物、符号、印记。不，历史就活在今天，活在现在，活在你我身上。我们从历史中走来。我们存活在历史的长河里。我们本身就是一部活的历史。一切历史的印记烙在我们每一个人的肉身和灵魂里。克罗齐说："一切历史都是当代史。"就是在这个意义上说的。

每一个个体生命的诞生是偶然的。但，从胎儿起，生命的基因，遗传的密码，已经被历史注册了。你离开家庭，离开学校，走向社会，走向职业。但，家、学校、职业、社会，哪一个不是历史的产物?

你回首历史的风云，人类是怎样一步步走到今天?我们民族，我们国家，曾经存在过什么样的生活方式，什么样的衣、食、住、行，呈现过什么样的精神状态和情感世界?这就有了民族史、国别史、思想史、科技史、艺术史、文学史、民俗史等等。

每一个学习历史、研究历史的人，都是以自己的生存状态和精神追求出发审视过去的。是现实的生存需要，是时代的困惑和挑战，引领你去回顾历史，从历史里寻求回答，寻求灵感，寻求启示。所谓以历史为镜就是这个意思。你将从历史的借鉴里更清醒地了解今天，了解自己。

在你的现实视阈与历史视阈的交会点，历史将勾画出自己的图景。

不同的现实视阈与时代语境下，你与历史的对话，都将谱出不同的乐谱、乐章。

学术地说,不同的历史观,将出现不同的对历史的理解和阐释。

正是在这个意义上，我们说历史是我们与过去的对话。

历史，因此成为一种叙述。

亚里士多德说,历史记已经发生过的事,诗歌写可能发生的事。

已然与可能区别了历史与文学，然而它们都是叙述，相近又相似的叙述。

所有的历史叙述都是后设性的。历史因了现实的需要不断被我们重新叙述，这正是历史的意义所在。

你会说，历史文物、出土的遗存物是不可更改的。但，你用什么样的科技手段测定其年代，又是怎么解释这个文物、遗迹的？显然，又会出现分歧。定论往往因此受到质疑。三星堆出土的那个铜龙柱形器，如何解释至今仍无确论。在考古的链条上，我们还缺乏必要的中介。

至于历史事件、历史人物，更是在不同的时代有不同的诠释。

随着研究的深入，新的文物资料的出现和科技手段的更新，我们有可能接近历史的真相。

所谓历史的真相，仍可存疑。即使是亲历者，对同一件事的解释，不同的人都会不一样。每个人的理解与陈说，都不免从有利于自己的角度上说，这也是人的天性。

我们阅读历史书、历史著述，首先要搞清楚，这是由谁书写的。一般而言，历史往往是胜利者的战利品。所谓成者为王败者为寇，历来如此。

我们还要搞清楚，历史是写给谁看的。一部《资治通鉴》其书名就明白无误地宣告，这是帮助统治者如何治理好他的皇朝的。

宝成在《札记》里，详述了司马光《进〈资治通鉴〉表》中一段话：

每患迁、固以来，文字繁多，自布衣之士，读之不遍，况于人主，日有万机，何暇周览，臣常不自揆，欲删削冗长，举撮机要，专取关国家兴衰，系生民休戚，善可为法，恶可为戒者，为编年一书……

历史有两个层面：一是历史的事实，二是对事实的解释。

历史事实，应该是不可更改的，有些事实却因埋在迷雾里而扑朔迷离。

更为重要的是我们对历史事实的解释。不要忘记，更不能忽略一个问题，历史中的人与我们存活在不同的意义世界、观念世界里，他们的许多想法、许多感受，和我们相近、相通，也相异，甚至相反。

不妨提一提波尔普的一些观念。

我们常常是依赖于“概念”，根据有关“本质”来明确“定义”，采用某种形式把世界构筑在逻辑的和普遍适用的关系之中。这种“本质主义”是可靠的吗？建立在这一基础上的，对“必然”的历史发展的可知性和可预见性的信念，能得到确证吗？

波尔普认为，一般性知识，总是假设性的，因为它永远也不能通过归纳得到“实证”。

假说，也即暂时表述的“规律”，在理论上总是通过观察到的单一事实“证伪”。

在一个严格演绎的过程中，通过批判性检查，进行经验上的证伪的可能性，这才确立了普通说法的科学的“意义”。

历史不是逻辑史。

历史成为历史，仅在于它既不是一个完成的意义体系，也非一个独立的意义个体。

人在历史中永远无法给历史一个完成的明确意义。因为理解历史，同时是人的自我理解活动。正如人在时间上还是未完成、未确定的存在一样，对人的历史所进行的理解，同时也是这样一个未完成的自我认识。

解释历史是人的自我发现、自我确认。

历史的这种开放性和不完整性说明历史的非确定性。

《司马迁的名山事业》一文，笔力遒劲，文字酣畅，不少地方闪现可贵的思想火花。一种阳刚之气、沛然之气落入笔端，在《札记》中，是一篇优秀之作。

《司马迁的名山事业》对司马迁与《史记》进行了整体把握，

这绝不是泛泛之作。它是宝成对《史记》全书所赖以组成的各个部分做了精心研读之后，反复思考，提纲挈领，这才完成了对司马迁名山事业的理解与总体评价。

《史记》是不朽之史书，更是不朽之文学巨著。

《札记》在《英雄悲歌》一篇里写道：

> 唐代的古文运动、明末的复古运动，无一不把源头追溯到《史记》这里。他们追寻的正是《史记》所具有的《诗经》一般的古风。《史记》中鼓荡着的悲壮旋律响震于千古艺林。

《史记》对我国文学发展的贡献，正如对史学著述的贡献一样，具有划时代的意义。

宝成在《英雄悲歌》一篇里说，《史记》可做小说读，非过言，乃切实感受也。

写史必须实录，小说乃为虚构。

但司马迁在实录中常常发挥其超人想象，渲染气氛，揣摩心理，抒发感情，寄托情思，让历史人物在司马迁笔下获得栩栩如生的艺术生命。

我国现代小说的源头，一在传记文学，一在话本、宝卷、评弹。《史记》的纪传体继《左传》《战国策》之后，在书写、塑造人物方面创立了至今难以企及的高峰。

四、《〈史记〉札记》的单元分析

《〈史记〉札记》对于《史记》的总体把握已如前述，下面我们来看看《札记》是如何从部分入手，深入《史记》这座史学与文学宝库的。

让我们看看《札记》的组成。

《札记》有七个单元，共四十三篇。

第一单元

从治理国家的大局着眼，收入七篇，主要是国家道路的选择及制度的安排。

《王道与霸道》一篇讲儒、法两派在汉之前的消长。宝成认为，儒家之所以义无反顾地走上中国政治文化舞台，有它自身的优势，也有汉武时期的国家需要。因为是札记，宝成在这篇文章中，不可能展开以充分论述，这也是体裁所限，无可苛求。

在《成大功者不谋于众》一篇中，宝成认为，在君主制度下，这是必然的施政选择。所举两例，一为商鞅变法，一为赵武灵王胡服骑射。任何改革，总会触动利益集团，触动传统保守势力，它的艰难原不可免。重要的是不为流俗所扰，不为短视者所困，披荆斩棘，勇往直前。

《君子儒与小人儒》是一篇很有意思的札记。汲黯与公孙弘的强烈反差，以及主父偃的死，使宝成得出一个虽痛心却真实的结论：君子儒斗不过小人儒。现实就是这样残酷。

第二单元

由讨论关乎国家兴亡的几篇札记构成。

传国继位在君权至上的“家天下”国家里，始终是件头等大事。

宝成认为，废立之事最能检验国家政局和人心向背，这正是帝王文化绕不过去的话题。

《命运偏爱谁》是有感而发之作。

《宫闱之乱》讲了君臣乱、父子乱、诸侯因女构衅、嬖溺而乱政几个方面的故事。结尾诗曰：“未怜梨花春带雨，却怪红杏爱出墙。”说得十分到位。失败者常将责任推向女性，却不反省自己。这在男性中心主义肆虐的今天，现实意义鲜明、强烈。

第三单元

写个人在专制体制下的生存之道。

《自保之术》写王翦、萧何及万石君，为讨皇帝安心，或者巧取豪夺，或者小心翼翼。揭示了人治制度下，贪腐之猖獗的无可避免。

《奇货可居》写吕不韦，写春申君，他们曾权倾一时，仍难逃厄运。不是因为报应，而是恶与恶的较量，丛林法则在起支配作用。

第四单元

可以说是正气篇，写了一系列感人肺腑、催人奋起的动人故事。

《布衣之怒》，一股刚烈之气、傲人风骨流动在字里行间。

《英雄悲歌》，慷慨豪迈，壮怀激越。

宝成写："大丈夫气节，仁人志士的英雄情怀是《史记》的正气所在，也是《史记》历久弥新的魅力所在。"

项羽的一生充满悲剧色彩。

这也是历史的定评。

《札记》的过人之处在于对"悲剧"的分析。

宝成认为，项羽作为英雄，他开辟了一个庶民时代，也成就了刘邦这样一个草莽帝王。

项羽的致命弱点是缺乏政治远见。在大一统已是历史潮流之际，项羽竟然企图重建诸侯分封。

其军事才能优于政治才能。

项羽不识人，更不会用人，他残暴而嗜杀，败至刘邦手下，实乃必然。

《英雄悲歌》也写了《刺客列传》里的五位传主：曹沫、专诸、豫让、聂政、荆轲。关于荆轲，宝成同时涉笔高渐离。对于这样的刺客，宝成寄予了他的深深同情。

《游侠故事》是一篇很有分量的札记。

对游侠、刺客如何评价是有分歧的。

司马迁是为游侠、刺客写传的第一人。

班固对此持异议。

《汉书·司马迁传》论及《史记》的缺陷："又，其是非颇谬于圣人，论大道则先言黄老而后六经，序游侠则退处士而进奸雄，述货殖则崇势利而羞贱贫，此其所蔽也。"

关于处士，《札记》认为，班固所指，是有学行的士君子，与孟子所谓"圣王不作，诸侯放姿，处士横议，杨朱、墨翟之言盈天下"并不同。

所谓奸雄，指游侠、刺客。

在班固看来，"古之正法：五伯，三王之罪人也；而六国，五伯之罪人也。夫四豪者，又六国之罪人也。况于郭解之伦，以匹夫之细，窃杀生之权，其罪已不容于诛矣。观其温良泛爱，振穷周急，谦退不伐，亦皆有绝异之姿。惜乎不入于道德，苟放纵于末流，杀身亡宗，非不幸也。"

道德是班固贬斥游侠的出发点，在班固看来，司马迁过高地评价了游侠。

宝成认为，司马迁之所以颂扬游侠，有司马迁的伦理与审美标准在，有其主、客观两方面的原因。

司马迁认为："以余所闻，汉兴有朱家、田仲、王公、剧孟、郭解之徒，虽时扞当世之文罔，然其私义廉洁退让，有足称者。名不虚立，士不虚附。""余悲世俗不察其意，而猥以朱家、郭解等，令与暴豪之徒同类而共笑之也。"

司马迁推崇信义，这是他著史的微言大义，也是他褒贬人物的标准。他之所以称赞游侠，正在于游侠重然诺，舍生取义，奋不顾身，即使他们的行为不合乎正义。这种伦理取舍与司马迁的个性、遭遇不无关系。

《游侠故事》认为，司马迁所处时代的社会风尚，也深深影响了司马迁。

战国养士遗风一直延续到西汉。朱家、郭解、剧孟这样一批人，振臂一呼，堪堪形成一股政治势力。这与班固所处的东汉中期的情势大不相同。两人对游侠所持态度自必相异。

宝成的《游侠故事》写得有历史眼光。

《女子亦有奇者》写了几位奇女子。

《史记》不曾列专章写奇女，但散见于各处的记述奇女的文字仍不少。宝成从浩瀚的史料里把她们打捞出来，不只是宝成读书细心，更说明他与大男子主义拉开了距离。

张汤之母说："汤为天子大臣，被污恶言而死，何厚葬乎。"汉武帝闻之而叹："非此母不能生此子。"片言只语写出汤母见识之高与武帝识人之明。

陈婴母也是有远见之妇。

赵括母对赵奢、赵括的认识更是知夫莫如其妇，知子莫如母。

还有卓文君、缇萦及聂荣。

这些巾帼不让丈夫的女子，在宝成看来，都值得大书特书。

第五单元

集中批判了《史记》所载的邪佞之徒。

《谗臣毁国》说，一般情况下，亡国之君身边都有两个人：一是漂亮而贪婪的女子，一是全身冒坏水的谗臣。在列举了郭开、费无忌、伯嚭、赵高的恶行之后，《札记》指出，只要专制体制在，这些谗臣亡灵，将不断复活。一语中的。

《爱恨情仇》引司马迁原话"怨毒之于人甚矣哉！"从人性的复杂和邪恶入手，将批判的矛头指向了范睢与伍子胥这样一些囿于个人怨恨的人。

第六单元

收录了交友等为人处世的有关篇什。

慧心独具常让人读书时别有心得。

《以鼠为师》是一篇好文章，短小精悍，而切入点新颖、独到。

《史记·李斯列传》写李斯为郡小吏时见官厕之鼠与粮仓之鼠而生感慨："人之贤不肖譬如鼠矣，在所自处耳。"

宝成因此认为：李斯以鼠自譬，其人可知，其术可得而闻，而李斯之死，更何异于鼠？

宝成读《史记·酷吏列传》，张汤少时，迁怒于鼠，施以"磔"刑，其父认为他是个人才，让他做了狱吏。其后，张汤官至廷尉、御史大夫，成为一代酷吏。

宝成由此发议论：以人为师，即无成，犹未远于人；以鼠为师，纵业成，也难脱鼠目鼠迹。

宝成引《诗经·鄘风·相鼠》以为结语："相鼠有皮，人而无仪。人而无仪，不死何为？"

从李斯而张汤而《相鼠》，宝成读书能生发诸多联想，深入思考，这证明了宝成确实善于读书。

让人深思的是，张汤出现在汉景帝时，汉景帝是一个与文帝一样崇尚黄老之学的皇帝。所谓"文景之治"，宝成认为我们要有多方面的理解。

题为《功名富贵》的札记，宝成列举了刘邦、项羽、李斯追逐富贵的言行之后，着重谈到了主父偃的"丈夫生不五鼎食，死即五鼎烹耳，吾日暮途远，故倒行暴施之"。主父偃为实现自己的富贵梦，不惜倒行暴施，明目张胆，赤裸到无耻。古往今来，这样的败类不绝如缕。宝成泛然指出"江河依然东流去，只见微澜不见风"。主父偃之流的丑行无碍于大江东流。

第七单元

围绕识人用人及知识分子的自我选择，组织了六篇札记。这是最见光彩的一个单元，篇篇皆写得好。

《选贤任能》提出观看一个社会有没有活力，主要应看它的用人制度，是否能够做到人尽其用。

从人才角度测试社会活力，当然不失为一种标准，得人才与得民心，相辅相成。这也是铁的定律。

宝成读《史记》，发现国家兴旺，必然启用君子，斥退小人；反之，重用小人，君子隐退，则国家衰亡。

人才之于国家，关乎成败兴衰。宝成列举了齐威王、刘邦、秦始皇，以及之前几代秦王、燕昭王这样一些正面范例，再次强调不拘一格用人才。

《用人的艺术》承接上文，予以深入，重申明于识人、勇于用人是一个好的领导者必备的资质。

《选相的标准》又专就选相标准，从《史记》里寻求答案。

魏文侯以“五视”为标准而择相，宝成以为时移世易，标准也可变，其不变的只在如何利于国家。

结尾，宝成一改其“点到为止”的行文惯例，指出：今之人则不然，对于某些不良现象予以批评和规劝，用心良善。

《政治家的眼光》高度评价了刘邦和张良。刘邦之所以成就大业与选择张良为相分不开。宝成对张良的认识，具有政治眼光和历史情怀。

《时势造英雄》高度肯定了个人在历史上的作用，尤其是对子贡给予了很高的评价。这些文字，出现在宝成笔下，不是偶然。从政多年，宝成对于人物的评价，早已与书斋里的书生议政不可同日而语。《札记》之可贵即在于此。它绝不是泛泛地空谈，它来自多年行政工作的实践体认和感悟，自有其实际的现实意义。

《知识分子在乱世》尤显宝成读书之阔大胸襟与史家眼光。关于如何评价春秋战国，历来为史家叙述重点。

《时势造英雄》就已指出，春秋战国是人才辈出的时代，意气风发，一批又一批具大丈夫气概的人物，走在了时代的前列，登上了社会大舞台，创造了我国历史上群星璀璨的壮丽局面。

《知识分子在乱世》继《时势造英雄》，深入探究了《史记》的重大贡献和创举。

司马迁何以把陈涉写进世家，这不只是关于陈涉个人评价的问题，还是关于如何认识这段历史的问题。

秦之亡，陈胜功居第一，宝成之所以说刘邦开启了庶民时代，其始当推陈涉也。

有意思的是，陈涉大军中知识分子的身影，孔子八世孙孔鲋尤令人注目。

司马迁在《史记·儒林列传》中曾发问："陈胜之王也，然而缙绅先生之徒负孔子礼器往委质为臣者何也？"司马迁认为："以秦焚其业，积怨而发愤于陈王也。"

宝成认为，孔鲋之辈的选择，是知识分子在乱世的一种必然趋向，极具象征意义。孔鲋被秦始皇拜为少傅文通君。孔鲋加入陈胜阵营，对"诸生"产生非常影响，这无异于另一种意义上的"振臂一呼"。

宝成认为，王权政治在中国历史上一尊独大。王权是绝对的，由谁来行使王权却是相对的。在王权的建立与巩固中，历代知识分子扮演了各种角色。

郦食其、陆贾、娄敬、叔孙通，投身于乱世，依附刘邦，以自己的聪明才智成就各自的精彩人生。

司马迁因此认为："千金之裘，非一狐之腋也；台榭之榱，非一木之枝也；三代之际，非一代之智也。"知识分子群体的积极入世，对后代知识分子的影响深远而长久。

《札记》所收文章，各有一个主题，围绕这一主题，宝成往往从《史记》中选用了相关资料予以综合论述。这并不是单人单事的分析，而是或带着问题看《史记》，或在看《史记》过程中，产生了一些想法，前后勾连，组合成文。

这种综论，较之一人一事的论述更有难度一些。它需要阅读者对《史记》既有整体把握，又善于梳理散见于《史记》各篇章中的有关信息，形成一些思考，进行综论。

如前所述，《札记》的七个单元四十多篇文章所论都是关于国家治理、人才选用、伸张正义、贬斥邪佞等积极参与社会，推动民族振兴这样一些有历史责任感和社会担当的问题。它既是从《史记》中钩沉索隐而来，更是密切联系了现实生活，真正体现了以史为鉴的当代情怀。

五、《〈史记〉札记》的一大特色：诗曰焕发异彩

《札记》为我们走向经典，走近经典，又从经典中走出，将经典化为一种正能量，无疑提供了一个成功的范例，既有助于社会的进步，又提升了善于学习经典的每个阅读者的水平。

如果把经典视为奥林匹亚山，那么，你自己的胸襟、境界、学养、见识与趣味，将决定你能抵达多高的山峦，探得多少的风景。

读书，事实上是你与书的对话，你自己是怎样的水准，你就在多高的水平上与书交流。随着交流的深入，你将在潜移默化中，或悚然惊悟里，提升了自己。

俗语云：惺惺相惜，英雄识英雄。这正是曹操煮酒话英雄的心理契机。读书亦然。

阅读者的参与，不只是理性的，同时也是感性的。

宝成说，他读《史记·孔子世家》，每读到孔子询问子贡与颜回："吾道非邪？吾何为于此？"在分别得到两弟子的回答后，孔子的表现是欣然而笑。

宝成会读书，善思考，能设身处地地体验人生。

宝成诚挚写出：孔子欣然而笑的背后，掩饰了多少凄楚与悲

凉！数十年来，每读此一段，我的心都不由自主地为之一紧，百感交集，从心底深处同情这样一个唯美的理想主义者。

同情地理解是陈寅恪理解与阐释历史的一贯态度。

它的前提是对历史的敬畏，而不是轻薄与蔑视，更不是狂妄与无知。

尊重历史，毫无疑义，是我们应有的出发点。

尊重历史建立在搞清历史的真实面目的基础上。它与编造、篡改历史，掩盖、回避历史，决然相反。

《史记》中的太史公曰是《史记》一大闪光点。司马迁著史的主体精神的显在呈现与《史记》行文中的隐性贯注，构成了互文关系，二者互为镜像，为后来者读《史记》提供和创造了想象和理解的阔大空间。

宝成仿此，每一短章结束即有“诗曰”。

宝成的“诗曰”或总结全文，或抒感慨，或发议论，有画龙点睛之妙，为全书增添了色彩，颇有聂绀弩古体诗韵味。

宝成酷爱写诗，时有诗作问世。

本书的“诗曰”有宝成诗歌庄谐并俱的贯有情趣，更有绵里藏针的尖锐性和针对性，它的审美意味和指陈现实的批评精神，不只是一代知识分子进入体制后的心路历程的体现，更是时代转型中有责任感的从政者的清醒意识或痛苦或热忱的形象表达。

王权不啻杀人刀，
杨柳婀娜妒火烧。
废立之间身首异，
始知尧舜是国谣。

这是写在《传位的故事》一文后的一首诗。

尧、舜、禹的相继，据儒家传说，是“禅让”。刘知几的《疑古篇》就认为：尧、舜、禹实为篡夺。

吕思勉则认为：尧、舜、禹继位的是部落时代的王位而非国家的君位。

“始知尧舜是国谣”。在“家天下”形成后，这种“禅让”只能是空想，是“国谣”。从儒家传统的美丽传说中走出来，对于我们民族实现现代化转型，应该是思想解放的重要课题。

《王道与霸道》的“诗曰”：

治国之术审高低，
王霸可羞水火迷。
……

治国之道当然有高低，不过，就中国历代统治者而言，多是外儒而内法，或曰以王道之名，行霸道之实。这样，王道、霸道的旨归当然指向统一,维持与推进家天下,乃是不变的旨宗与目的。

清末梁启超就曾指出，中国的二十四史，不过是二十四姓的历史——“二十四史非史也，二十四姓之家谱也”。

梁启超的判断其实来自黄宗羲。

黄宗羲在《明夷待访录》里说：“为天下之大害者君而已矣”，“为人君者……以我之大私为天下之大公”，“视天下人民为人君橐中之私物。”他还说：“后之人主，既得天下，唯恐其祚命之不长也，子孙之不能保有也，思患于未然以为之法。然则其所谓法者，一家之法而非天下之法也。”

“一家之法而非天下之法”，给历史上的法家下了一个绝好的断语。

阳儒阴法也好，外儒内法也好，一切围绕“家天下”的大一统而改换面具。

历史常常给我们提供启示：

1894 年甲午海战，恩格斯在这年的 11 月就指出："在中国进行的战争给了古老的帝国以致命的打击。"清廷赔款 2.3 亿两白银，且割让台湾。这给了日本以巨额资本，为日本年财政收入的 4.5 倍；占领台湾半个世纪，至今留下后患。

梁启超说："吾国四千年大梦之唤醒，实自甲午战败割台湾、偿二百兆始。"

梁启超发出了世纪之叹："四万万人齐下泪，天涯何处是神州？"

甲午战争前，洋务运动起，绵延三十五年，于今已成为历史烟云。"中体西用"是洋务运动的不易准则，它留给我们的思考是多方面的。

甲午战败相继而起是公车上书，是百日维新。

失败仍然不可避免。

虽有清末新政，终于不能挽回清王朝的覆灭。

自古人事两彷徨，
秉剑终须为剑伤。
廊庙无情伤心地，
帝乡错认是吾乡。

这是写在《狱吏之贵》之后的一首诗。

"帝乡错认是吾乡"是一个觉醒后的反思。所谓"致君尧舜上"，是把希望寄托在开明或英明的君王身上。宝成开始了告别青年时代的梦。

君权、皇权与人民自主的人民主权是完全不同的两个概念和两种政体。

在儒家政治理念中，以德治国即所谓德政曾是政治的最终目的。但是，理念是一回事，实践又是一回事。而且，为民原则与民主原则，根本是两回事。

以民为本历来是中国传统政治哲学的主流观念。

《尚书》虽被证明是一本伪书，但它毕竟保留了一些古代政治思想的面貌。《尚书·皋陶谟》说“天聪明，自我民聪明。天明畏，自我民明畏。”《泰誓》说：“天视自我民视，天听自我民听。”还说：“民之所欲，天必从之”。“民为邦本”是《尚书》传留下来的一贯认识。

这种民本思想又与德治思想相交织。

孔子把德治理想发挥得淋漓尽致。《论语·为政》中，孔子说，“为政以德，譬如北辰，居其所而众星共之”。

孟子更进一步提出仁政思想。孟子认为：“人皆有不忍人之心。先王有不忍人之心，斯有不忍人之政矣。以不忍人之心，行不忍人之政，治天下可运于掌上。”（《孟子·公孙丑上》）他甚至明确宣称：“民为贵，社稷次之，君为轻。”旗帜鲜明。

荀子继承孔、孟。在《荀子·大略》中说：“天之生民，非为君也。天之立君，以为民也。”

这些民本思想，极为可贵。但先秦儒家的民本思想始终只是停留在理想的政治设计中，从未成为现实政治。而且，这种民本思想与君主思想并不冲突，它们相互依存，共同构筑了先秦政治。

汉王朝建立，私天下的规模完成，汉承秦制，皇权无上，权威不再受到挑战。汉武帝以董仲舒之策，独尊儒术；《白虎通·德论》正式提出“三纲”，“天王圣明，臣罪当诛”深入人心。中国政治思想实现了根本转折。

《朱子语类》中有一段话：“黄仁卿问：‘自秦始皇变法之后，后世人君皆不能易之，何也？’曰：‘秦之法，尽是尊君卑臣之法，所以后世不肯变。’”

考之西方，中世纪以来，君权神授仍统治着西方政治。直到十八世纪，西方的某些知识分子仍在推崇中国的开明君主政治，英国的文官考试制度就学习了中国的科举考试。

民本与民主是两个不同的政治理念。西方现代民主当然有它的弊端，但主权在民的民主与君权下的民本在根本的立足点上的对立，却绝不可轻易抹去。

从民本而转向民主，是一个漫长的过程。

韩非子曾高悬其法家理想："明主使其群臣不游意于法之外，不为惠于法之内，动无非法。"考诸历史，这理想从未在中国实现。这是因为，法家虽然反复规劝君主依法行使，但法家从来也没有把君主列入法网之内。他们一贯认为君主的权力在法之上。

无论儒还是法，他们都服务于至高无上的皇权。宝成指出，方式的不同掩饰不了目标的一致。

"帝乡错认是吾乡"，演出了多少士大夫的悲喜剧。

宝成在《知识分子在乱世》中就说：

中国知识分子，自从有这么一个阶层，有这么一类人开始，就寄生于王权之下，从来没有独立过。诸子百家——儒、墨、道、法、名、阴阳、纵横，各执所见，虽然道术不同，但无一不为"王道"服务。这些流派共同组成了思想的盛宴，供奉于帝王，任其选择……

知识分子无法脱离王权，其思想无法脱离政治，这也是中国特色的文化现象、精神现象。

如何评价五四运动，学界存有不同看法，这是可喜的。

宝成从中国知识分子的命运角度切入，高度肯定了五四新文化运动的精神具有划时代的意义。

宝成认为，推翻"孔家店"，打倒帝王思想，呼唤"德先生""赛先生"，缔造一个民主、自由的国度，是五四新文化运动的核心价值所在。

在这个新的国度里，知识分子具有绝对的独立，不再是王权的附庸。陈寅恪先生响亮提出："独立之精神，自由之思想"，以之为人生信条，恪守终生。这种精神影响了整整一代知识分子。

宝成认为，数千年根深蒂固的帝王思想不是几句口号就能颠覆得了的。帝制推翻之后所建设者又苍白空洞，其结果是没有彻底的推翻，也没有真正的建设。

宝成认为，陈寅恪先生的一生注定孤独，成为了时代的绝响。

不再错认帝乡是故乡，而是坚守独立的精神家园，张扬自由之思想，陈寅恪仍然是知识分子精神高地的一面旗帜。

六、《〈史记〉札记》的又一特色：白话翻译准确精当

《札记》每篇皆引用了大量古籍原文，尤其是《史记》的一些关键性叙述。《札记》基本上都会将这些引文予以逐字逐句的白话解释。这些翻译对于今天的读者来说，太需要了。

这些翻译，都忠实于原文，在其准确性、可读性上都达到了相当高的水准，显示了宝成古文功底的扎实和学养的深厚。

宝成的古文字训诂方面的学识绝非一日之功，它是宝成经年累月、长期钻研的结果。比起当今一些古籍出版物的白话翻译错误百出、笑话连篇，有天壤之别。

开篇，《伊尹与周公》讲到周公旦率军讨伐，诛武庚，杀管叔而放蔡叔。宝成解释，诛不同于杀，是数其罪而后杀，带有审判的意味。诛、杀不同用，因为触法论罪有差别。接着讲"崩""薨""卒""死"都表示同一意思，但在先古这四个字不得乱用。天子死称"崩"，诸侯死称"薨"，卿大夫死称"卒"，庶人死才是"死"。等级差别森严，不只表现在用词上，衣、食、住、行等等都有严格规定。

宝成以欧阳修的《新五代史》为例，讲欧阳修以春秋大义分

别使用“征”“讨”“攻”“伐”。天子提兵自往为“征”，对方有罪派兵讨伐为“讨”，两军地位相等、实力相当为“攻”，中央军队攻打地方，或大国攻打小国为“伐”。

如反叛，也各有特指。“反”是在国内制造祸端，而“叛”是跑到敌国去了，等等。

在讲到管子，引用《史记·管晏列传》语：“管仲富拟于公室，有三归、反坫，齐人不以为侈”。宝成翻译为：管仲有三个老婆，与人饮食，规格上比得上周王室，生活如此奢侈，齐人却不反感。应该说解释得很好。

没有深厚的国学学养，不可能做到这一点。

宝成读书，读得很细。《恃德者昌》一文讲了不少帝王故事。

刘邦大白天搂着美女寻欢作乐，被周昌闯见，周昌赶紧走开。刘邦却追了出去，骑在周昌脖子上，故意问他自己是哪一类皇帝。周昌十分耿直，仰曰：“陛下即桀纣之主也。”刘邦闻言，如同得到了某种满足，这才放走了周昌。

这种细读，揣摩到刘邦的无赖心理，有趣，更有解剖刀似的犀利在其间。

宝成读二十四史而尤喜晋史。

在《札记》里，他引了《晋书·刘毅传》中晋武帝与司隶校尉刘毅的一段对白。

“卿以朕方汉何帝也？”

对曰：“可方桓、灵。”

帝曰：“吾虽不及古人，犹克己为政。又平吴会，混一天下。方之桓、灵，其已甚乎！”

对曰：“桓、灵卖官，钱入官库；陛下卖官，钱入私门。以此言之，殆不如也。”

帝大笑曰：“桓、灵之世，不闻此言。今有直臣，故不同也。”

宝成对这段对白，有一段白话翻译，翻译中，时以幽默点染，却不著一字评语。

一切尽在不言中。

不著一字，尽得风流，是之谓也。

宝成意犹未尽，又引《资治通鉴》卷二百四十六。

唐文宗问学士周墀：“朕可方前代何主？”

对曰：“陛下尧、舜之主也。”

上曰：“朕岂敢比尧舜，何如周赧汉献耳！”

墀惊曰：“彼亡国之主，岂可比圣德？”

上曰：“赧、献受制于强诸侯，今朕受制于家奴，以此言之，朕殆不如！”因泣下沾襟，墀伏地流涕，自是不复视朝。

宝成为此分析了唐文宗的政治处境。宝成深刻指出：唐文宗的这一番话，可算肺腑之言，道出了自己的心病。

宝成为此引用了赵翼的《廿二史札记》，又引用了王夫之《读通鉴论》。

这两书及《资治通鉴》，宝成告我，他读《史记》时，时时翻检。

七、读书，常常是仁者得仁，智者得智，见仁见智，因人而异

“诗无定诂”是说好的文学作品本身是一个开放的建构，不同的读者将会从作品出发，收获不同的感受，引发不同的思考，创造出不同的艺术天地。

正因为如此，一千个《王子复仇记》的读者心目中，会有一千个哈姆雷特。

东吴弄珠客在《金瓶梅》序里说：

读《金瓶梅》而生怜悯心者，菩萨也；生畏惧心者，君子也；生欢喜心者，小人也；生效法心者，乃禽兽也。

有人怀疑这个东吴弄珠客亦即冯梦龙。

冯梦龙就是编订《古今小说》的那个人。

不同水平、不同趣味的人，面对同一部作品，尤其是经典，理解与阐释的视野、境界与侧重点，是由阅读主体自身决定的。

宝成已接近天命之年，积数十年生活与感悟，一直酷爱《史记》，这耐人寻味。

宝成认为，读《史记》，其鲜活灵动中，有一个司马迁在。反之，在宝成看来，《汉书》就显得拘谨、理性多了。《史记》那种痛快淋漓、一泻千里的酣畅文学再也不见。由此推论，世界上的事情往往如此，一旦变成程式化的东西，史学原来所具有的指点江山的气质就归于整齐划一，失去了它本原的意义。这是很可悲的事情……

世事是复杂的，然而，我们常常是以简单化方式待之，大而化之；或者以有色的眼光视之，歪曲走样；或者想当然耳，主观臆测之。

张爱玲的小说为世人所重，为何？

我以为，它深入到了人性的深处。

她说：无穷无尽的因果网，一团乱丝。但是牵一发而动全身，可以隐隐听见许多弦外之音齐鸣，觉得有深度、阔度，觉得实在。我想着就是西谚所谓——“事实的金石声”。

既然一听就听得出是事实，为什么又说“事实比小说还要奇怪”，岂不是自相矛盾？因为我们不知道的内情太多，决定性因素几乎永远是我们不知道的，所以事情每每出人意料之外，即便是意中事，效果也往往意外。“不如意事常七八九”。就连意外之喜，也不大有白日梦的感觉，有点不对劲，错了半个音符，刺耳、粗糙、咽不下。这意外性加上真实感，也就是那铮然的“金石声”，造成一种复杂的况味，很难分析，但容易辨认。

陈映真是我喜欢的一位台湾作家。

陈映真，1937 年生。他的早期作品，明显受鲁迅影响。他作品的立意、构思、遣词造句，都不难发现处处有鲁迅文风的痕迹。

小说《山路》，陈映真写于 1983 年 7 月 14 日，同年 8 月刊于《文学季刊》第 3 期。小说写一位少女在恋人黄桢柏入狱后，自愿来到国坤大哥家，冒充黄桢柏的妻子，以大嫂身份含辛茹苦三十年，维持和拯救了黄桢柏一家。报上刊出黄桢柏出狱的消息，早已人比黄花瘦的她，写给了桢柏桑（桢柏夫）一封遗书。她终于在经年累月的身心俱疲中消损而亡，留下的这封书信占去了小说本身的主要篇幅。

如今，您的出狱，惊醒了我，被资本主义商品驯化，饲养了的家畜般的我自己……却同时感到自己已经油尽灯灭了。

对于曾经为了“人应有的活法而斗争”的您，出狱恐怕也是另一场艰难崎岖的开端吧……

您的斗争，怕是要比往时更为艰苦吧？我这样为您愁着。

请硬朗战斗去吧。

……请您一生不要忘记，当年在那一截曲曲弯弯的山路上的少女。

遗书写得感人至深。

理想曾经鼓舞又消耗了多少年轻的生命。

陈映真写于 20 世纪 80 年代初的这篇小说，与当时我国的反思文学表面上似乎遥为呼应，而其思考的深度，却远远超乎其上。而且，小说叙述的真实感与故事的意外性，如张爱玲所说，我们聆听到了铮然的"事实的金石声"！

不妨置身小说，革命者黄桢柏出狱归来，读了当年恋人的遗书，将如何度过余年？做何种思考？

清代顾贞观《金缕曲》云：

季子平安否？便归来，平生万事，那堪回首！

这是上个世纪留给我们的绕不过去的世纪之问。

因读一本书而引发了诸多联想，诸多问题，而翻阅另一本书，又因此而又翻阅另一本书，由此一本一本连锁式反应，案头堆满了书。这种习惯，是爱思考的读书人难免的，积重难返。旁人看来，凌乱无序，读书人却引以为乐。这种连锁反应，是扩大，是对照，是引申，是层层推进。

读书，本来就是一种思考，一种学习与对话。

不满二十岁（也有说三十岁）而不是激进主义者，是低能，是昏头。此后，仍是激进主义者，是傻瓜、白痴。

这话，说得有点绝对了。

宝成以他多年从政磨砺的经历，对社会、对人生有了远比年轻时深切多了的认识和感悟。他钻进了历史，钻进了《史记》和《资治通鉴》一类史籍。他从《史记》里听到了历史的"金石声"。

宝成因此有了对孔子、对《春秋》、对司马迁、对《史记》和《资治通鉴》的自己的认识。这种认识不再是纯书本的、抽象的，而是融进了他的数十年的曲折人生感悟，真切又充实。

《札记》是一本告别激进主义的书。

宝成并没有因此而走向保守主义。

《札记》告诉我们：从典籍中汲取历史智慧，尤其从典籍中汲取可贵的自强不息的民族精神，是置身于民族振兴的大业中的我们这一代又一代人应有的精神装备和思想资源。

后 记

这本小书终于完稿了，罢笔之时，没有一丝兴奋，只是感觉到轻松。没有兴奋是因为自己对它很不满意，限于水平，只能写出这么个东西。修改的时候，面对它，总有毁掉重来的念头。但终于没有这样做，主要因为它花费了我很多心血，有敝帚自珍的意思。希望它剞劂之日不要成为废纸，或者能引发别人的思考也就不枉了。

对于《史记》，几十年来始终酷爱，常置于床头，反复诵读，至今意犹未慊。我之喜爱《史记》，一则因为它是性情中人性情之作。司马迁是性情中人，有西北汉子的古道热肠、铮铮风骨和义薄云天的慷慨之气。他之作《史记》，断不如《春秋》一样讲求笔法，为君者讳。《史记》的洒脱、恣肆、磊落，是此后任何一部史书都无法比拟的。二则通过《史记》，喜欢上了他所撰述的那个时代，那个充满英雄主义、浪漫主义、自由主义的时代。那个时代是华夏的少年时期，到处绽放着思想的花朵，到处洋溢着青春的气息，到处呈现着积极向上的精神。人们秉持“天下为家”的观念，把个人的荣辱进退置于社会之下，社会意识是他们的共同担当。那是个崇拜英雄的时代，英雄不问出处，不以成败论英雄；那是个崇拜信仰的时代，人们宁愿为了自己的坚守舍生取义；那是个追求“天下大道”的时代，孔子周游列国，墨子摩顶放踵，老子效法自然，法家义不避死，名家、阴阳家、纵横家层出不穷，前赴后继，为了建立各自心目中的理想王国。那个时代英雄辈出，精英蜂拥，常常让人有投入其中的畅想。

因为喜欢《史记》，久而久之就产生了写点什么的念头，总觉得《史记》里有很多弥足珍贵的东西，正是我们这个时代所缺乏的。它所宣扬的“天下至上”的理念，追求公平正义和轻生死的精神，坚守道德高地“匹夫不可夺志”的人生操守，都是我们应当学习和借鉴的。今天面对物欲的诱惑，一些人崇信物质至上，不顾道德原则，肆无忌惮地欺骗和攫取，对这些人不存在救贫的问题，救心最为关键。一些所谓的社会精英，缺乏社会责任和担当意识，热衷于一己荣名，取法于自保，以拱默为上，以不言为高，混迹于流俗，心隐于市野，缺乏大丈夫勇气和士大夫气节。“魏武好法术，而天下贵刑名；魏文慕通达，而天下贱守节。”一个社会，如果缺乏正义和维护正义的力量，缺乏朝气蓬勃、昂扬向上的气象，无论怎么富足，也只能归于小国寡民……出于这样的思考，我就打算写出一些类似于《史记》新解的内容，在旧瓶子里装二两新酒。但初衷和思想的结果，往往呈现出相左的情况。写出来后，才发现这并不是最初的打算。这可能和自己的学识有关，也和自己驾驭史实的能力有关，还不能做到驾轻就熟，随心所欲。

司马迁认为，《春秋》《孙子》这些著作都是古圣贤发愤之作。实际上，《史记》也是一部发愤之作。《史记》既有“致君尧舜上”的泱泱大气，也有以天下为己任的勃勃英气，有轻生死重节义的士大夫慷慨之气，更有壮志未酬的士子不平之气。韩退之谓：“大凡物不得其平则鸣，人之于言也亦然。有不得已者而后言，其歌也有思，其哭也有怀……凡出乎口而为声者，其皆有弗平者乎！”（《送孟东野序》）“气，水也，言，浮物也，水大而物之浮者大小毕浮，气之与言犹是也。气盛则言之短长与声之高下者皆宜。”（《答李翊书》）孟子有言：“吾善养吾浩然之气”。苏子瞻谓：“是气也，寓于寻常之中，而塞乎天地之间，卒然遇之，则王公失其贵，晋楚失其富，良、平失其智，贲、育失其勇……是孰使之然哉？其必有不依形而立，不恃力而行，不待生而存，不随死而亡者矣。”(《韩文公庙碑》)此气可以泣鬼神，傲公侯，施之于文则“常行于所当行，止于所当止”。苏子由并言，文者气之所形，“文不可以学而能，气可以养而致”(《上枢密韩太尉书》)。宋人张戒论诗：“阮嗣宗诗，专以意胜；陶渊明诗，专以味胜；曹子建诗，专以韵胜；杜子美诗，专以气胜。”且谓：“意可学也，味亦可学也，若夫韵有高下，气有强弱，则不可强矣。”“此韩退之之文，曹子建、杜子美之诗，后世所以莫能及也。”《岁寒堂诗话》他以为，文以气胜，诗以气胜，气之高下，诗文之高下也。以此评价《史记》恰如其分，《史记》以文胜，以气胜。

十数年来，国学复兴，学人耻于人心不古，遂向古圣贤处找答案，汲汲乎黄卷，亹亹于坟典，发思古之幽情，行不言之正教，以期救时。同时，史学大兴，雅俗共赏，曾国藩、张居正之类成为风流人物，识与不识，言必称秦皇汉武、康乾盛世，事必由三国计谋、唐虞猷谟，对国运时势有所寄托。繁华中，遂以为复古运动到来，值国学盛事。此误矣！一代人当有一代人之学，一代人当有一代人之精神。吊古而食古不化，是为效颦；继承而放弃创新，是为雕虫。须记宋人南迁，经学大成，于章句中剔隐决明，恕不以家国为念；清人主宰，训诂为起，于经籍内数祖论典，要不以拯救为是。耽于泥古，拘于遵循，非于世无补，且误人误国多矣。汤、武革命，顺应天命，顺时者昌，逆时者亡。吾国自古有以古鉴今传统，“殷鉴不远，在夏后氏之世”《孟子·离楼章句上》；也有与时俱进精神，“三代不同礼而王，五伯不同法而霸”(《史记·商君列传》)。鉴古而能用今，才是孔孟之道。适为此，写了这么一个小东西。

《史记》是一部真正意义上的史书，体制完整，规模宏大，数千年研究者不绝如缕，研究成果汗牛充栋、数不胜数。自己不揣僻陋，叠床架屋，适足以贻笑方家。又念《史记》是民族瑰宝，人人都可以汲取自己需要的营养，非特为专家之流所设，有一孔之见正可证《史记》之伟大，也才称百花齐放。念及此，意稍解。

是书写作过程中，王仲生、吴克敬先生屡屡鼓励，才得以竟书。二位先生都热情题跋，对新人提携奖进，用心良苦。很多朋友、同事也热诚帮忙，感念不已，在此一并谢过！

是书不是史论、史评，也不是史学研究，只是读书时的一些感想，缺乏对史实的详细考证，一些结论下的牵强，一些观点有以偏概全之嫌，都是读书肤浅造成。另外，由于全书积年写就，有感即写，无感罢笔，各篇之间没有必然联系，各自成篇，引用史实前后重复，东拉西扯，这里向读者致歉。自己特别喜欢《史记》的文字，凡叙事，不忍割舍，引文较多，给人有凑字数和卖弄之感，这是因为以己之学力，还不能很好地驾驭《史记》，更不能有比它更好的表达，也怕有伤太史公。故行文似嫌累赘，诚惶诚恐，专此谢罪！

钱穆先生在所著《国史大纲》扉页上有一段非常醒目的话，抄来共赏。他说，凡读史书者当有以下之信念：

第一，当信任何一国之国民，尤其是自称知识在水平线以上之国民，对其本国已往历史，应该略有所知。

第二，所谓对其本国已往历史略有所知者，尤必附随一种对其本国已往历史之温情与敬意。

第三，所谓对其本国已往历史有一种温情与敬意者，至少不会对其本国已往历史抱一种偏激的虚无主义，亦至少不会感到现在我们是站在已往历史最高之顶点，而将我们当身种种罪恶与弱点，一切诿卸于古人。

第四，当信每一国家必待其国民具备上列诸条件者比数渐多，其国家乃再有向前发展之希望。

钱先生这一席话寄托深重，话短意长，表明了知识分子对历史应持有的态度，充满了对中国历史和中国文化的古道热肠，充满了对中华民族未来的信心和期望。我辈读书人当以此为鉴。

诗曰：

位卑未敢忘，
穷达抑何妨。
快意指方遒，
逍遥意万方。
青白眼不趋，
希旨非所长。
天纵才须惜，
君子任倜傥。

图书在版编目(CIP)数据

《史记》札记 / 王宝成著. —西安:西北大学出版社,2015.5
ISBN 978-7-5604-3658-6

Ⅰ.①史… Ⅱ.①王… Ⅲ.①《史记》—研究 Ⅳ.①K204.2

中国版本图书馆 CIP 数据核字(2015)第 102549 号

《史记》札记

王宝成 著

西北大学出版社出版发行

(西北大学内 邮编:710069 电话:029-88302590 88303593)

新华书店经销 陕西向阳印务有限公司印刷

开本:787 毫米×1092 毫米 1/16 印张:20

2015 年 5 月第 1 版 2015 年 5 月第 1 次印刷

字数:246 千字

ISBN 978-7-5604-3658-6 定价:48.00 元